Counseling Practice

Therapeutic Communication Skills (2nd ed.)

2판

상담 연습

치료적 대화 기술

강진령 저

학지사

머리말

태초에 상처가 있었다. 세상에 상처 없는 사람이 있을까? 운디드 힐러wounded healer! 상처 있는 사람이 진정한 치유자가 될 수 있다는 칼 융(Carl G. Jung, 1875~1961)의 말이다. 운디드 힐러는 내 상처를 극복함으로써 다른 이들을 돕고 치유하는 사람이다. 운디드 힐러는 상처를 악화시키는 테러리스트가 아니라, 역경 속에서도 건강한 씨앗을 심는 테라피스트therapist로서 세상을 바꾼다. 이들은 희망을 잃은 낯선 이들에게 맑은 물이 흐르는, 생명력 있는 숲을 제공한다.

힐러, 즉 상담자/심리치료자가 되는 것은 흔히 낙담에 빠진 타자를 돕고 싶다는 생각에서 출발한다. 한 사람을 이해한다는 것은 한 세계를 끌어안는 일이고, 누군가를 치유한다는 것은 내가 모르는 세계를 있는 그대로 받아들이는 것이다. 삶은 때로 고통스럽다. 그러나 어리석으면 더 고통스럽다. 불교에서는 사람들이 당신에게 어떻게 하는가는 그들의 카르마karma(불교에서 중생이 몸, 입, 뜻으로 짓는 선악의 소행 또는 전생의 소행으로 인해 현세에 받는 응보를 뜻함)가 되지만, 그것에 대해 당신이 어떻게 반응하는가는 당신 자신의 카르마가 된다고 한다. 삶은 외로이 홀로 걷는 길이라고 말하지만, 단지 혼자라고 믿는 것일 뿐, 누구도 혼자 내던져지는 법은 없다. 삶의 고통받는 일은 언제든지 일어날 수 있다. 그러나 그것을 다루는 기술을 알고 있다면, 고통은 행복으로 바뀔 수 있다. 이 기술은 자신이 현재 자기에게 화살을 쏘고 있음을 알아차리는 일이다. 알아차리는 순간, 화살 쏘기를 멈출 수 있다. 이것이 알아차림/깨달음/통찰의 기적이다.

상담은 결국 '나는 누구인가'라는 질문을 스스로에게 던지고 그 답을 얻어 가는 과정이다. 무지와 두려움은 자기 안의 위대한 신비가 보내는 메시지를 가로막는다. 상담은 자신이 누구이고, 이 세상에 왜 왔으며, 이곳에서 해야 할 일이 무엇인지 답을 구하는 과정이다. 이 과정은 내면의 목소리에 귀 기울이는 작업으로 이루어진다. 상담이 추구하는 변화는 그동안 자신을 지배하던 낡은 자기와의 작별을 통해 가능하다. 이 과정에서 축적되는 용기는 내담자가 새로운 시각으로 자기, 세상, 미래를 바라보기 시작하게 하는 정신적 힘이 된다. 이렇게 축적된 정신적 힘은 내담자가 독립적으로 설 수 있게 하고, 책임을 다하게 하며, 삶의 의미를 깨달아 자기의 소명을 실천하게 한다.

하나밖에 없는 소중한 삶을 걸고 당신이 실행하려는 것은 무엇인가? 내가 여기에 존재한다는 것은 시공간을 넘어, 나와 연결된 모든 존재와 함께하는 것이다. 나는 파동의 동심원 안에 있다. 내가 타자의 말을 경청하면, 나와 관계없는, 내가 모르는 세상의 다른 곳에서도 경청하는 사람이 많아진다. 이러한 '나비 효과'는 나의 작은 행위가 멀리 있는 타자에게 영향을 미칠 뿐 아니라, 부메랑이 되어 내게 다시 돌아옴을 뜻한다. 이렇게 타자의 말에 귀 기울이는 기본적인 방법과 기술이 바로 이 책의 핵심 내용이자, 존재 이유다.

끝으로, 이 책이 나오기까지 물심양면으로 도와주신 분들에게 감사의 뜻을 전한다. 특히, 김진환 사장님을 비롯하여 한승희 부장님, 김정현 차장님, 그리고 친절한 안내와 함께 꼼꼼히 원고 교정을 맡아 주신 편집부의 유은정 선생님께 깊은 감사를 드린다. 모쪼록 이 책의 작은 날개 짓이 일으킨 파동이 나비 효과가 되어, 세상 모든 사람이 더불어 행복을 누릴 수 있기를 소망한다.

2022년 7월
저자

차례

PART 02
경청반응기술

상담연습의 기초

Chapter 01 상담기술의 이해

삶에서 극복하기 어렵다고 생각되는 상황에 처하게 될 때, 사람들은 종종 가까운 사람 또는 전문가에게 도움을 구한다. 전문적 도움을 구할 때, 사람들은 삶의 이야기를 가지고 온다. 그 이야기에는 삶의 궤적과 경험이 스며 있다. 전문적 도움, 즉 상담은 상담자가 내담자의 삶에 관한 이야기에 귀 기울임으로써 시작된다. 지금으로부터 100여 년 전, 인류 최초의 **대화치료**talk therapy, 즉 내담자가 털어놓는 삶의 이야기를 심리치료자가 경청하는 형태로 이루어지는 프로이트(Sigmund Freud, 1856~1939)의 정신분석이 세상에 모습을 드러냈다.

그 후, 대화를 통해 마음의 회복을 돕는 방법은 매우 다양해졌다. 이 과정에서 공감적 · 수용적 이해를 동반한 적극적 경청이 심리적 도움이 필요한 사람의 마음 회복에 효과가 있음을 입증한 다수의 과학적 · 경험적 연구 결과가 보고되었다. 이로써 심리적 도움이 필요한 사람의 이야기에 진정성을 가지고 귀 기울이는 일이 마음 회복의 디딤돌이라는 정신건강 전문가들의 믿음은 더욱 확고해졌다. 여기 각자의 삶을 살아가는 사람들의 이야기에 귀 기울여 보자. 각자 지니고 있는 상담기술을 활용하여 치료적 대화를 위한 반응 연습을 시작해 보자.

예비연습 나의 상담역량은 어느 정도일까? 

❖ 다음에 제시된 내담자의 진술을 읽고, 도움을 줄 수 있는 반응을 밑줄 친 부분에 쓰시오.

1 중학교 2학년 아들(주하)을 둔 어머니가 속상한 표정을 지으며 입을 연다.

> "주하가 초등학교에 다닐 때만 해도 엄마 아빠 말도 잘 듣고, 공부도 꽤 잘했어요. 근데 요즘 들어서는 죽어라 말을 듣질 않아요. 큰 소리로 혼도 내 보고 별짓 다 해 봤는데도 전혀 소용이 없어요. (고개를 가로저으며) 이젠 너무 속이 상해서 될 대로 되라는 심정이에요. 미워해 봤자 서로 마음만 상하는 것 같고……."

○ 반응: ______

2 중학생 손자를 홀로 돌보고 있는 70대 할머니가 담담한 표정으로 말한다.

> "아들과 며느리가 한꺼번에 교통사고로 세상을 떠난 이후로 손자를 맡아서 키웠는데, 나 혼자도 먹고살기 힘든 형편이어서……. (눈물을 글썽이며) 학교를 보내야 하는데, 세끼 밥을 먹이기도 너무 힘들었어요. (휴지를 꺼내 눈물을 닦으며) 아이는 아이대로 힘드니까……. 처음에는 방에서 잘 나오지도 않고 그러더니 그건 조금씩 나아지데요."

○ 반응: ______

3 고등학교 1학년 학생(은서)의 어머니가 담임교사에게 언성을 높여 말한다.

> "저는 은서가 공부 잘하는 걸 바라는 게 아니에요. 단지 자기 할 일만 똑바로 하고, 나중에 커서 자기가 하고 싶은 일 하면서 행복하게 살기를 바랄 뿐이에요. 근데, 아무리 그래도 공부를 너무 안 해요. 애가 지금 무슨 특별한 재능이 있는 것도 아니고, 일단 기본적인 공부는 해야 하잖아요."

❍ 반응:

4 대학교 2학년 남학생이 수심에 찬 표정으로 말한다.

> "요즘에는 대학을 졸업해도 취업하기가 하늘의 별 따기라고 하잖아요. 그래서 그런지 주위 선배들도 보면, 제때 졸업 안 하고 스펙 쌓는다고 휴학하거나 군대를 가더라고요. 저는 청년실업 문제가 이렇게 심각할 줄 몰랐어요. 그래서 어떻게 해야 할지 정말 난감해요."

❍ 반응:

5 대기업에 다니는 31세 미혼여성이 단호한 표정으로 말한다.

> "저는 어려서부터 초등학교 선생님이 꿈이었어요. 그래서 그런지 아이들하고 지내는 게 너무 즐겁고……, 대학생 때 시골로 농활 간 적이 있었는데, 거기서 초등학교 아이들과 함께 방과 후 활동을 했던 게 아직도 기억에 남아요. 음, 그래서 제가 진정으로 원하는 일을 하기 위해 더 늦기 전에 교대에 다시 입학해서 초등학교 선생님이 되는 길을 가려고 하는데, 선생님은 어떻게 생각하세요?"

❍ 반응:

잠시 지금까지 내담자의 이야기에 반응해 본 소감을 적어 볼까요?

☞ 이제 상담에 필요한 기본 기술을 살펴보고 상담연습에 들어가기로 할까요?

Chapter 01

상담기술의 이해

▢ 상담기술의 정의
▢ 경청
▢ 심리적 구성요소
▢ 상담기술은 어떤 것들이 있는가?
■ 연습 1-1. 경청의 걸림돌 구분 연습
■ 연습 1-2. 핵심메시지 확인 연습
■ 연습 1-3. 정서 탐색
■ 연습 1-4. 감정 구분 연습
■ 연습 1-5. 일차감정 vs. 이차감정 구분 연습
■ 연습 1-6. 핵심내용·핵심감정 파악 연습
■ 연습 1-7. 비언어 행동에 따른 감정 확인 연습 I
■ 연습 1-8. 비언어 행동에 따른 감정 확인 연습 II

▶ 학습목표

1. 상담이 무엇인지 이해한다.
2. 상담기술과 기법을 구분해서 이해한다.
3. 경청의 의미를 이해한다.
4. 경청의 방법을 익힌다.
5. 상담의 기본 기술을 확인한다.

Chapter 01

상담기술의 이해

상담은 상담자와 내담자 두 사람이 협력관계를 기반으로 내담자의 변화를 돕는 과정이다. 그래서 상담자, 내담자, 상담관계를 상담의 3요소라고 한다. 이 과정은 상담자가 적용하는 이론적 접근에 따라 다소 차이가 있지만, 주의 깊은 경청을 기반으로 이루어진다는 공통점이 있다. 이에 20세기 중반, 복잡한 상담과정을 과학적 · 경험적으로 분석하여 경청에 기반을 둔 상담기술이 개발되었다. 본래 상담자 훈련을 위해 개발된 이 기술은 그 후 가정(부모 · 자녀), 학교(교사 · 학생), 기업(고용주 · 종업원), 의료기관(의사/간호사 · 환자), 복지 활동(사회복지사 · 수혜자)에서 관계와 소통을 위한 도구로 확대 · 보급되기에 이르렀다. 그렇다면 상담기술이란 무엇인가?

상담기술의 정의

상담기술counseling skills은 과학적 이론을 토대로 내담자의 성장과 발달을 촉진하기 위해 개발된 일련의 소통 방법 또는 능력이다. 반면, 상담기법counseling technique은 특정 목적을 위해 상담의 이론적 접근을 토대로 개발된 치료 방법이다. 이를 스노보드 타는 것에 비유한다면, 상담기술은 슬로프에서 스노보드를 타면서 내려올 수 있는 기본 방법이다. 이에 비해 상담기법은 점프, 턴, 활강 등 특정 목적을 위한 기교다. 상담기술에 반영, 재진술, 요약 등이 있다면, 상담기법에는 이론적 접근에 따른 자유연상, 체계적 둔감법, 빈의자 기법, 논박 등이 있다. 그러면 상담기술의 근간인 경청은 무엇이고, 경청해야 하는 이유는 무엇일까?

상담은 내담자의 이야기를 기반으로 이루어진다. 내담자가 자신에 관한 이야기를 털어놓을 수 있게 하는 원동력은 언어적 · 비언어적으로 온전히 귀 기울여 주는 것, 즉 주의 깊은 경청이다. 이때 사용되는 치료적 수단이 상담기술이다. 이청득심以聽得心!

예로부터 귀 기울여 들으면 사람의 마음을 얻는다고 했다. 경청은 기울일 경傾, 들을 청聽, 진심을 담아 귀 기울여 듣는 것이다. 경청은 말하기의 다른 절반으로, 고도의 집중이 요구되는 예술art이다. 경청이 이론적 접근을 초월해서 상담의 필수요건임과 동시에 변화의 원천임은 재론의 여지가 없다(Corey, 2020).

경청

상담에서 상담자의 관심은 '어떻게 하면 내담자의 변화에 도움이 될 것인가?'에 집중된다. 이 과정에서 성공뿐 아니라 실패도 받아들여야 하고, 그 과정에서 배움이 남는다. 상담에서 내담자를 대할 때의 유일한 기준은 '효과가 있는가?'다. 경청은 내담자가 경험, 행동, 사고, 감정 등에 관한 이야기를 충분히 할 수 있게 하여 삶에 대한 통찰과 새로운 행동 실천을 촉진하는 효과가 있다. 일찍이 칼 로저스(Rogers, 1961)는 경청의 의미를 글상자 1-1에서와 같이 말하고 있다.

칼 로저스
(Carl Rogers, 1902~1987)

글상자 1-1 로저스가 말하는 경청의 의미

> 무엇이 상처를 주는지, 어떤 방향으로 가야 할지, 어떤 문제가 중요한지, 어떤 경험이 깊이 뿌리박혀 있는지, 이를 아는 사람은 바로 내담자 자신이다. 상담자가 자신의 영민함과 학식을 드러내려는 욕구를 내려놓을 수 있다면, 치료과정에서 내담자에게 더 잘 의지하여 변화를 가져오게 할 수 있을 것이다. -〈중략〉- 상담은 상담자의 주관적인 경험과 판단이 개입될 수 있는 경험이다.

상담은 내담자가 스스로 결정하고, 그 결정에 책임지는 법을 습득하도록 돕는 과정이다. 이 과정이 개인의 자유의지를 존중하고, 그의 역량과 잠재력 개발을 돕는 최상의 조건이기 때문이다. 역사적으로 상담의 대가들은 훌륭한 경청자였다는 사실만 보더라도, 경청이 상담 성과에 큰 영향을 준다는 사실을 알 수 있다. 그뿐 아니라, 상담에서 가장 도움이 된 요소는 '상담자가 공감해 주고 이해해 준 것'이라고 답한 내담자가 가장 많았다는 경험적 연구들은 경청의 중요성을 재확인시켜 주고 있다(Egan & Reese, 2018). 그러면 경청은 어떻게 하는 것인가?

경청 방법

내담자의 이야기 또는 호소내용을 귀 기울여 듣는 방법은 ① 적극적 경청을 기반으로, ② 내담자에게 초점을 맞추고, ③ 양방적 소통, ④ 선택적 경청, ⑤ 반영적 경청, ⑥ 수용적 경청을 통해 ⑦ 지금 여기의 상호작용에 초점을 맞춘다. 치료적인 경청 therapeutic listening을 위한 지침은 글상자 1-2와 같다.

글상자 1-2 치료적인 경청을 위한 지침

1. 마음을 가라앉힌다. ☛ 상담에 앞서, 내면의 자기를 가라앉힌다.
2. 말을 멈추고 방해하지 않는다. ☛ 말하고 있는 동안은 들을 수 없다.
3. 관심을 보인다. ☛ 신체언어와 어조로, 내담자의 이야기에 관심이 있음을 나타낸다.
4. 함부로 결론짓지 않는다. ☛ 내담자가 말하는 모든 것을 수용하되, 그가 자신에 대해 이해하는 것 이상으로 그를 이해하는 척하지 않는다.
5. 적극적으로 경청한다. ☛ 사람들은 종종 경청에 깊은 집중력이 요구된다는 사실을 모른다. 만일 마음이 맴돌고 있다면, 당신은 경청하고 있지 않은 것이다.
6. 감정에 집중한다. ☛ 감정을 듣고, 확인하고, 인정해 준다.
7. 내용에 집중한다. ☛ 내담자의 이야기 내용을 듣고, 확인하고, 인정해 준다.
8. 적절한 시선 접촉을 유지한다. ☛ 내담자에게 눈으로 잘 듣고 있음을 보여 준다. 단, 시선 접촉의 정도에 있어서 문화적 차이에 관심을 보인다.
9. 개방된 자세를 유지한다. ☛ 내담자를 정면으로 마주 보고, 신체언어를 통해 들을 준비가 되어 있음을 보이되, 문화적 차이에 관심을 보인다.
10. 사적 공간을 유지한다. ☛ 들을 준비가 되어 있음을 보일 만큼 충분히 내담자와 가깝게 앉되, 편안한 사적 공간에 관심을 보인다.
11. 질문하지 않는다. ☛ 질문은 흔히 듣지 않고 있음을 나타내는 지표다. 명료하게 하기 위한 것이 아니라면 질문을 삼간다.

출처: 강진령. (2021). p. 208

적극적 경청. 첫째, 내담자의 핵심적인 언어적·비언어적 메시지를 상담자의 참신한 말로 되돌려 주는 적극적 경청 active listening을 기반으로 한다. 이는 경청 준비에서부터 주고받는 언어적·비언어적 메시지 관찰과 메시지에 주의를 기울이고 있음을 나타내는 적절한 피드백 제공까지를 포함하는 개념이다. 적극적 경청은 1957년 칼 로저스(Carl Rogers)와 리처드 파슨(Richard Farson)에 의해 처음 소개되었다. 이 두 사람이 『Business Today』(1957)의 '의사소통'에 발표한 적극적 경청에 관한 내용은 글상자 1-3과 같다.

글상자 1-3 적극적 경청의 의의

> "적극적 경청은 사람들에게서 변화를 촉진하는 중요한 방법이다. 경청은 수동적 접근이라는 일반적인 관념에도 불구하고, 임상 · 연구 증거에 의하면, 세심한 경청은 개인의 성격과 집단의 발달에 매우 효과적인 요인임이 명확하게 입증되고 있다. 경청은 사람들의 자기 자신과 타인에 대한 태도에 변화를 촉진한다. 이는 또 사람들의 기본 가치관과 개인 철학에도 변화를 유발한다. 누군가 이 새롭고 특별한 방식으로 경청해 주는 사람이 있다면, 사람들은 정서적으로 더 성숙해지고, 경험을 더 개방하며, 덜 방어적이고, 더 민주적이며, 덜 권위주의자가 된다."

적극적 경청은 로저스의 효과적인 상담을 위한 세 가지 촉진적 조건(① 공감, ② 진솔성, ③ 무조건적인 긍정적 온정)을 토대로 이루어진다. 이는 내담자가 어떤 경험을 하고 있는지를 거울처럼 비춰볼 수 있게 함으로써 신뢰 분위기를 조성한다. 사람들은 각자의 조회체계를 기반으로 '해석적 필터링[interpretative filtering]'을 통해 말하기도 하고 상대방의 말을 걸러서 듣기도 한다. 적극적 경청은 그림 1-1에 제시된 것과 같은 과정으로 이루어진다.

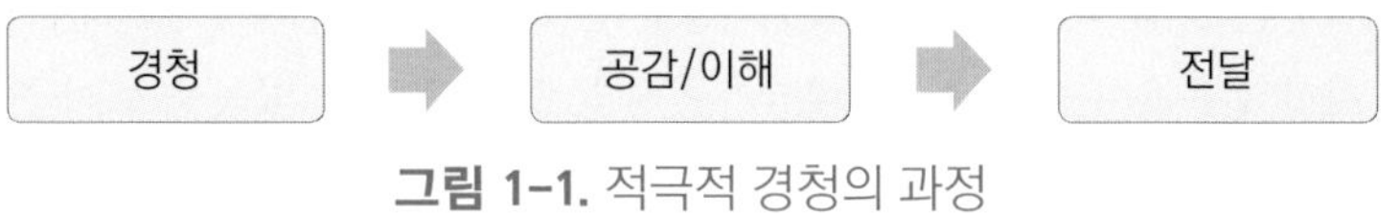

그림 1-1. 적극적 경청의 과정

적극적 경청은 내담자가 자신을 수용하고, 좋아하며, 가치를 깨닫게 하는 동시에 고립에서 벗어나 자기개방을 주도하게 한다. 또한 자가 치유력을 활성화하여 스스로 변화를 주도하게 한다는 점에서 '창조적 경청[creative listening]'이라고도 한다. 이에 관한 일화는 글상자 1-4와 같다.

글상자 1-4 적극적 경청을 통해 치유된 환자의 일화

> 정신질환으로 인해 정교하게 꾸며낸 공상과학 소설의 환상을 현실이라고 믿으면서 그 환상 속에서 살고 있던 물리학자가 있었다. 첫 면담에서 상담자는 그의 행동과 사고에 문제가 있음을 감지했다. 그렇지만 내담자가 위성, 혹성, 우주여행 등에 관한 환상을 이야기할 때 주의 깊게 경청하며 적극적으로 반응해 주었다. 몇 주가 지나면서 두 사람 사이에는 자연스럽게 신뢰가 쌓였고, 시간이 흐르면서 그에게서 변화의 징조가 나타났다. 예전처럼 자신의 환상에 대해 끊임없이 이야기했지만, 환상이 아닌 것도 말하기 시작한 것이다. 그가 점차 자신의 말을 믿지 않는다는 것을 상담자는 직감적으로 알아차렸다. 마침내 내담자는 자신의 이야기가 환상일 뿐 현실이 아님을 인정했다. 이는 내담자가 정신질환에서 벗어나고 있다는 증거였다.

글상자 1-4에 소개된 예화에서 상담자는 내담자 평가, 환상의 의미 해석, 과거사 분석보다는 단지 적극적 경청을 통해 내담자가 그리는 환상의 세계에 함께 들어감으로써 치유의 물고를 텄다. 정신질환이 있는 고독한 내담자도 한 사람 정도는 맞이할 마음의 공간이 있었던 것이다. 상담자의 적극적 경청으로 내담자의 고립감이 점차 사라지면서 잠재되어 있던 내적 치유력이 활성화되었다. 로저스는 일련의 경험적 연구를 통해 적극적 경청의 탁월한 치료적 효과를 검증했다.

내담자 초점. 둘째, 경청은 내담자에게 초점을 맞춘다. 상담은 내담자를 위한 활동이다. 그러므로 내담자의 요구는 어떤 상담모형보다 중요하게 다루어져야 한다. 이 활동에는 내담자가 개인적인 경험을 자기 말로 번역하여 개방하는 과정이 포함된다. 내담자에게 초점을 맞춘 경청은 개인화personalization, 즉 내담자가 드러내는 경험에 관한 메시지를 내담자 중심으로 표현하도록 돕는 과정이다. 내담자에게 초점을 맞춘 대화의 예를 상담자 중심의 반응과 비교하면 대화상자 1-1과 같다.

대화상자 1-1. 상담자 중심 반응과 내담자 중심 반응 비교

내담자: 점심은 드셨나요?
○ **상담자 중심 반응**: 네. (나는) 간단히 스파게티를 먹었습니다.
○ **내담자 중심 반응**: (당신은) 제가 식사를 했는지 궁금하신가 보군요.

대화상자 1-1에서 첫 번째 반응은 일상생활에서 흔히 들을 수 있는 것으로, 상담자 중심의 반응이다. 반면, 두 번째 것은 내담자에게 초점을 둔 반응이다. 여기에는 내담자의 경험, 행동, 사고, 감정에 의미를 부여하고자 하는 의도가 담겨 있다. 즉, 내담자에게 질문의 의도를 탐색하게 하는 한편, 습관적인 행동에 이의를 제기하여 그 효과를 가늠해 볼 기회를 제공하고 있다. 내담자보다는 제3자에게 초점을 맞춘 부적절한 대화의 예는 대화상자 1-2와 같다.

대화상자 1-2. 제3자에게 초점을 맞춘 대화의 예시

내담자: 엄마는 내가 물만 먹어도 살찌는 체질이라면서 밥도 조금만 주고 말로만 많이 먹으라고 해요. 내가 먹는 게 그렇게 아까운가 봐요.

상담자: 아무려면 그럴 리가 있겠니? 너 보기에 안타까우시니까 엄마가 그렇게 하시는 거겠지. 자기 딸이 먹는 게 아까워서 밥을 조금밖에 주지 않는 엄마가 세상천지에 어디 있겠니?

대화상자 1-2에 제시된 예시에서 상담자는 마치 어머니의 입장을 옹호하는 것처럼 반응하고 있다. 게다가 내담자를 설득 또는 내담자의 생각이 잘못되었음을 지적하는 것 같은 인상을 주고 있다. 이러한 반응은 도리어 내담자의 죄책감 또는 반감을 불러일으킬 수 있다는 한계가 있다.

양방적 소통. 셋째, 경청은 양방적 소통two-way communication, 즉 적당한 양의 메시지를 주고받는 행위를 기반으로 이루어진다. 적당한 양이란 상호 이해가 가능하고 반응할 수 있을 만큼의 분량을 말한다. 피차 과도한 양의 정보는 처리가 어렵기 때문이다. 메시지를 보내기만 하고 받지 않거나, 받기만 하고 보내지 않는 일방적 소통one-way communication은 소모적일 뿐, 치료적 효과를 기대하기 어렵다. 상담과정에서 상담자가 보이는 적절한 반응은 내담자에게는 효과적인 대화와 관계형성 기술을 학습할 수 있는 기회를 제공한다.

선택적 경청. 넷째, 경청은 내담자의 경험, 행동, 사고, 감정, 욕구, 의도, 결정, 관점 등의 치료적 요소에 대해 선택적으로 한다. 아무리 훌륭한 상담자라 하더라도 내담자의 모든 언행에 대해 반응할 수 없으므로 선택적 경청이 필요하다. 선택적 경청selective listening은 고도의 민감성, 전문성, 임상 경험으로 내담자의 이야기에 담긴 핵심 메시지(경험, 행동, 감정 등)를 선별screening하여 내담자에게 돌려주는 작업이다.

상담자의 반응은 내담자 이야기의 주제나 방향에 영향을 준다. 즉, 내담자의 이야기 내용 중 상담자가 어떤 것에 반응을 보이는지는 내담자의 이야기 방향 설정 · 유지에 영향을 준다. 내담자의 문제에 초점을 맞출 것인지, 아니면 그의 강점에 초점을 맞추고 격려에 중점을 둘 것인지 역시 상담자의 선택적 경청에 달려 있다. 이처럼 상담자는 경청자로서 힘을 지니고 있다. 글상자 1-5는 선택적 경청을 위한 지침이다.

글상자 1-5 선택적 경청을 위한 지침

1. 현시점에서 내담자에게 상담이 필요한지 검토 · 결정한다.
2. 내담자가 위기 상황에 있다면, 그 상황에 대처하도록 돕는다.
3. 내담자에게 가장 큰 어려움을 주는 문제부터 다룬다.

4. 내담자가 다루고 싶어 하는 중요한 문제부터 다룬다.
5. 큰 문제 상황의 대처에 도움이 될 만한 작은 문제부터 다룬다.
6. 문제 상황을 전반적으로 개선할 수 있는 문제부터 다룬다.
7. 비용 대비 효과가 큰 문제부터 다룬다.

글상자 1-5에 소개된 지침은 내담자가 상담을 지속하도록 동기를 부여하는 효과가 있다. 문제는 새로운 기회가 될 수 있다. 상담자의 선택적 경청은 내담자의 능력, 자원, 강점에 초점을 맞춘다. 문제의 이면에는 기회가 공존해 있기 마련이기 때문이다.

반영적 경청. 다섯째, 경청은 내담자 이야기의 정서, 감정, 느낌을 거울로 비춰 주는 반영적 경청reflective listening을 기반으로 한다. 이 방법은 내담자가 감각을 느끼고, 정서를 인식·구별하며, 정서의 원인을 이해·조절할 수 있게 한다. 그렇다면 상담에서 내담자의 감정에 초점을 맞추는 이유는 무엇인가? 그 이유는 사고와 행동에 비해 감정과 정서는 인위적인 조작이 어렵기 때문이다. 특히, 정서emotion는 생화학적·물리적 변화에 대한 뇌에서의 해석에 따라 결정되는 것으로, 유기체의 의지로 조절할 수 없는 생리적 반응이다.

수용적 경청. 여섯째, 경청은 내담자에 대한 수용을 전제로 한다. 수용acceptance이란 내담자의 독특한 개성과 자질을 있는 그대로 이해하고 존중하는 것을 의미한다. 이는 내담자가 말하고, 느끼고, 경험하는 것에 동참하겠다는 의지의 표현이다. 따라서 수용적 경청acceptive listening은 내담자의 성장·발달, 변화, 문제해결 방법 습득, 생산적 활동, 잠재력 극대화 실현을 위한 인간관계 형성의 기초가 된다. 수용적 경청은 무조건적으로 긍정적인 아가페적 사랑을 실천하는 것이다. 이는 공감, 존중, 신뢰, 일관성, 진정성을 기반으로 한다. 이러한 요소들이 언어와 비언어 행동으로 전달될 때, 내담자는 자신이 있는 그대로 받아들여지고 있다는 느낌을 경험하게 된다. 이러한 경험은 상담자와의 신뢰관계 형성과 변화의 발판이 된다.

수용적 경청은 '네, 그러나Yes, but ~' 화법보다는 '네, 그리고Yes, and ~' 화법으로 나타낸다. '네, 그러나' 화법은 일반적으로 상대방의 의견에 동의하지 않을 때 사용된다. 이는 "물론 그러시겠죠. 그렇지만 난 달라요."를 나타내는 것으로, 흔히 누가 옳은지를 가려내는 논쟁으로 격화되어 서로의 에너지를 소진하기 쉽다. 이 화법은 실제로는 '아니오, 왜냐하면'의 간접적인 표현이다. 반면, '네, 그리고' 화법은 새로운 가능성을 만들고 상호 협력과 보완하는 분위기를 조성한다는 이점이 있다. 이 두 가지 화법을 예를 들어 비교해 보면 대화상자 1-3과 같다.

대화상자 1-3. '네, 그러나 ~' vs. '네, 그리고 ~' 화법 예시의 비교

내담자: 저는 아내와 다투면서 살고 싶지 않거든요. 네, 그게 문제예요. 난 싸우면서 살고 싶지 않은데, 사소한 일로도 자꾸 싸우게 되는 거.

○ **'네, 그러나 ~' 화법의 예**: "네, 그렇지만 살다 보면 갈등은 피할 수 없는 것이 아닐까요?"

○ **'네, 그리고 ~' 화법의 예**: "네, (그래서) 갈등이 없는 결혼생활을 원하시는데, 사소한 일로도 갈등이 일어나는군요."

프릿츠 펄스
(Fritz Perls, 1893~1970)

내담자의 감정에 주의를 집중해서 수용적으로 반응하면서도 대가를 바라지 않는 것은 그에게 선물을 주는 것과 같다(Rogers, 1957). 사랑받는 느낌은 정신과 육체의 성장을 촉진하는 동시에 상처를 치유한다. 반면, 상처받은 느낌은 인식 · 표현되지 않으면 사라지지 않는다. 게슈탈트 치료 창시자 프릿츠 펄스는 표출되지 않은 생애 초기 또는 과거로부터의 감정(분노, 증오, 고통, 불안, 수치심, 죄책감, 역겨움 등)은 일정 시간이 지난 후에도 개인의 기능에 영향을 미치고, 현재 생활을 방해하는 미해결 과제로 남는다고 했다. 수용적 경청은 내담자에게 행동에 대한 책임수용, 잠재능력 계발, 건설적 변화를 위한 방법 모색 등의 동기를 유발한다. 이는 단순하면서도 의미 있는 역설^paradox^로, 내담자의 정서와 감정을 자연스러운 현상으로 받아들이는 것이다.

'지금 여기' 초점. 끝으로, 내담자 이야기에 대한 경청은 지금 여기^here-and-now^(현재)에 초점을 맞춘다. 이는 그때 거기^there-and-then^(과거)에서 일어났던 사건보다는 현재 내담자가 위치한 공간에서의 경험 인식 · 체험에 도움이 된다. 지금 여기에 초점을 맞추는 이유는 의미 있는 대화를 통해 변화를 체험할 수 있는 때와 장소는 바로 현재이기 때문이다. 이러한 점에서 삶은 영원한 현재다. 개인의 에너지가 과거의 일에 대한 후회/죄책감 또는 미래에 대한 불안에 치우치면 현재의 힘은 약해진다.

과거는 고정되어 있지 않다. 이러한 이유로 회상할 때마다 당시의 상황에 따라 그 내용이 변형될 수 있다. 이렇게 변형된 기억은 원래 기억을 대체하여 장기기억에 저장되기 때문이다(Blakeslee & Blakeslee, 2008). 과거의 경험이 현재를 결정한다고 하더라도 과거의 일은 과거에 일어난 사건일 뿐이다.

현재를 과거 탓으로 돌린다면, 개인은 현재 상황에 책임질 필요가 없어진다. 과

거에 초점을 맞춘 이야기에는 '내가 이렇게 된 것은 과거 때문이고, 과거를 바꿀 수 없으니 어떻게 변화를 기대할 수 있겠는가?' 같은 위험한 논리가 깔려 있다(Egan & Reese, 2018). 과거는 바꿀 수 없지만, 과거에 대한 태도는 바꿀 수 있다. 과거 때문에 문제가 발생했다고 여긴다면 문제를 해결하기 어렵다. 중요한 것은 과거의 경험으로부터 무엇을 배웠느냐다. 문제를 해결하려면, 무언가 할 수 있는 문제로 재해석되어야 한다. 이는 과거에서 벗어나 자유를 찾기 위한 시도다. 대화상자 1-4는 내담자의 진술을 이 두 가지로 비교해 본 것이다.

대화상자 1-4. 해결할 수 없는 문제 vs. 해결 가능한 문제의 진술 비교

내담자: 어릴 때 아버지는 집안일에는 관심이 없었어요. 그러다가도 화가 나면 저와 동생을 큰소리로 혼내시곤 했어요. 엄마와도 좋았던 기억은 없어요. 부모가 이러니 내가 이렇게 된 것이 당연하겠죠.

상담자 A: 폭력적인 아버지 때문에 인생이 엉망이 되었다고 생각하시는군요. 어머니 역시 자녀에게 관심이 없었고요. 부모님께서 조금만 관심을 가져 주셨어도 지금처럼 혼자 무기력하게 살고 있지는 않을 거라는 생각이 드시나 봐요.

상담자 B: 폭력적인 아버지가 원망스러우신가 봐요. 지금도 자신에 대해 후회하면서 시간을 보내고 있고요. 결과적으로 친구들과도 어울리지 않고, 바깥출입도 하지 않고, 일자리를 구하려는 노력도 하지 않고 있네요.

대화상자 1-4에서 상담자 A와 B는 내담자의 진술에 대해 각각 해결할 수 없는 문제와 해결 가능한 문제, 즉 내담자의 행동 또는 하지 않은 행동 때문에 문제가 발생한 것으로 반응하고 있다. 상담자 B의 반응은 문제에 대한 책임 회피보다는 문제해결을 위해 선택할 행동 탐색을 돕고 있다.

치료적 경청의 걸림돌

상담자는 내담자의 삶을 대신 살아 줄 수 없다. 이에 상담은 상담자가 내담자의 문제를 대신 해결해 주는 과정이 아니다. 또한 일련의 질문을 통해 내담자 문제의 솔루션 solution, 즉 해결책을 제시해 주는 과정도 아니다('~을/를 해 보면 어떨까요?'의 형식). 상담자의 반응에 따라서는 내담자가 자신에 관한 이야기를 계속할 수 없게 만들기도 한다. 내담자의 입을 닫게 하거나 관계를 해칠 수 있는, 치료적 경청의 걸림돌이 되는 반응으로는 ① 도덕적 훈계, ② 충고·해결책 제시, ③ 논

리적 의견, ④ 판단 · 비판 · 평가 · 비난, ⑤ 상투적인 말, ⑥ 분석 · 진단, ⑦ 동정, ⑧ 질문 · 추궁을 들 수 있다.

도덕적 훈계. 첫째, 도덕적 훈계란 '~해야 한다' '~해서는 안 된다'는 형식의 반응을 말한다. 이는 내담자에게 도덕적 계율에 순응하도록 의무를 부여하는 반응이다. 도덕적 훈계는 흔히 내담자의 판단력을 신뢰하지 않고 있음을 나타내면서, 내담자에게 상담자가 옳다고 생각하는 것을 받아들여야 할 것 같은 부담을 준다(예 "가정에 충실하셔야죠." "아이들은 사랑으로 대해야 합니다!"). 이 말은 "당신은 가정에 충실하지 않으시군요." "당신은 자녀를 사랑으로 대하지 않고 있군요."라는 의미로 해석될 수 있어서 내담자의 저항을 유발할 수 있다. 저항[resistance]은 개인이 원치 않음에도 불구하고 누군가의 강압적인 변화 요구에 대한 반응이다. 아무리 일리 있는 말이라도 지시나 훈계를 통해 의무를 부여하는 것은 자율성이 무시당하는 느낌을 줄 수 있어서 저항을 유발하기 쉽다.

충고 · 해결책 제시. 둘째, 충고나 해결책 제시는 '이렇게 해 보세요.' '~게 하지 말아 보세요.' 같은 형식의 반응이다(예 "아이의 인격을 존중하지 않는 것이 문제인 것 같아요. 이제부터는 사랑으로 대해 보세요."). 일반적으로 충고나 해결책은 문제로 인해 해결의 실마리를 찾지 못하고 있는 내담자에게는 매력적으로 들릴 수 있다. 그러나 사람들의 문제는 흔히 오래 전부터 서서히 진행된다는 점에서 한마디의 충고나 해결책으로 사람이 쉽게 변하지 않을 수 있다. 더욱이, 충고나 해결책 제시는 내담자의 문제해결력을 신뢰하고 있지 않다는 인상을 준다는 문제가 있다.

충고나 해결책 제시는 내담자로 하여금 개인적인 관심 또는 문제 탐색을 멈추고, 상담자가 제시한 충고나 해결책의 실행 여부에 대한 결정만 남게 한다. 만일 다행히도 상담자의 충고 또는 해결책이 문제해결에 도움이 되었다면, 내담자는 새로운 문제가 생길 때마다, 충고나 해결책을 듣기 위해 상담자를 다시 찾게 될 것이다. 이는 내담자로 하여금 자기 내면의 문제해결력을 믿기보다는 타인을 의존하게 한다는 문제가 있다. 반면, 상담자의 충고 또는 해결책이 문제해결에 도움이 되지 않았다면, 내담자는 그 책임을 상담자에게 전가하게 될 것이다. 이는 내담자가 자신의 선택에 책임을 지고 독립적인 문제해결력을 배양할 기회를 박탈하게 된다는 문제가 있다.

논리적 의견. 셋째, 논리적 의견이란 일종의 짧은 강의 또는 설교처럼 '어떠한 이유에서 ~게 해야 합니다.'라는 형식의 반응을 말한다. 이러한 반응 역시 앞서 설명한 도덕적 훈계, 충고 · 해결책 제시와 크게 다르지 않다. 특히, 내담자의 상황 또는 맥락을 고려하지 않은 논리적 의견은 내담자가 무지하다고 전제하는 것처럼 들릴 수 있다는 점에서 방어적인 태도와 저항을 일으킬 수 있다. 섣부른 논리적인 의견 제시는 종종 내담자로 하여금 자기 입장을 고수하기 위해 반론하고자 하는 욕구를 불러일으킬 수 있다(예 "내가 옳고 당신이 틀려! 무슨 일이 있어도 증명해 내고 말 거야!" "당신 말은 따분해! 내 사정은 알지도 못하면서 공자왈 맹자왈하고만 있잖아"). 내담자는 일반적으로 자기 문제에 대해 상담자보다 더 많은 정보를 가지고 있다. 따라서 논리적인 의견은 권위를 내세워서 내담자를 상담자의 생각대로 하도록 설득하는 인상을 줄 수 있다는 한계가 있다.

판단 · 비판 · 평가 · 비난. 넷째, 판단, 비판, 평가, 비난하는 것 같은 반응은 내담자에게 어리석고 부적절하며, 열등하고 무가치한 존재라는 느낌이 들게 한다. 이런 형태의 반응은 종종 개인의 자존심을 상하게 하거나 위축시킨다. 또한 상담자에 대한 내담자의 판단, 비판, 평가, 비난 반응을 유발한다. 내담자 역시 자기상 보호 또는 자존심을 세우기 위해 상담자의 판단이나 평가적인 반응에 방어적 태도와 분노를 불러일으켜 똑같이 갚아 주려는 심리가 작용하기 때문이다.

상투적인 말. 다섯째, 상투적인 말로 반응하는 것은 내담자의 문제를 하찮은 것으로 여기는 느낌을 준다. 상투적인 말stereotypes이란 진정성이 없이 건네는 빈말을 말한다(예 "세상살이[사람들/남자들/여자들/아이들]가 다 그렇죠!" "이런 문제로 상담실을 찾는 사람이 한둘이 아니에요."). 이런 반응은 "그리 심각한 문제가 아닌데 상담실까지 왔군요." 같은 뉘앙스를 풍길 수 있다. 상투적인 반응으로 이해한 척하기보다는 "제가 제대로 듣지 못한 것 같은데, 다시 말씀해 주실래요?"라고 요청하는 것이 낫다. 이런 반응이 내담자의 이야기를 중시하고 있음을 전달할 수 있기 때문이다.

분석 · 진단. 여섯째, 내담자의 경험, 행동, 사고, 감정에 대해 섣불리 분석 · 진단하는 것 같은 반응은 내담자의 자기개방을 저해한다(예 "그렇게 먹지 않고 다이어트 하는 것을 보면, 신경성 거식증의 가능성도 있어 보이네요." "인터넷 게임에 빠진 것은 다른 사람들의 주의를 끌기 위한 것 같군요."). 이런 반응은 내담자에 관해 '다 알고 있다', 즉 특정 행동의 동기가 무엇이고 왜 그런 식으로 행동하는지를 알고 있다는 인상을 줄 수 있다. 이러한 반응은 내담자의 자기이해를 돕기보다는 오히려 위협으로 작용할 수 있다.

동정. 일곱째, 동정sympathy은 측은하게 여기거나 연민을 나타내는 것으로, '동조' 또는 '동의'를 의미한다(예 "너무 슬퍼하지 마세요. 시간이 가면 잊게 되겠죠." "너무 괴로워 마세요. 하룻밤 푹 주무시면 기분이 훨씬 나아질 거예요."). 동정은 중요한 사회적 기술이지만, 내담자와 공모하는 것 같다는 점에서 공감empathy과는 차이가 있다. 이는 내담자의 감정을 도외시하여 감정표현을 막고, 자기연민을 강화한다는 한계가 있다.

질문 · 추궁. 끝으로, 질문 또는 추궁하는 듯한 반응은 내담자의 이야기를 가로막거나 자발적인 자기개방을 저해할 수 있다. 질문은 관심의 표현인 동시에 내담자에 관한 정보 수집을 위한 유용한 상담기술이다. 그러나 상세한 정보를 확보했다고 해서 반드시 성공적인 상담으로 이어지는 것은 아니다. 왜냐하면 질문은 내담자의 주의를 분산시키거나 위협 또는 저항의 원인이 될 수 있기 때문이다. 특히, 질문에 어떤 의도가 숨어 있는 것 같은 느낌을 주는 경우, 내담자는 암묵적으로 "그걸 왜 물으세요?"라고 반문할 수 있다. 질문은 또한 내담자에게 다음에 할 말을 지시하는 것으로, 내담자가 말하고 싶은 것에 대해 말할 수 있는 자유를 제한할 수 있다. 특히 추궁하는 듯한 질문은 내담자에게 마치 검사가 정보를 캐내기 위해 증인을 심문하는 것 같은 인상을 줄 수 있다. 즉, 증인에게 상세한 답변을 요구하지만, 증인은 가능한 한 적게 말하고자 하는 것과 크게 다르지 않다.

심리적 구성요소

상담은 개인의 행동, 사고, 감정에 초점을 두고 이들 요소의 변화에 중점을 둔다. 상담기술 역시 이 세 가지 요소에 집중되는데, 그 이유는 무엇일까? 그 이유는 인간의 행동, 사고, 감정은 정서와 감각을 기반으로 유기적으로 기능하기 때문이다. 따라서 상담자는 심리적 구성요소, 즉 행동, 사고, 감정, 정서, 감각의 통합적 기능에 대한 이해가 요구된다. 이들 요소는 본래 유기체를 보호하고 만족감을 극대화하기 위해 작동된다. 그러나 개인의 심리적 균형이 깨지는 경우, 문제의 원인을 제공하거나 문제해결을 위한 방안 모색과 실행을 저해하기도 한다. 이에 관한 예시는 글상자 1-6과 같다.

글상자 1-6 행동 · 사고 · 감정의 악순환의 예

> 남성이 여성보다 유전학적으로 모든 면에서 우세하다고 믿고 있는 내담자가 있다('사고'). 그는 이 사실에 대해 공공연히 말을 하고 다니지는 않지만, 이러한 태도로 인해 가정, 직장, 사회에서 번번이 다른 사람들, 특히 여성들과 언쟁하곤 한다('행동'). 대인관계가 갈수록 악화되면서, 그는 주변 사람들에 대한 불신감과 자신에 대한 회의감까지 겹쳐서 심한 외로움을 느끼고 있고('감정') 사회적으로 위축된 삶을 영위하고 있다.

상담은 내담자 자신, 사고와 감정 탐색 · 표현, 행동에 대한 통찰, 건설적인 행동 습득 · 실행을 돕는 과정이다. 그러면 행동이란 무엇인가?

행동

행동behaviors은 내 · 외적 자극에 대한 유기체의 반응을 통틀어 이르는 말이다. 내담자는 흔히 자신의 문제(상황)를 경험으로 이야기하면서 자신이 어떤 행동을 했고, 어떤 행동은 하지 않았는지에 대해 말한다. 사람들은 때로 문제가 될 행동을 하면서도 문제해결 또는 문제 상황에서 벗어날 수 있는 행동은 하지 않는다. 이것이 문제를 해결하지 못하거나 문제 상황을 극복하지 못하는 이유가 된다. 행동은 사고, 감정, 생리적 반응에 비해 변화가 용이할 뿐 아니라, 다른 요소의 변화를 촉진한다(Glasser, 2000). 행동에 관한 진술의 예는 글상자 1-7과 같다.

글상자 1-7 내담자의 행동에 관한 진술 예시

- ❍ "제가 걔를 때린 것은 기분 나쁘게 나를 째려 봐서 그런 거예요." (폭행)
- ❍ "부장님 때문에 퇴근하면서 또 술 한잔했습니다." (음주)
- ❍ "담배를 끊는다고 하면서 또 며칠 버티지 못하고 피웠네요." (흡연)

행동에는 양면성이 있다. 예를 들어, 음주는 직장동료와의 관계 형성과 유지에 긍정적으로 작용하는 반면, 과음은 공격적 행동의 원인이 되거나 건강을 해칠 수 있다. 따라서 특정 행동의 효율성에 대한 평가는 행동의 맥락이 고려된다. 치료적 대화를 위한 행동은 언어 행동verbal behavior과 비언어 행동nonverbal behavior으로 구분된다. 전자는 단일 채널('말')로, 후자는 동시다발적인 다양한 채널(① 동작성, ② 근접성, ③ 준언어, ④ 환경, ⑤ 시간 · 타이밍)로 표출된다. 상담에서 내담자는 자신이 어떻게 행동했고, 어떤 행동은 하지 않았는지 말한다.

상담은 단순히 말을 주고받는 과정이 아니다. 치료적 대화에서는 말 외에도 복잡하고도 미묘한 시선, 제스처, 자세, 어조, 억양 등의 요소를 통해 서로의 의도와 감정을 주고받는다. 사람들은 흔히 비언어 행동으로 의사를 전달하거나 상대방의 의도를 파악한다. 대화 중에 고개를 끄덕이거나, 시계를 자주 보거나, 창밖을 내다보는 등의 행동은 말은 하지 않아도 각기 무언의 의도를 담고 있다. 또한 의식하지 않는 사이에 신체는 갖가지 신호를 보낸다. 이렇게 표출되는 비언어적 신호는 언어적 표현에 비해 의식의 검열이 잘 이루어지지 않는다는 점에서 종종 더 정확한 메시지로 간주된다.

의사소통에서 메시지의 65% 이상이 비언어 행동으로 전달된다는 연구(Birdwhistell, 1970)를 보더라도, 비언어 행동은 소통에 있어서 큰 비중을 차지한다는 사실을 알 수 있다.

비언어 행동. 비언어 행동nonverbal behavior이란 대화에 사용되는 언어적 표현을 제외한 모든 신호signals 혹은 단서cues를 말한다. 비언어 행동의 대부분은 언어적 신호에 의해 해석된다. 비언어 행동에는 내담자의 정서에 관한 정보가 담겨 있다. 그러므로 비언어 행동의 의미를 민감하게 읽을 수 있는 사람에게 있어서 비언어 행동은 활짝 펼쳐진 '마음의 책'이다. 비언어 행동의 특징은 표 1-1과 같다.

표 1-1. 비언어 행동의 특징

특징	설명
1. 다중채널	❍ 다양한 비언어적 요소들이 동시다발적으로 사용됨
2. 자발성	❍ 의식의 통제를 덜 받고, 무의식적으로 표출되는 경향이 있음
3. 불명료성	❍ 언어 행동에 비해 의미가 불명확 · 모호할 수 있음
4. 문화적 차이	❍ 성별, 문화적 배경에 따라 의미가 다를 수 있음
5. 언어 행동과의 모순	❍ 언어 행동과의 불일치 · 모순될 수 있음

의식적이든 무의식적이든 비언어 행동은 언어 행동과 상호작용한다. 상담자는 내담자가 비언어 행동을 통해 표출하는 행동의 의미를 파악할 수 있어야 한다. 비언어 행동의 기능은 표 1-2와 같다(Knapp & Hall, 2009).

표 1-2. 비언어 행동의 용도와 예시

용도	예시
1. 반복repetition	❍ "안녕하세요?"라고 말하며 고개 숙여 인사함
2. 모순contradiction	❍ 아이를 심하게 체벌하면서 사랑하기 때문이라고 강조함
3. 대체substitution	❍ 동의의 의미로 말없이 고개를 끄덕임
4. 보충complementation	❍ "잘했어!"라고 말하면서 엄지손가락을 치켜듦
5. 강조accenting	❍ "조용히 해!"라고 말하며 탁자를 주먹으로 두드림
6. 조절regulation	❍ 상대방의 말이 길어지자 말을 멈추도록 시선을 돌림

비언어 행동은 때로 정신장애 증상의 단서를 제공하기도 한다. 좌불안석/안절부절

못함 같은 동작의 주기적 반복, 경련 혹은 떨림 등의 특이한 행동 패턴, 과도한 흥분 상태, 활동 수준 같은 증상이 그 예다. 그러나 비언어 행동에 대한 해석은 항시 오류의 가능성이 있다. 이에 개인차, 문화적 배경(성별, 인종, 민족, 성 지향성 등), 상담 내 · 상담 간의 차이를 고려하여 행동의 맥락에서 잠정적인 방식으로 이루어져야 한다.

비언어 행동은 크게 ① 동작성, ② 근접성, ③ 준언어, ④ 환경, ⑤ 시간/타이밍으로 나눌 수 있다. 여기서는 상담기술의 적용과 밀접한 관련이 있는 동작성, 근접성, 준언어의 세 가지 범주에 대해서만 살펴보기로 한다.

▢ **동작성.** 동작성kinesics이란 얼굴표정, 제스처, 몸동작, 시선, 자세, 태도 등의 보디랭귀지/신체언어body language를 말한다. 동작성에는 비교적 변화가 없는 신체적 특징(체격, 신장, 체중, 용모)이 포함된다. 동작성은 이러한 신체언어의 요소에 의해 전달되는 메시지에 관한 영역이다. 여기서는 동작성의 요소로 ① 얼굴 표정, ② 시선 접촉, ③ 눈물, ④ 머리의 움직임, ⑤ 신체 동작, ⑥ 자세, ⑦ 용모에 관해 구체적으로 살펴보기로 한다.

첫째, 얼굴 표정facial expression은 신체언어 중 가장 많은 메시지가 표현되는(55%, 언어 7%, 목소리의 강조 38%) 감정 상태의 지표다(Knapp & Hall, 2009). 이는 문화적 배경의 영향을 가장 덜 받는 보편적인 비언어 행동이기도 하다(Cormier & Hackney, 2016). 단, 이는 내담자 이해를 위한 것일 뿐 절대적인 것은 아니다.

둘째, 시선 접촉eye contact은 '직접적 상호응시direct mutual gazing'라고도 불리며, 상담자와 내담자의 상호작용에서 중요한 기능을 한다.

셋째, 눈물은 강한 정서의 지표다. 내담자가 소리 없이 눈물을 흘리거나 흐느껴 울거나, 갑자기 주체하기 힘들 정도로 울음을 터뜨린다면, 상담의 목적, 대상, 남은 시간을 고려해서 눈물을 흘리는 이유를 확인한다.

넷째, 머리의 움직임은 누군가 제시한 의견이나 관심사에 대한 동의뿐 아니라 반대의 의미도 나타낸다. 상담자는 내담자가 고개를 끄덕이는 행동을 언어적으로 드러내 주는 역할을 한다.

다섯째, 신체 동작body movement은 신체의 전반적인 움직임이다. 이는 마음 상태의 중요한 지표로, 문화적 배경과 맥락에 따라 해석되어야 한다. 여섯째, 자세는 흔히 상대방에 대한 관심 정도를 나타낸다.

끝으로, 용모physical appearance에는 인상, 키, 몸무게, 안색 · 피부색, 헤어스타일, 옷차림, 건강 · 위생 상태, 흉터 · 문신 · 피어싱, 신체장애 여부 등이 포함된다. 용모는 내담자의 직업, 사회경제적 지위, 자기관리 기술, 사회적 능력, 판단력 등을 가늠할 수 있는 정보를 제공한다(Beutler & Berren, 1995). 내담자의 용모가 특정한 느낌 혹은 반응을 불러일으킨다면, 일단 유의한 것으로 받아들인다. 단, 용모에 대한 선입관이나 고정관념의 틀에 의해 내담자를 평가하지 않도록 한다. 용모는 상담자에게도 중요한 사안이다. 상담자 역시 내담자 존중과 자신의 역할에 걸맞은 의상을 갖추어야 하기 때문이다. 상담자의 용모는 되도록 내담자의 성별, 나이, 사회경제적 지위 등을 고려하여 갖춘다.

□ **근접성**. 비언어 행동의 두 번째 영역은 근접성이다. 근접성proxemics이란 사회적 거리, 사적 · 사회적 공간/영역에 대한 소통적인 조작을 말한다. 근접성은 개인적 · 환경적 공간을 활용하는 방식 또는 내담자가 편안함을 느끼기 위해 상담자와 두고 싶은 거리를 가리킨다. 상담에 영향을 미치는 근접성에는 상담실의 크기, 의자 배열, 접촉, 상담자 · 내담자의 거리 등이 포함된다.

□ **준언어**. 비언어 행동의 세 번째 영역은 준언어다. 준언어paralanguage란 언어적 표현에 버금간다는 의미로, '무엇을What' 보다는 '어떻게how 말하는가'와 관련이 있다. 이 범주에는 억양 또는 어조 같은 음성 발성의 요소(크기, 억양, 속도, 패턴, 음질, 유창성 등) 외에도 말실수와 침묵이 포함된다(Knapp & Hall, 2009). '참 잘했다'는 말도 어떻게 말하는가에 따라 긍정적인 반응 혹은 빈정대는 것처럼 여길 수 있는 것이 그 예다. 준언어에 해당하는 요소로는 억양, 말의 속도 · 패턴 · 유창성이 있다.

첫째, 억양intonation, 즉 음성의 높낮이는 내담자의 감정 상태와 주제에 대한 관심 정도를 가늠할 수 있는 지표 역할을 한다. 둘째, 말의 속도는 문화적 배경이나 지리적 환경에 따라 차이가 있다. 그러므로 말의 속도 자체보다는 속도의 변화 정도에 비중을 둔다. 셋째, 말의 패턴pattern은 언어 행동과 음성의 정의에 포함되지 않는 것으로, 언어 행동의 추가적인 변화를 말한다. 이러한 변화에는 갑작스러운 침묵, 쫓기는 듯이 빠른 말('압출언어'), 빠른 속도로 전개되는 사고 표현('경주사고'), 지역적 특성이나 민족적 배경에 따른 억양, 말을 방해하는 깨진 음성, 한숨 혹은 헐떡임과 같이 특이한 표현방식과 같은 측면이 포함된다.

끝으로, 말의 유창성fluency은 특정 주제나 화제에 관한 이야기 흐름의 정도를 말한다. 특정 주제에 관해 이야기하는 중에 실수하거나 갑자기 머뭇거리는 것은 일반적으로 해당 주제에 대해 불안해지거나 자기개방을 주저하고 있음을 의미한다. 또한 특정 주제에 관한 이야기를 꺼낼 때 말을 더듬거리거나 감정이 변화된다면, 의미 있는 단서로 볼 수 있다.

SOLER. 상담과정에서 내담자에게 가장 인상적이었던 기억으로 남을 수 있는 것이 있다면 이는 온전히 내담자에게 집중하는 상담자의 태도여야 한다. 이러한 태도는 내담자의 삶에서 이러한 관심을 받아 본 적이 없었다는 것을 깨닫게 하는 정도여야 한다. 이는 내담자가 상담자에게 "무슨 뜻인지 알겠어요?"라든가, "제 말이 다 이해가 되나요?" 따위의 질문을 할 필요가 없는 정도를 말한다. 이를 위한 지침의 하나는 바로 SOLER 개념이다(Egan & Reese, 2018).

'SOLER'란 내담자에게 온전히 주의를 집중하기 위한 원리의 첫 글자들로, ① S(내담자를 향해 정면으로 마주 앉는다sit Squarely), ② O (개방적 자세Open posture를 취한다), ③ L(약간 앞으로 기울여 앉고 Lean toward the client), ④ E(시선 접촉maintain Eye contact을 유지하며), ⑤ R(이완된 상태를 유지한다be Relaxed)를 의미한다.

비언어 행동에 대한 치료적 개입. 내담자의 비언어 행동은 때로 상담 효과의 지표가 된다. 예를 들어, 상담 초기에는 팔짱을 낀 상태에서 인상을 쓰고 앉아서 신경질적으로 반응하던 내담자가 여러 회기가 지나면서 이완된 자세와 환한 표정으로 다양한 제스처를 하기도 한다. 상담자는 내담자의 이러한 비언어 행동과 그 변화에 대해 즉시성과 같은 기술을 통해 반응해 줄 수 있어야 한다. 이는 상담 초기부터 이루어져야 한다. 그렇지 않고 몇 회기가 지난 후에 갑자기 반응한다면, 내담자는 상담자의 반응을 오해할 수 있기 때문이다. 내담자의 비언어 행동에 대한 치료적 개입을 위한 지침은 글상자 1-8과 같다.

글상자 1-8 내담자의 비언어 행동에 대한 반응 지침

1. 내담자의 언어 행동과 비언어 행동이 일치하는지 확인한다.
2. 언어 메시지와 비언어 메시지의 불일치에 대해 주목 또는 반응한다.
3. 내담자가 침묵할 때, 비언어 행동에 대해 주목 또는 반응한다.
4. 상담의 주제를 변경하려면, 비언어 행동에 초점을 맞춘다.
5. 특정 상담 회기 또는 일련의 회기에서 내담자가 나타낸 비언어 행동의 변화에 주목한다.

글상자 1-8에 제시된 지침은 이론적 접근과 관계없이 상담자를 위한 유용한 지침으로 활용될 수 있다. 상담에서 내담자들은 비언어적 행동을 통해 끊임없이 정보를 전달한다. 상담자는 내담자의 비언어 행동에 대해 대화상자 1-5에 제시된 것 같은 반응으로 치료적 개입을 할 수 있다.

대화상자 1-5. 비언어 행동에 대한 개입의 예시

상담자: 이것이 당신에게는 상당히 어려운 주제라고 말하면서 눈시울이 촉촉해지고, 고개를 떨어뜨리고, 손을 만지작거렸는데, 이러한 행동들이 어떤 의미가 있는지 궁금하네요.

사고

사고thought는 심상 또는 지식을 사용하여 사물을 헤아리고 판단하는 마음의 작용이다. 이는 머릿속에서 끊임없이 이루어지는 질문과 응답의 과정이다. 이 문답과정은 좌뇌와 우뇌가 손을 맞잡고 춤을 추듯 진행된다. 사고는 내·외적 지각으로 생성되는 정신적 표상, 즉 이미지로 이루어진다. 이미지image는 시각적 이미지뿐 아니라 내적 표상과 연관이 있다. 사고는 신체 내에 뿌리를 내리고, 정서는 정신세계에 스며든다. 아무리 추상적인 사고라도 특정한 감각적 내용을 지니고 있다. 그래서 기억을 떠올리면, 본래 인식된 이미지가 아니라 재구성된 이미지가 떠오른다. 이렇게 재구성된 이미지는 원래의 것에 충실하지만, 정서적 경험에 의해 많은 부분이 착색된다.

알베르트 아인슈타인 (Albert Einstein, 1879~1955)

시간의 흐름에 따라 신경 회로망은 지속적으로 새로운 정보를 수집하여 원래의 이미지를 풍부하게 생성하거나 작위적으로 변형시킨다. 이렇게 생성되는 이미지는 개인의 행동과 감정에 영향을 주기도 하고 받기도 한다. "문제 있는 사고방식으로는 문제를

해결할 수 없다."는 독일 태생의 이론물리학자 알베르트 아인슈타인의 말처럼, 문제 해결 또는 문제 상황의 대처에는 사고방식의 전환이 필요하다. 그의 중요한 모험들은 실제 세계가 아닌 머릿속에서 이뤄졌고, 사고 실험을 통해 일반상대성 이론을 창안했다. 이 이론을 통해 그는 지난 20세기 동안 가장 유명하고 영향력 있는 인물로 꼽혔다. 사고방식의 전환은 때로 성장통처럼 고통이 수반될 수 있다. 상담은 내담자에게 열린 사고를 통해 일과 사람 관계의 재조명을 돕는 과정이다.

내재적 사고. 내재적 사고intrinsic thought는 직접 관찰하기 어려운, 개인의 내면에 내재하는 것으로 추정되는 행동이다. 이는 상상, 사고, 태도, 가치관이 포함되며, 때로 실제 행동과 같은 기능을 한다. 사람들은 때로 꿈, 상상, 환상, 기도, 숙고를 통해 내면적으로 문제 탐색, 기회 검토, 의사결정, 계획 수립, 사리 판단, 자신 · 타인 인정, 무시, 용서를 수행한다. 이 과정은 행동과 크게 다르지 않다는 특징이 있다.

내재적 사고는 다른 사람들과의 상호작용을 통해 현실검증reality testing(현실/외부세계가 개인이 상상하는 것과 동일한지를 판단 · 평가하는 것) 과정을 거친다. 그렇지 않고 고립 또는 위축 상태에서 생활하는 사람 중에는 자신의 내재적 사고와 현실을 구분하지 못해 증상으로 나타나기도 한다. 상담과정에서 내재적 사고는 때로 내담자의 인지적 위기, 즉 인지부조화 상태에 처하게 하는 원인이 된다.

인지부조화. 인지부조화cognitive dissonance란 두 가지 인지 요소(㉔ 행동과 신념)가 조화를 이루지 못할 때 나타나는 긴장 상태를 말한다(강진령, 2008). 이는 '인지적 불협화음'이라고도 하며, 심리적 불편을 조장하여 태도, 신념 혹은 행동 변화를 통해 균형 상태를 회복하기 위한 동기를 활성화한다. 인지부조화는 혼란의 원인이 되는 동시에 학습을 위한 기회가 된다. 인지적 위기가 내담자에게 새로운 변화의 기회로 활용될 수 있는지는 상담자의 역량에 달려 있다.

인지부조화 이론(Festinger, 1957)에 의하면, 태도, 신념, 행동의 평형이 깨져 부조화 상태가 될 때, 부조화 감소를 위한 학습 동기가 높아진다. 이 현상은 상담자와 내담자의 상호작용을 통해서도 나타난다. 이 과정에서 내담자의 습관적인 태도, 신념, 행동, 대인관계 양식이 부조화/불평형disequilibrium 상태에 놓이게 된다. 이러한 인지부조화는 내담자에게 변화를 위한 학습 동기의 원천이다.

비합리적 신념. 비합리적 신념irrational belief은 심리적 부적응과 정서장애의 원인이 되는 자신, 타인, 세상에 대한 비현실적으로 과도한 기대와 요구를 말한다. 이는 '반드시 ~

해야 한다musts, shoulds, oughts'는 절대적이고 완벽주의적인 당위적 요구의 형태를 띤다. 당위적 요구demandingness는 실현되기 어렵기 때문에 필연적으로 좌절을 초래하여 부적 감정과 행동을 유발하여 개인의 삶을 고통스럽고 불행한 방향으로 몰아간다. 비합리적 신념은 세 가지 범주(① 자기self, ② 타인other, ③ 세상world)에 대한 당위적 사고로 구분되는데(Ellis, 1996), 이에 관한 설명은 표 1-3과 같다.

표 1-3. 비합리적 신념의 세 가지 당위적 사고

범주	설명
□ 자기	○ 자기에게 현실적으로 충족되기 어려운 과도한 기대와 요구를 하는 신념(예 "난 누구에게나 인정을 받아야 한다. 그렇지 않으면, 난 무능하고 무가치한 사람이다.")
□ 타인	○ 개인이 타인에 대한 과도한 기대와 요구를 일방적으로 따르기를 바라는 신념(예 "사람들은 항상 내게 친절하고 공평하게 대해야 한다. 그렇지 않으면, 존중할 가치도 없는 나쁜 사람이고, 벌 받아 마땅하다.")
□ 세상	○ 사회정치적 체제뿐 아니라 자연세계에 대한 비현실적인 과도한 기대(예 "사회는 항상 공정하고 정의로워야 한다. 자연세계는 절대 우리에게 피해를 줘서는 안 된다. 그렇지 않으면 세상은 혐오스럽고 공포로 가득 찬 참을 수 없는 곳이다.")

감정

감정feeling은 내·외부의 자극이 없어도 지속되는 정서적·상상적 요소들의 결합체다. 심정心情이라고도 불리는 감정은 복합적인 정서들로 구성되며, 심리적 요소와 연계되어 있어서 대인관계의 초석이 된다. 예를 들어, 죄책감guilt은 처벌에 대한 두려움과 자신에 대한 분노로 생성된다. 감정은 사적이고 내면적인 특성이 있는데, 대체로 생리적 변화가 수반되지 않는다. 그렇지만 사랑 또는 증오심은 평생 지속되기도 한다. 정서가 자극에 대한 반응이라면, 감정은 자극의 유무에 관계없이 비교적 지속되는 복합적인 느낌이다.

정적 감정 vs. 부적 감정. 감정은 정적 감정과 부적 감정으로 구분된다. 정적 감정positive feeling에는 기쁨/즐거움 같은 정서에서, 부적 감정negative feeling은 슬픔, 분노, 두려움, 역겨움 같은 정서에서 파생되는 감정이다. 정서에 따른 감정을 표출하는 어구는 표 1-4에 정리되어 있다.

표 1-4. 기본정서를 표현하는 어구의 예시

기본정서	정서 표현 언어
기쁨 (喜, joy)	❍ 가슴이 벅차다. 감개무량하다. 기쁘다. 만족스럽다. 반갑다. 뿌듯하다. 산뜻하다. 상쾌하다. 상큼하다. 설렌다. 속이 시원하다. 속이 후련하다. 신난다. 신명난다. 신바람난다. 안심된다. 우습다. 웃긴다. 유쾌하다. 자랑스럽다. 즐겁다. 짜릿하다. 통쾌하다. 편안하다. 행복하다. 호쾌하다. 환상적이다. 황홀하다. 후련하다. 흐뭇하다. 흥겹다. 흥분된다.
슬픔 (哀, sadness)	❍ 가슴이 미어진다/싸하다/쓰리다/아린다/아프다/저리다/찢어지는 것 같다/터질 것 같다. 고독하다. 고통스럽다. 공허하다. 괴롭다. 그립다. 눈앞이 캄캄하다. 답답하다. 막막하다. 버림받은 느낌이다. 불쌍하다. 불행하다. 비참하다. 비통하다. 서글프다. 서럽다. 설움이 북받친다. 소외감이 든다. 슬프다. 심난하다. 썰렁하다. 쓸쓸하다. 안타깝다. 암담하다. 암울하다. 애가 탄다. 애간장이 끊는다/녹는다. 애달프다. 애석/애잔/애절하다. 애처롭다. 애통하다. 애틋하다. 억장이 무너진다. 외롭다. 우울하다. 울적하다. 원통하다. 적막하다. 적적하다. 절망스럽다. 절망적이다. 착잡하다. 참담하다. 처량하다. 처연하다. 처참하다. 측은하다. 침울하다. 허망/허무/허전/허탈하다.
분노 (怒, anger)	❍ 괘씸하다. 기가 막힌다. 모욕감이 든다. 복장 터진다. 부아난다. 분개한다. 분하다. 불쾌하다. 섭섭하다. 성질난다. 속 뒤집어진다. 속 터진다. 속상하다. 신경질난다. 실망스럽다. 씁쓸하다. 약 오른다. 억울하다. 열 받는다. 열불난다. 울화가 치민다. 울화통 터진다. 지긋지긋하다. 진절머리 난다. 질린다. 짜증난다. 치가 떨린다. 피가 거꾸로 솟는다. 화가 치민다. 화난다.
두려움 (恐, fear)	❍ 간이 콩알만 해진다. 끔찍하다. 두렵다. 막막하다. 머리털이 곤두선다. 무섭다. 뭉클하다. 섬뜩하다. 소름끼친다. 스산하다. 식은땀이 난다. 아찔하다. 오금이 저린다. 오싹하다. 으스스하다. 전율이 느껴진다. 진땀난다. 참혹하다. 충격적이다.
역겨움 (憎, disgust)	❍ 가증스럽다. 구역질난다. 꼴 보기 싫다. 뇌꼴스럽다. 눈꼴사납다. 눈꼴시다. 눈엣가시 같다. 닭살 돋는다. 떨떠름하다. 못마땅하다. 밉다. 부럽다. 아니꼽다. 야속하다. 얄밉다. 역겹다. 정나미가 떨어진다. 지겹다. 지긋지긋하다. 징그럽다. 혐오스럽다.

감각이 '신체적 센서physical sensors'라면, 정서는 '심리적 센서psychological sensors'다. 인간의 뇌는 유기체 보호를 위해 부적 정서 또는 감정을 유발한 사건 또는 상황을 더 잘 기억한다. 이러한 이유로 표 1-4에 제시된 것처럼, 인간의 정서와 감정은 부적 측면의 요소들이 대부분을 차지하고 있다.

일차감정 vs. 이차감정. 감정은 일차감정과 이차감정으로도 구분된다. 일차감정primary feeling은 유기체 보호와 만족의 극대화를 위해 특정 자극에 대해 유기체가 반응하는 진정한 정서다. 일차감정은 대체로 이차감정에 비해 덜 강렬하다는 특징이 있다. 켈리(Kelly, 1963)는 일차감정에 대한 견해를 글상자 1-9에서와 같이 밝히고 있다.

글상자 1-9 일차감정에 대한 켈리의 견해

> 모든 깊은 일차감정은 생존의 가치를 지니고 있다. 예를 들어, 분노는 개인의 권리 보호와 개인적 경계 또는 한계 설정을 돕는다. 또한 분노의 인식 · 표현능력은 건강한 주장성의 기초다. 화를 내지 못해 분노를 깊이 억압한 사람은 심한 정도의 장애가 생긴다. -〈중략〉- 이런 사람들의 주장성은 확신이 없고, 화를 낼 수 있는 사람의 처분에 따르거나 정서적 의존상태에 놓인다. 분노와 역겨움이 표현 · 방출되면, 사랑의 표현이 촉발된다. 고통과 슬픔의 표현은 기쁨과 즐거움이 뒤따른다. 두려움의 방출은 더 돈독한 신뢰감을 구축한다(pp. 92~93).

이차감정secondary feeling은 특정 자극에 대한 진정한 내적 감정 다음에 오는 상대방을 비난하는 감정으로, 대표적인 감정은 분노다. 이차감정은 일차감정 다음에 온다. "(나는) 화가 나요."라는 일인칭 진술은 보통 "(나는) 당신에게 화가 나요." 또는 "당신이 나를 화나게 했어요."로 해석된다. 이차감정으로서의 분노는 강렬하게 표출되었다가 사라질 때까지 유기체의 내면에 남아 있다.

글상자 1-10 일차감정 vs. 이차감정 비교

> 직장에 다니는 A씨는 자가 운전으로 출근하던 중, A씨의 차량 앞으로 갑자기 끼어든 차량 때문에 화가 머리끝까지 났다. 이때 A씨의 이차감정은 화/분노이지만, 일차감정은 두려움이다.

글상자 1-10에서 A씨의 일차감정은 두려움이다. 이 사례에서처럼, 분노는 흔히 특정 감정 다음에 온다. 감정을 일차감정과 이차감정으로 구분하는 이유는 전자가 정서와 밀접한 관련이 있는 반면, 후자는 정서에서 파생된 감정이기 때문이다. 정서는 모든 사람에게 보편적이지만, 감정은 개인적인 특성이 있다. 사람의 몸은 거의 완벽에 가까운 창조물이다. 몸의 각 기관은 각자 고유의 역할을 하면서 조화롭게 기능한다.

정서

정서emotion는 자극에 대한 생리적 반응으로, 신체가 제공해 주는 정보다. 이는 ① 인지평가, ② 주관적 느낌, ③ 사고 · 행동 경향성, ④ 내적 신체 변화, ⑤ 얼굴 표정, ⑥ 정서에 대한 반응이 포함된 의식적 경험의 다차원적 · 복합적 현상이다(강진령, 2022). 주사 맞는 순간을 예로 들어보자. 주삿바늘이 위협적인 대상이라는 생각(인지 평가)이 들면, 두려움(주관적 느낌)이 엄습하고, 이를 피하려는 듯 몸이 뒤로 젖혀지며(동기화된 행동), 가슴이 쿵쾅거리고 근육에 힘이 들어가며(내적 신체 변화), 미간이 찌푸려진다(얼굴 표정). 이처럼 정서는 생물학적 · 인지적 · 행동적 · 목적적 현상이다.

정서는 고유의 기능을 지닌 감각, 정서, 감정, 기분, 기질 등의 독립된 구성요소가 유기체 보호와 회복을 위해 상호 유기적으로 결합되어 작동되는 집합체, 즉 정서체계에 의해 유발된다. 정서체계는 자연이 유기체에게 만족감을 극대화하기 위해 만들어 준 선물이다. 이 체계는 유기체 외부에서 발생한 상황에 대해 고유의 반응을 유발하는 동시에 유기체의 온전한 상태를 유지하기 위해 몸의 내부 상태를 조절하는 기능을 한다. 특히 위험 경고, 행동 준비, 정체감 회복, 동기 부여 등의 기능으로 유기체를 주변 환경에 적응시킨다. 이러한 점에서 정서체계는 '마음의 갑옷'이다.

정서를 뜻하는 영어의 'emotion'은 'e'는 밖을 향해, 'motion'은 움직임, 즉 '외부를 향한 움직임'이라는 의미가 있다. 정서는 크게 기쁨, 슬픔, 분노, 두려움, 역겨움으로 구분할 수 있다. 이 다섯 가지는 '기본정서'로 불리기도 한다. 놀람과 경악은 두려움과 연관되어 있다는 점에서 두려움에 포함된다. 또한 기쁨에는 즐거움을, 슬픔에는 고통을, 두려움에는 공포가 포함되기도 한다. 정서발생의 원인과 기능은 표 1-5와 같다.

표 1-5. 정서의 원인과 기능

정서	기능
기쁨 (joy)	○ 욕구가 충족되었을 때의 흐뭇하고 흡족한 정서로, 이전보다 더 완전해진 느낌을 주는 대상(예 부부/가족, 연인, 친구, 자연, 우주, 신 등) 같은 존재와 하나가 되는 느낌이 들 때, 주로 대상보다는 관계에서 생성됨
슬픔 (sadness)	○ 소중히 여기던 대상(예 사랑하는 사람, 신체 기관, 건강, 재산 등)을 상실했을 때 유발되는 정서로, 통합과 회복 기능이 있어서 상실/이별에 따른 상처로부터 몸을 회복시킴
분노 (anger)	○ 욕구 충족이 지연 또는 이루어지지 않을 때 유발되는 정서로, 상처, 신체 결핍, 욕구불만을 치유함 ○ 부당한 일 또는 공격을 당하는 경우, 표출을 통해 관계의 균형이 회복됨
두려움 (fear)	○ 위험에 직면할 때 모든 감각이 외부를 향해 긴장하고, 주의력이 최고조에 달하게 되면서 유발되는 정서로, 정서체계가 위험의 존재를 감지하여 신체를 대비시킴
역겨움 (disgust)	○ 해가 되거나 자신을 더럽히는 상황(예 성추행, 성폭행 등)에 직면할 때 유발되는 정서로, 이 정서를 밀어내면서 상처로부터 회복시킴

정서는 자기감sense of self과 자기의식self-consciousness ('나는 나라고 느끼는 사람')의 근원으로, 행동과 사고에 영향을 미친다. 타인이해는 자기이해를 전제로 이루어진다. 정서는 심리적 반응인 동시에 생리적 반응으로, 보편적인 특징이 있다. 즉, 누구나 욕구가 충족되지 않거나 모욕당하거나 상처받으면 화가 나고, 위험에 처하면 두렵고, 소중한 대상을 잃으면 슬퍼지고 애통함을 느끼게 된다.

정서 인식 · 체험 · 표현. 정서발달이 잘 된 사람은 자신의 진정한 정서를 인식하고, 적절한 방식으로 표현함으로써 정서를 조절할 수 있을 뿐 아니라, 타인의 정서를 인식 · 이해하여 공감해 줄 수 있다. 이는 진정한 자유를 누리기 위한 필수요소다. 축적된 정서적 에너지 표출은 신체를 평형 상태로 되돌리는 기능이 있다. 반면, 그렇지 못한 사람은 이유 없이 화를 내거나 눈물을 흘리거나 두려워하면서도 그 원인을 알지 못한다. 조절할 수 없는 정서와 감정은 위험하고 위협적이며 파괴적일 수 있다. 따라서 파괴적이고 공격적 행동의 원인이 되는 분노는 공감적 이해를 통해 인식되고, 적절한 방식으로 표출되어야 한다.

정서는 축적 · 긴장되었다가 방출 · 해소된다. 일반적으로 정서는 ① 인식(정서의 존재와 체험의 중요성을 인정하고, 특정 상황에서 발생하는 신체 변화를 감지함), ② 체험(심신의 변화를 인식하고, 이를 제대로 해석 · 이해함), ③ 표현(체험한 정서를 사회구성원들이 동의하는 의미론적 체계에 따라 언어로 표출함) 순으로 자연스럽게 해소된다. 반복적으로 정서를 억압하는 경우, 예기치 않게 터져 나오는 눈물, 분노, 두려움으로 인해 감정의 노예로 전락될 것을 염려하게 될 수 있다. 이는 습관적으로 정서를 억압할 때 전형적으로 나타나는 현상이다.

정서 억압은 중요한 타인들이 주로 생각과 행동에 대해서만 강조한 결과일 수 있다. 유기체의 행복을 위해 자연스럽게 생성되는 정서가 무가치한 것으로 취급되어 반복적 · 습관적으로 억압되면, 외부 사건과 내면의 경험이 단절된다. 그 결과, 개인은 자신 또는 타인의 정서 이해에 필요한 기준이나 자원을 잃게 된다. 문화에 스며 있는 억압과 왜곡된 교육은 감정 인식 또는 표현에 어려움을 보이게 할 수 있다('감정표현불능증alexythymia').

이러한 어려움이 있는 사람들의 특징은 합리적으로 생각하고 현실에 잘 적응하는 것처럼 보일 수 있지만, 하찮은 일을 장황하게 설명하거나, 정확한 순서만을 고집하거나, 삶의 사건들을 단조롭고 지루하게 말하는 것이다. 또한 대인관계에서 상상력, 직관, 공감, 성취에 대한 환상이 결여되어 있다. 이 상태에서 벗어나려면, 내면의 진정한 감각과 정서를 인식하고, 정서의 원인을 이해할 수 있어야 한다.

감각

감각sensation은 신체의 감각기관을 통해 수용된 정보로, 신체의 전반적인 상태와 순간순간 지각된 정보와 연결되어 있다. 감각은 자극이 있는 한 지속되는 특징이 있으며, ① 외부수용감각exteroceptive sensation, ② 내부수용감각interoceptive sensation, ③ 고유수용감각proprioceptive sensation으로 나뉜다. 이 세 가지 유형에 관한 설명은 표 1-6과 같다.

표 1-6. 감각의 세 가지 유형

감각	기능
□ 외부수용감각	○ 신체 외부에 있는 자극을 알려 주는 감각 ○ 오감(시각, 청각, 미각, 후각, 촉각)이 해당함
□ 내부수용감각	○ 신체 내부에서 일어나는 운동감각, 호흡, 내장, 체감, 심혈관, 복부 근육 등과 관련된 다양한 신체감각으로, 정서에 대한 정보 제공
□ 고유수용감각	○ 근육, 관절 등의 위치와 움직임을 알려 줌으로써 평형을 유지시키는 감각

모든 감각적 이미지는 개인의 존재감과 자아정체감[ego-identity] 형성의 초석이 된다. 이미지는 연상 작용을 통해 다른 감각적 이미지('일련의 생각들')을 떠올린다. 이 생각들은 무의식에 남아 특정 감정을 유발한다. 예를 들어, 이유 없이 미운 사람이 있다면, 이는 뇌가 연상 작용을 통해 상대방의 특정 이미지와 과거에 상처를 주었던 사람의 이미지를 대조시켜 보여 주었기 때문이다. 이러한 점에서 감각은 정서와 밀접한 관계가 있다.

표 1-7. 정서와 감각

정서	원인	감각	
□ 기쁨	○ 성취 ○ 성공	• 심호흡 • 가슴이 따뜻함	• 심장박동 상승(화났을 때보다는 느림)
□ 슬픔	○ 상실	• 눈물 흘림 • 근 긴장 저하 • 팔다리 경련	• 경미한 체온 상승 • 가슴이 조여짐 • 심장박동 상승(화났을 때보다는 느림)
□ 분노	○ 욕구불만 ○ 부당성 ○ 상처	• 주먹이 꽉 쥐어짐 • 아래턱이 나옴 • 턱이 긴장됨 • 눈살이 찌푸려짐	• 손에 피가 몰림 • 체온과 심장박동 급상승 • 들숨보다 긴 날숨
□ 두려움	○ 위험 ○ 낯섦	• 구강 건조 • 체온 하강 • 오한 • 소름이 돋음 • 손에 땀이 남	• 심장박동 상승 • 얼굴이 창백해짐 • 입모(털이 곤두섬) • 다리 근육에 피가 몰림 • 위가 조여짐
□ 역겨움	○ 해로움 ○ 성폭행	• 코가 찡그려짐 • 구역질을 느낌 • 심장박동이 느려짐	• 체온의 현저한 저하 • 윗입술 양 끝이 올라감 • 횡경막 부분에 불쾌한 감각이 느껴짐

상담기술은 어떤 것들이 있는가?

상담기술은 일련의 경험적 연구를 통해 복잡한 치유의 원리를 체계적 · 과학적으로 세분화시킨 것이다. 상담기술은 효과적인 상담의 디딤돌이다. 상담기술에 명칭을 붙이고, ① 경청반응기술과 ② 실행반응기술로 구분하는 이유는 상담자가 이들을 용도에 적합하게 사용하여 상담의 성과를 극대화할 수 있도록 돕기 위해서다. 이 과정을 통해 추출된 주요 상담기술은 표 1-8과 같다.

표 1-8. 주요 상담기술 목록

범주	상담기술	정 의
경청반응 기술	1. 재진술	○ 내담자의 진술 중 사건, 상황, 대상, 생각을 참신한 말로 되돌려 주는 기술(예 "그러니까 ~라는 말씀이군요.")
	2. 반영	○ 내담자 진술 중 사건, 상황, 대상, 생각 때문에 생긴 감정을 참신한 말로 되돌려 주는 기술(예 "당신이라면 ~한 느낌이 들겠어요.")
	3. 명료화	○ 내담자의 모호한 진술의 의미를 명확하게 확인하기 위한 질문 형태의 기술(예 "[모호한데] ~라는 말은 ~라는 뜻인가요?")
	4. 요약	○ 내담자가 말한 둘 이상의 언어적 표현의 요점을 간추려서 되돌려 주는 기술(예 "지금까지 ~라는 말이 핵심으로 들리는데, 혹시 빠진 것이 있을까요?")
실행반응 기술	5. 질문	○ 내담자에게 알고자 하는 바를 묻는 기술(예 "소크라테스식 질문으로 함께 확인해 볼까요?")
	6. 직면	○ 모순 또는 불일치되는 행동을 드러내 주는 기술(예 "~라고 말하면서 ~한 행동을 하는 걸 보니, 앞뒤가 잘 맞지 않는 것 같아요.")
	7. 해석	○ 내담자의 행동, 감정, 사고, 욕구, 갈등, 대처방식, 관계 패턴 간의 연관성, 동기, 원인, 인과관계 등의 의미를 잠정적 가설 형태로 설명해 주는 기술(예 "~라고 말하는 걸 들으니 ~은 ~라는 의미가 아닐까요?")
	8. 정보제공	○ 경험, 사건, 대안 또는 사람에 관한 데이터/사실을 내담자에게 말로 전달해 주는 기술(예 "당신의 의사결정에 필요할 정보는 ~이겠어요.")
	9. 자기개방	○ 내담자에게 상담자의 경험을 드러내는 기술(예 "사실, 저도 비슷한 ~한 경험을 했어요.")
	10. 즉시성	○ 경험, 행동, 사고에 대한 상담자의 경험 또는 감정을 말로 전달하는 기술(예 "당신의 말씀을 듣다 보니 ~한 느낌/생각이 들어요.")

상담자는 상담기술, 기법, 전략을 적재적소에 활용하는 오케스트라 지휘자와 같다. 상담자는 상담기술 외에 침묵과 단순반응을 통해 내담자의 자기이해 촉진과 문제해결 및 성장의 발판을 제공할 수 있다. 침묵silence은 잠잠히 내담자에게 귀 기울이는 것인데 비해 단순반응simple response은 내담자가 하고 싶은 말을 편안하게 할 수 있게 해 주는 간단한 언어적 반응이다. 예를 들어, "음" "으흠" "아하, 그렇군요." "아, 그래요." "잘 알겠습니다." 등이다. 상담자는 상담기술을 활용하여 글상자 1-11에 제시된 것과 같은 임무를 수행한다.

글상자 1-11 상담기술 활용을 통한 상담자의 임무

1. 내담자가 자신에 관한 이야기를 하도록 돕는다.
2. 내담자의 문제와 기회를 삶의 맥락 속에서 이해한다.
3. 내담자의 문제를 해결 가능한 말로 기술하도록 돕는다.
4. 문제의 심각도와 문제 관리능력을 평가한다.
5. 내담자와 작업동맹을 구축하여 사회·정서적 재교육의 기회로 활용한다.
6. 내담자가 미처 활용하지 못한 능력, 강점, 자원의 탐색·개발을 돕는다.
7. 내담자의 문제와 사용하지 못한 기회에 대한 책임을 인정하도록 돕는다.
8. 내담자의 통찰을 변화를 위한 행동으로 옮기도록 돕는다.
9. 상담에 적극적으로 참여하고, 스스로 평가할 수 있도록 돕는다.

상담기술은 언제, 어떻게 사용해야 하는가? 이에 대한 공식은 없다. 다만 내담자 자신, 관심사, 문제 또는 문제 상황, 내담자의 강점·장점·자원, 가능한 기회, 상담과정·단계, 그리고 상담자의 임상경험에 따라 상담기술의 시기와 방법이 달라질 수 있다. 상담역량은 타고나는 것이 아니라 꾸준한 훈련으로 습득된다(Rogers, 1957). 그러므로 상담기술을 능숙하게 활용할 수 있는 역량을 갖추려면 부단한 연습이 요구된다. 특히, 초심상담자들은 실습실뿐 아니라 일상생활에서도 지속적인 연습을 통해 상담기술 활용 능력을 갈고닦아야 할 것이다. 이러한 점에서 사회는 상담기술을 연습할 수 있는 중요한 실험실이요, 주변 사람은 잠재적 내담자다.

연습 1-1 경청의 걸림돌 구분 연습

❖ 다음에 제시된 내담자의 진술을 읽고, 각 진술에 해당하는 경청의 걸림돌을 〈보기〉에서 골라 밑줄 친 부분에 번호를 쓰시오.

이혼가정의 자녀인 중학교 2학년 여학생이 고개를 숙인 채 말한다.

> "제가 엄마랑 둘이서만 살고 있는 걸 우리 반 애들은 잘 모르는데……. 저는 엄마랑 사는 게 괜찮거든요. 근데 애들이 알면 괜히 없어 보일 것 같고, 저에 대해 자기들끼리 뒤에서 얘기하고 그럴 것 같아서요. 근데 어떤 때는 엄마가 이혼했다는 걸 숨기는 게 친구들을 속이는 것 같아서 마음이 안 좋기도 해요."

보기

① 도덕적 훈계	④ 판단 · 비판 · 평가 · 비난	⑦ 동정
② 충고 · 해결책 제시	⑤ 상투적인 말	⑧ 질문 · 추궁
③ 논리적 의견	⑥ 진단 · 분석	

____ 1 "그렇게 어려운 상황이었다면서 왜 이제야 상담을 신청했어? 그동안 그렇게 시간적인 여유가 없었니?"

____ 2 "부모님께서 이혼한 사실을 친구들에게 말하지 않았다고 해서 친구들을 속이고 있다고 할 수는 없지. 그러니까 친구들을 속이는 것 같다고 생각할 필요가 없단다."

____ 3 "저런, 집안에 어려움이 있었구나. 난 네가 성적도 좋고, 밝고 활달해서 이혼가정의 아이라는 사실을 전혀 몰랐단다."

____ 4 "엄마의 이혼 사실을 말하지 않았다고 해서 친구들을 속이는 것 같다는 생각이 든다는 말을 들으니 네 성격이 약간 강박적인 성향이 있는 것 같구나."

____ 5 "네 마음이 정 그렇게 불편하다면, 아예 친구들에게 모든 사실을 털어놓는 것은 어떻겠니?"

____ 6 "뭐, 살다 보면 서로 좋아서 만났다가 헤어지기도 하는 것이 우리 인생이 아니겠니? 따지고 보면, 너네 엄마 아빠만을 탓할 수는 없지 않을까?"

____ 7 "'정직이 최선의 정책'이라는 격언이 있듯이, 정직하면 일시적으로는 손해를 보는 것 같을 때가 있지만, 장기적으로는 정직한 것이 이득을 볼 수 있단다."

____ 8 "친구들을 속이는 것 같으니까 마음이 안 좋아지고, 마음이 안 좋으니까 친구들과의 관계도 멀어지고, 관계가 멀어지니까 공부에도 집중하기 어려웠을 거고. 그러니까 결국 성적도 그렇게 떨어지게 되었구나."

____ 9 "너 스스로 부모님께서 이혼한 사실을 너의 큰 약점으로 생각하는 것 같구나. 결국 그 비밀이 탄로 날까 봐 좌불안석증도 조금 있어 보이고."

____ 10 "너는 참 신경 쓰지 않아도 될 일까지 걱정하고 있구나. 그러니까 요즘 와서 성적이 그 모양이지."

연습 1-2 핵심메시지 확인 연습

❖ 다음에 제시된 내담자의 진술을 읽고, 밑줄 친 부분에 내담자가 전달하고자 하는 핵심메시지를 쓰시오.

1 초등학교 3학년 여학생이 울상을 지으며 언성을 높여 말한다.

> "오늘 아침에 정현이가 자꾸 절 괴롭혀서 그러지 말라고 했는데, 자꾸만 내 의자를 발로 차는 거예요. 그래서 또 하지 말라고 했거든요? 내가 하지 말라고 여러 번 말했으니까 이젠 안 하겠지 하고 생각했는데, 하루 종일 괴롭혔어요. 그래서 받아쓰기 시험을 잘 못 봤어요."

❍ 핵심메시지: ______________________________

____

2 교실에서 같은 반 학생과 주먹다짐하다가 교무실에 불려 온 중학교 1학년 남학생이 주먹을 불끈 쥐고 흥분된 어조로 말한다.

> "내가 교실에 들어가는데 시영이 걔가 먼저 교실에 침 뱉더니 째려보면서 나한테 욕했단 말이에요. 걘 선생님 있을 땐 엄청 착한 척하면서, 없을 땐 싸움 못하는 애들 엄청 괴롭혀요."

❍ 핵심메시지: ______________________________

____

3 가출했다가 귀가한 중학교 2학년 여학생이 침묵을 지키다가 가까스로 입을 연다.

> "저는 너무 주관? 아니, 줏대가 없는 것 같아요. 오빠들이 저를 좋다고 하면 아주 싫지 않으면 그냥 좋아지고 그러거든요. 그래서 제가 너무 헤픈 것 같다는 생각도 들긴 해요."

○ 핵심메시지: ______________________________

____

4 고등학교 1학년 여학생이 손을 만지작거리면서 말한다.

> "네, 여러 오빠들과 사귀어 봤어요. 저는 좀 특이한 성격인데요. 여자애들하고는 잘 안 맞아요. 여자애들은 잘 삐치고 속이 너무 좁아서 얘기가 잘 안 통하고……. 그래서 좀 답답해요. 저는 남자들, 오빠들하고 잘 맞는 것 같아요."

○ 핵심메시지: ______________________________

____

5 고등학교 2학년 남학생이 고개를 푹 숙인 채 말한다.

> "얼마 전에 학교에서 담배 피우다가 담임한테 걸렸는데, 부모님을 모시고 오라는 거예요. 요즘에 담배 안 피우는 애들이 거의 없거든요. 솔직히 저희 엄마 아빠는 제가 담배 피운다는 걸 몰라요. 그래서 제가 담배 피우다가 걸렸다는 걸 알면 아마 기절하실 걸요."

○ 핵심메시지: ______________________________

____

6 세 차례의 시도 끝에 목표로 했던 대학에 입학한 1학년 남학생이 심각한 표정으로 말한다.

> "저는 이 대학에 오려고 그동안 하고 싶었던 것들 다 참고 진짜 공부만 했던 것 같아요. 그래서 삼수까지 해서 대학에 들어왔는데, 딱 들어오고 나니까 갑자기 뭘 해야 하지? 하는 상태가 되더라고요. 이걸 공황 상태라고 하나요? 음, '내가 진짜 하고 싶은 게 뭐지?' 뭐 그런 거. 그런 그냥 멍한 상태라고나 할까?"

○ 핵심메시지:

7 대학교 2학년 남학생이 긴장된 표정으로 손을 꼼지락거리면서 말한다.

> "저는 새로운 환경에 적응하는 데 남들보다 시간이 오래 걸리는 것 같아요. 다른 사람들은 다 잘 지내는 것 같은데, 저만 겉도는 것 같아요. 계속 대인관계에 스트레스도 받다 보니까, 원했던 전공도 아니고……. 앞으로 취업도 하려면 스펙도 쌓아야 할 것 같은데, 공부에 집중도 잘 안 되고……."

○ 핵심메시지:

8 입대한 지 10개월 된 병사가 다소 격앙된 목소리로 말한다.

> "전에는 이런 생각을 한 적이 없었는데요. 군대에 와 보니까 세상이 너무 불공평하다는 생각이 드는 거예요. 그래서 어떨 때는 밤에 잠이 안 올 때도 있어요. 여자친구는 뭐가 그렇게 바쁜지, 이제 제 전화도 잘 안 받아요. (비장한 표정을 지으며) 아무래도 마음이 변한 것 같아요."

○ 핵심메시지:

9 30대 후반의 여성이 밝은 표정으로 큰 소리로 말한다.

> "저는 엄마가 된다는 게 이렇게 감격스러운 건지 예전엔 정말 몰랐어요. 애를 낳기 전까지만 해도 주위에서 하도 애가 뱃속에서 나오면 정신없다고 해서 정말 그런 줄만 알았거든요. 근데 정작 낳고 보니까 힘들 때도 있지만, 아기를 보면 낳기를 정말 잘했고, 아기와 함께하는 시간이 정말 소중하다는 생각이 들어요."

○ 핵심메시지:

10 아들이 이혼한 후, 정서행동 문제로 상담을 받고 있는 손자와 함께 상담실에 온 60대 여성이 말한다.

> "우리 손자 성격이 좀 급하기는 하지만, 아이는 참 착해요. 참, 박사님은 교회에 다니시나요? 교회에 꼭 다니세요. 저는 어제 꿈에 천사들에게 둘러싸여 있는 예수님께서 저한테 이 땅의 불쌍한 백성들을 구원하라는 소명을 주셨는데, 오늘 박사님을 만났지 뭐예요. 박사님을 구원하라는 뜻인 것 같아요."

○ 핵심메시지: ______________________________

____

연습 1-3 정서 탐색

❖ 다음에 제시된 내담자의 진술을 읽고, 밑줄 친 부분에 내담자가 경험하는 정서를 〈보기〉에서 골라 그 번호를 쓰시오.

보기

① 기쁨 ② 슬픔 ③ 분노 ④ 두려움 ⑤ 역겨움 ⑥ 놀람

____ 1 "정말 너무하네요! 하여튼 돈과 권력을 쥐고 있는 사람들이 더하다니까요."

____ 2 "저처럼 소심하고 낯을 많이 가리는 사람이 아는 사람 하나 없는 낯선 나라로 이민가는 것이 괜찮을지 모르겠어요."

____ 3 "내가 그렇게 괜찮다고 하는데도, 엄마가 내 옷차림과 모든 게 맘에 들지 않는다고 계속 잔소리해서 너무 듣기 싫어요."

____ 4 "아빠가 갑자기 교통사고로 돌아가셨다는 소식을 들었을 때는 얼떨떨해서 잘 몰랐었는데……. 자꾸 아빠랑 함께 보냈던 즐거웠던 기억이 떠오르니까 이젠 다시 아빠를 볼 수 없다는 사실 때문에 밤에 잠이 잘 안 올 때도 있어요."

____ 5 "파출소에서 아이를 찾아가라는 연락이 와서 한걸음에 달려갔어요. 그렇게 찾아다녔는데도 찾지 못했던 아이를 찾게 돼서 아이를 꼭 끌어안고 엉엉 울었지 뭐예요."

____ 6 "오늘 아침 출근하던 길이었는데, 대형 덤프트럭이 깜빡이도 켜지 않고 갑자기 내 차 앞으로 끼어들어서 정말 십년감수했어요."

____ 7 "대학 다닐 때는 알바 수입이 괜찮아서 그런대로 살만했어요. 이제 대학을 졸업하면 취업해야 하는데, 요새 경기도 정말 안 좋고 청년 실업이다 뭐다 해서 마음이 뒤숭숭해요."

____ 8 "제 옆자리에 앉는 선생님은 부모님한테 유산으로 물려받을 땅이 많은가 봐요. 툭 하면 그 땅이 평당 얼마라고 하지를 않나, 자기는 월급 따위는 신경 쓰지 않는다는 둥, 은근히 돈이 많다는 사실을 어찌나 자랑해 대는지, 정말 잠자코 듣고 있기 어려울 때가 참 많아요."

____ 9 "제가 원하던 회사에 취업이 됐어요. 정말 일하고 싶었던 곳인데, 막 눈물 날 거 같아요."

____ 10 "우리 딸이 그렇게 공부를 안 하더니 결국 집 근처에 있는 이름 있고 교육환경이 좋기로 정평이 난 고등학교를 놔두고, 버스 타고 한 시간도 더 걸리는 아주 열악한 환경으로 악명 높은 학교를 다녀야 할 형편이 되어 버려서요."

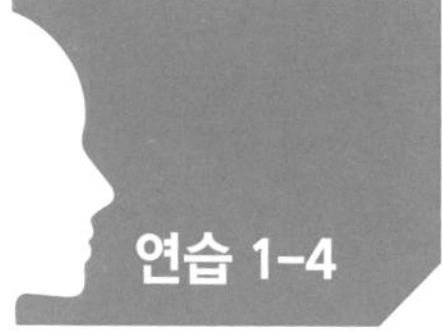

연습 1-4 감정 구분 연습

❖ 다음에 제시된 내담자의 진술을 읽고, 밑줄 친 부분에 내담자가 경험하는 감정에 해당하는 번호를 쓰시오.

____ 1 초등학교 5학년 남학생이 인상 쓰며 말한다.

> "우리 선생님은 매일같이 저만 야단치세요. 다른 아이들도 다 교실에서 떠드는데, 꼭 나한테만 뭐라고 하세요. 내 짝꿍도 많이 떠들거든요. 근데 선생님은 왜 나만 미워하시는지 모르겠어요."

① 우울감 ② 불안감 ③ 억울함 ④ 절망감

____ 2 중학교 2학년 여학생이 고개를 숙인 채 나지막한 소리로 말한다.

> "벌써 1년 이상 저녁에 밥도 잘 안 먹고 낮에 밥도 조금씩 먹는데도 자꾸 살이 쪄요. 엄마는 더 크면 괜찮아질 거라고 하는데, 정말 괴로워서 어떨 때는 차라리 죽어 버렸으면 좋겠다는 생각이 들 때도 있어요."

① 우울감 ② 당혹감 ③ 슬픔 ④ 두려움

____ 3 중학교 3학년 여학생이 울상을 지으며 입을 내밀면서 말한다.

> "집에 가면 해야 할 일이 너무 많아요. 동생도 돌봐 줘야 하고, 숙제도 해야 하고……. 이러다 가고 싶은 고등학교에 못 가면 어떡하죠?"

① 분노감 ② 소외감 ③ 절망감 ④ 불안감

____ 4 최근에 신생아를 분만한 19세 미혼모가 한숨을 내쉬며 말한다.

"아기는 되게 예쁜데, 아기 얼굴을 들여다보고 있으면 한숨만 나와요. 오빠는 나 몰라라 하고, 나 혼자 아기를 어떻게 키울 수 있을지 정말 막막해요."

① 불안감 ② 공포심 ③ 짜증 ④ 뾰로통함

____ 5 취업 시험에서 번번이 탈락했던 20대 후반의 남성이 탄성을 지르며 말한다.

"자, 이게 뭔지 아세요? 선생님도 아시다시피, 그동안 취업지원서를 수십 군데도 더 냈었잖아요. 근데 제가 일하고 싶은 외국계 회사에서 합격했다는 통지가 왔어요. 우와 정말……."

① 두려움 ② 즐거움 ③ 기쁨 ④ 편안함

____ 6 대기업에 다니는 31세 남성이 눈을 치켜뜨며 말한다.

"네, 정말 말이 안 나와요. 저도 나름 최선을 다했는데, 결과가 원하는 대로 나오지 않았다고 해서 모든 책임을 저한테 돌리는 건 뭔가 문제가 있는 것 아닌가요?"

① 억울함 ② 두려움 ③ 긴장감 ④ 우울감

____ 7 중소기업에 다니는 33세 남성이 말을 더듬으며 말한다.

"제가 학교 다닐 때부터 사람들과 관계를 잘 맺지 못했어요. 그것이 직장생활에도 이렇게 영향을 줄지 몰랐네요. (잠시 말을 멈추었다가, 비장한 표정을 지으며) 고등학교 때부터 꼭 하고 싶었던 일이 있었는데, 그 일은 저 혼자 해도 되는 일이에요. 더 늦기 전에 지금이라도 그 일을 시작하고 싶어요."

① 희망감 ② 슬픔 ③ 불안감 ④ 실망감

____ 8 두 자녀를 둔 35세 여성이 의아한 표정으로 말한다.

"둘째 딸아이를 낳은 지 얼마나 됐다고, 애 아빠는 낳는 김에 셋째를 가지면 어떻겠냐고 묻는 거예요. 저나 남편 둘 다 외롭게 자라서 식구가 많으면 좋긴 한데, 경제적으로도 그렇고, 키우기가 너무 힘들 것 같아서요."

① 불안감 ② 부담감 ③ 공포심 ④ 좌절감

____ **9** 시어머니와 갈등을 겪고 있는 36세 여성이 격앙된 어조로 말한다.

> "어머니는 제가 그렇게 못마땅하신가 봐요. 뵐 때마다 사사건건 지적을 하시고 얼마나 잔소리를 하시는지……. 그렇다고 남편이 제 편을 들어주는 것도 아니고. 어휴, 이젠 저도 지쳤어요."

① 놀람 ② 불안감 ③ 두려움 ④ 분노감

____ **10** 최근 직장에서 정리 해고된 45세 남성이 두 주먹을 불끈 쥔 채, 잠시 굳은 표정으로 있다가 한숨을 내쉬더니 입을 연다.

> "무슨 말부터 해야 할지 잘 모르겠네요."

① 모욕감 ② 어색함 ③ 분노감 ④ 두려움

연습 1-5 일차감정 vs. 이차감정 구분 연습

❖ 다음에 제시된 각 사례에서 추측할 수 있는 이차감정은 분노감이다. 밑줄 친 부분에 이에 상응하는 일차감정을 쓰시오.

1 A씨는 자정이 지났음에도 귀가하지 않고 전화도 받지 않았던 남편이 벨을 누르자, 분을 삭이며 문을 열어 주지 않았다.

❍ 일차감정: ____________________

2 백화점에 쇼핑 갔다가 아이를 잃어버린 B씨는 한참 동안 아이를 찾아 헤매다가 아동 보호소에서 울고 있는 딸아이를 발견하고는 "엄마 곁에 꼭 붙어 있으라고 했잖아!"라고 소리 지른다.

❍ 일차감정: ____________________

3 C씨는 아이가 분수의 덧셈 개념을 이해하지 못하는 것을 보고, 아주 쉬운 건데 해 보려고 노력조차 하지 않는 것에 대해 격앙된 목소리로 나무란다.

❍ 일차감정: ____________________

4 학기 초 새로운 수업방식을 선보이기 위해 많은 준비를 한 D교사는 수업 중에 학생들이 잡담하며 수업에 집중하지 않자, 참다못해 "좀 조용히 해!"라고 버럭 소리 지른다.

❍ 일차감정: ____________________

5 E씨는 고등학교 3학년 때 아버지께서 갑자기 세상을 떠나시는 바람에 경제 사정으로 대학 진학을 포기하고 취업했다. E씨는 당시 일을 떠올리는 듯, 눈에 눈물이 맺히면서 한숨을 길게 내쉰다.

❍ 일차감정: ____________________

6 F씨는 얼마 전 부모님이 이혼하면서 우연히 알게 된 사실로 큰 충격을 받았다. 평온하게만 보였던 부모님의 결혼생활이 실제로는 외견상으로만 그랬을 뿐, 사업가인 아버지는 이미 오래전부터 외도를 일삼았고, 어머니는 물질적으로 안정된 생활을 잃지 않기 위해 이를 묵인해 왔던 것이었다. 내담자는 부모에 대한 배신감을 토로하며 심한 두통과 가슴 통증을 호소했다.

❍ 일차감정: ______

7 가난한 집에서 경제적 어려움을 겪으며 성장한 G교사는 학업성적이 우수하고 집안도 부유한 한 학생이 주는 것 없이 밉다는 생각이 들어서 그 학생을 볼 때마다 화가 났다. 그렇지만 딱히 그 학생의 어떤 행동이 자신을 화나게 하는지 알 수 없었다. 상담자와의 대화를 통해 G교사는 결국 그 학생이 남다른 재기와 날카로운 말솜씨로 다른 학생들 앞에서 자신을 어리석고 무능한 교사로 보이게 할 것 같은 생각 때문이었다는 것을 깨달았다.

❍ 일차감정: ______

8 30대 초반의 직장여성 H양의 아버지는 친구의 빚보증을 섰다가 운영하던 공장마저 은행 경매로 넘어가게 되어 현재는 일용직으로 하루하루 힘겹게 생활하고 있다. H양은 아버지가 그나마 일이 없어서 집에서 쉬는 날이 많고, 그때마다 술을 드시고 누워 있는 것을 몹시 못마땅해했다. 그러던 중, 아버지가 모처럼 일거리가 생겨, 일해서 번 돈으로 H양의 생일선물이라면서 그녀의 구두 한 켤레를 사 오자, 도로 갖다주라며 소리를 질렀다.

❍ 일차감정: ______

9 가난한 가정에서 태어나 홀어머니 밑에서 자라나 현재는 중소기업을 운영하는 I씨는 최근 신입사원 입사 면접에서 한 지원자가 자기 부모가 둘 다 미국에서 박사학위를 받았고, 재정 형편이 넉넉하다고 소개하는 지원자의 말을 듣자, '다음 지원자!'라고 크게 외쳤다.

❍ 일차감정: ______

10 J씨는 이제 막 중학교에 입학한 아들의 자율성을 높여 주기 위해 아들에게 최근에 고가로 구입한 유명 화가가 그린 그림의 액자를 걸게 했다. 그런데 액자를 거는 과정에서 아들이 실수로 액자를 떨어뜨릴 뻔했다. 그러자 J씨는 순간 이성을 잃고 "얘, 당장 내려놔! 넌 왜 그렇게 조심성이 없어!"라고 소리를 질렀다.

❍ 일차감정: ______

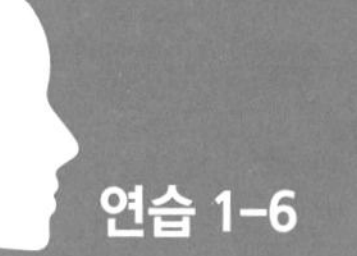

연습 1-6 핵심내용 · 핵심감정 파악 연습

❖ 다음에 제시된 내담자의 진술을 읽고, 밑줄 친 부분에 핵심내용과 핵심감정을 쓰시오.

1 초등학교 5학년 남학생이 입을 내민 채 말한다.

> "공부를 열심히 해야 한다는 생각은 드는데, 그게 잘 안 돼요. 제가 웹툰 보는 걸 진짜 좋아해서 자꾸 웹툰만 생각나서, 웹툰만 보게 돼요. 엄마는 제가 공부를 열심히 한다고 생각하시는 것 같고, 더 열심히 하라고 격려까지 해 주시는데……, 엄마한테 미안한 마음이 들어요. 무엇보다 웹툰을 보고 나면 후회하게 되고……."

○ 핵심내용: ______________________________

○ 핵심감정: ______________________________

2 초등학교 6학년 여학생이 얼굴을 찡그리며 말한다.

> "제가요, 5학년 때까지만 해도 안 그랬는데요, 6학년이 되니까 얼굴에 여드름이 너무 많이 생겨서 정말 미치겠어요. 여드름이 하나도 없는 애들도 있는데, 저만 너무 심하게 난 거예요. 매일같이 거울을 보면 짜증만 나요. 밖에 나가기도 싫고요. 어떻게 해야 할지 모르겠어요."

○ 핵심내용: ______________________________

○ 핵심감정: ______________________________

3 중학교 2학년 여학생이 퉁명스럽게 말한다.

"공부 때문에 고민이에요. 중간고사가 망했거든요. 그래서 기말은 잘 보려고 열심히 했는데, 더 망했어요. 그랬더니 엄마는 막 화내면서 '다른 애들은 잘하는데, 넌 왜 맨날 이 모양이냐'고 소리를 지르는 거예요. 집에 있으니까 너무 스트레스받아서 바람 쐬러도 나가 봤는데, 그래도 소용없었어요. 지금도 가슴이 답답하고 죽어버리고 싶어요."

❍ 핵심내용:

❍ 핵심감정:

4 중학교 2학년 남학생이 발을 동동 구르면서 말한다.

"복도를 걸어가고 있었는데요. 준수가 몰래 뒤에 와 가지고 내 가방을 확 잡아당겼어요. 그래서 가방이 바닥에 떨어졌는데, 가방 안에 있던 것들이 쏟아지면서 내 폰 액정이 나갔어요. 산 지도 얼마 안 된 건데. 체육쌤은 우리가 싸우는 줄 알고 교무실로 오라고 했어요. 근데 준수는 아무 벌도 안 주고, 나만 엄청 혼내고 벌점까지 때린 거예요. 진짜 개짜증나요."

❍ 핵심내용:

❍ 핵심감정:

5 고등학교 1학년 남학생이 주저하는 태도로 말한다.

"고등학교 입학 선물로 엄마가 공부 열심히 하라고 컴퓨터를 새로 사 주셨는데, 그 컴퓨터 때문에 인터넷 중독증에 걸린 것 같아요. 고등학교에 들어왔으니까 이제 좋은 대학에 가려면 공부를 더 열심히 해야 하는데, 인터넷 게임이 자꾸 떠올라서 영 공부에 집중이 안 되네요. 또 내 성격이 내가 좋아하는 TV 프로는 꼭 봐야 하거든요. 일종의 집착 같은 거라고나 할까? 정말 이러다가 아무 대학도 못 가게 될까 봐 걱정이에요."

❍ 핵심내용:

❍ 핵심감정:

6 중국에서 유학 온 대학교 2학년 여학생이 어색한 표정으로 말한다.

"중국에 있을 때는 한국 드라마도 좋아하고 한국에 대해 관심도 많았어요. 그래서 한국에 유학을 왔는데, 한국말이 너무 어려워요. 그리고 한국말을 잘 못한다고 차별하는 것 같을 때가 제일 힘들어요. 강의 듣기도 어렵고……. 그리고 팀 프로젝트도 해야 하는데, 한국 학생들은 자기들끼리만 팀을 짜고, 외국 학생들은 끼워 주지 않아서 어떻게 해야 할지 잘 모르겠어요."

❍ 핵심내용:

❍ 핵심감정:

7 직장에 다니고 있는 30세 여성이 약간 격앙된 목소리로 말한다.

"제 신랑은 집안일에는 손 하나 까딱하지 않아요. 제가 회사에서 늦게 끝나고 들어와 보면 설거지며 어질러진 방이며 순간 짜증이 확 나요. 같이 맞벌이하면서 이래도 되는 거예요?"

❍ 핵심내용:

❍ 핵심감정:

8 입대한 지 12개월 된 병사가 주먹을 불끈 쥐면서 거친 어조로 말한다.

"얼마 전에 헤어진 여자 친구가 최근 SNS에 새로 사귀게 된 남자 친구와 함께 찍은 사진들을 올려 놓았더라고요. 친구 말에 의하면, 그 남자 친구는 군대를 면제받았대요. 아, 정말……. 군대 오기 전에는 군인들이 왜 탈영하거나 사고치는지 몰랐는데, 제가 직접 당해 보니까 이해가 되는 것 같아요. (한숨을 내쉬며) 세상이 너무 불공평하다는 생각밖에 들지 않아요."

❍ 핵심내용:

❍ 핵심감정:

9 25세 실업팀 남자 테니스 선수가 조심스럽게 말한다.

"다음 달에 중요한 시합을 앞두고 있는데, 갑자기 포핸드 스트로크가 잘 안 되는 거예요. 얼마 전까지만 해도 포핸드는 제 장기였거든요. 얼마 전에 제가 소속된 팀이 해체될 수 있다는 얘기를 들었어요. 감독님께서는 이번 시합이 팀 해체 여부를 결정짓는 데 중요한 역할을 하니까 잘하라고 하시는데, 조금 부담이 되는 건 사실이에요."

❍ 핵심내용: ______________________

❍ 핵심감정: ______________________

10 어린 시절 의붓아버지로부터 학대받은 경험이 있고, 현재는 심한 우울증으로 입원치료 중인 20대 중반의 여성이 나지막한 목소리로 말한다.

"나한테는 누구도 알면 안 되는 비밀이 있어요. 지금까지는 아무에게도 말한 적이 없는데, 선생님한테는 어떻게 해야 할지 좀 더 생각해 봐야겠어요."

❍ 핵심내용: ______________________

❍ 핵심감정: ______________________

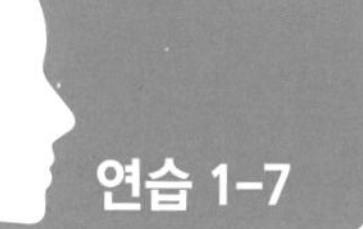

연습 1-7 비언어 행동에 따른 감정 확인 연습 I

❖ 다음에 제시된 내담자의 비언어 행동에 관한 진술을 읽고, 밑줄 친 부분에 내담자의 감정 상태로 적절한 것의 번호를 쓰시오.

____ 1 3년 전 백혈병 진단을 받았으나 집중적인 항암치료와 방사선치료로 담당 의사로부터 거의 완쾌되었다는 말을 들었다가, 최근 암이 재발하여 빠르게 전이되고 있다는 말을 전해 들은 7세 여아가 자기가 죽으면 어떻게 되냐고 물으며 입술을 바르르 떤다.

① 불신감 ② 위압감 ③ 적개심 ④ 두려움

____ 2 이혼가정 자녀로 엄마와 함께 살고 있는 초등학교 2학년 아동이 자기가 좀 더 착한 아이였으면 엄마 아빠가 헤어지게 되지 않았을 거라고 말하면서 손으로 입을 가린 채 눈물을 글썽인다.

① 어색함 ② 죄책감 ③ 수줍음 ④ 역겨움

____ 3 다문화가정의 자녀로 현재 고등학교 1학년인 한 여학생은 교회에서 만난 한 남학생과 사귀게 되었다. 그런데 이 남학생은 친구들과 가족들에게 그녀를 소개하지 않았고, 친구들과 함께 있을 때는 오히려 철저히 무시하곤 했다. 그러던 중, 이 여학생은 남학생을 놀라게 해 주려고 생일선물을 들고 그의 아파트 초인종을 누른 후 잠시 서서 기다렸다. 그런데 그녀는 '문 앞에 얼굴이 검게 생긴 외국인이 와 있다.'고 누군가 집안에서 큰 소리로 말하는 소리를 들었다. 그녀는 갑자기 얼굴이 붉어지며 말없이 입술을 깨문다.

① 불안감 ② 지루함 ③ 분노감 ④ 무관심

____ 4 소년원에서 운영하는 고등학교에 다니고 있는 남학생이 설문조사를 위해 방문한 대학원생이 소년원에 들어오게 된 경위를 묻자, 갑자기 팔짱을 끼면서 대학원생을 노려본다.

① 자신감 ② 두려움 ③ 거부감 ④ 무기력감

____ 5 고등학교 3학년 남학생이 고개를 숙인 채 풀이 죽은 목소리로 부모님이 등록금을 내 주실 형편이 안 돼서 아무래도 대학 진학은 포기해야 할 것 같다고 말한다.

① 역겨움 ② 초조감 ③ 긴장감 ④ 실망감

____ 6 취업 문제로 상담을 받았던 대학원생이 대학상담센터의 전임상담원을 만나자마자, 자신이 소망하던 외국의 유명 연구소에 연구원으로 채용되어 곧 출국하게 되었다는 소식을 전하면서 얼굴 가득 미소를 짓는다.

① 기쁨 ② 상실감 ③ 죄책감 ④ 불안감

____ 7 검은색 정장을 차려입은 20대 후반의 여성이 직장에서 남자 직원들에 비해 터무니없는 대우를 받고 있다면서 경직된 표정으로 고개를 가로젓는다.

① 모욕감 ② 어색함 ③ 분노감 ④ 놀람

____ 8 수개월 전부터 허리통증을 호소하던 30대 중반의 학원 강사가 최근 건강검진에서 위암 가능성이 있으니 정밀검사를 받아 보라는 의사의 소견서를 받아 보고는 동공이 확대되면서 손을 떤다.

① 놀람 ② 역겨움 ③ 분노감 ④ 우울감

____ 9 가난한 가정에서 자라난 20대 후반의 여성이 부유한 집안의 남성과 결혼했다. 그러나 그녀는 두 사람의 결혼을 반대해 왔던 시어머니와 갈등이 잦았다. 그러던 중, 그녀는 결국 시어머니로부터 그녀가 '순전히 돈 때문에 순진한 아들을 유혹해서 결혼했다.'는 말을 듣게 되자, 순간 토할 것 같은 느낌이 들었다고 말한다.

① 역겨움 ② 슬픔 ③ 불안감 ④ 우울감

10) 60세 남성이 최근에 모친상을 당해서 장례를 치르고 다시 상담실에 와서는 눈물을 글썽이며, 자신이 비록 나이가 들었어도 건강하시던 어머니께서 갑자기 세상을 떠나게 된 것에 대해 이렇게 충격으로 다가올 줄 몰랐다고 떨리는 목소리로 말한다.

① 긴장감 ② 두려움 ③ 슬픔 ④ 놀람

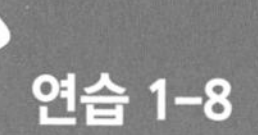

연습 1-8 비언어 행동에 따른 감정 확인 연습 II

❖ 다음에 제시된 내담자의 비언어적 반응을 읽고, 밑줄 친 부분에 상담자로서 관찰한 단서를 토대로 추측되는 내담자의 감정상태를 모두 쓰시오.

1 친구와의 갈등에 대해 말하던 초등학교 5학년 여학생이 갑자기 입을 꽉 다문 채 한숨을 쉬면서 창밖을 뚫어지게 응시한다.

○ 단서: ______________________________

○ 감정상태/태도: ______________________________

2 서울 소재의 학교를 다니며 적극적이고 친구들한테도 인기가 많았던 초등학교 6학년 여학생이 최근 부모님을 따라 지방 소도시의 학교로 전학한 이후, 말이 없어지고 매사에 소극적인 태도를 보여 상담에 의뢰되었다. 상담실에 온 이 여학생은 활력이 없이 어깨가 축 처진 상태로 팔짱을 끼고 앉아 있다.

○ 단서: ______________________________

○ 감정상태/태도: ______________________________

3 반려견의 갑작스러운 죽음으로 등교를 거부하다가 상담에 의뢰된 중학교 1학년 여학생이 상담실에 와서 고개를 숙인 채 말없이 눈물을 흘리고 있다.

○ 단서: ______________________________

○ 감정상태/태도: ______________________________

4 고등학교에는 상담교사가 있을 필요가 없다고 주장하면서 상담받기를 거부하던 고등학교 2학년 여학생이 상담에 의뢰되어 상담실에 와서는 손을 뺨에 얹어 놓은 채 턱을 괴고는 빤히 쳐다보고 있다.

○ 단서: ______

○ 감정상태/태도: ______

5 최근 어머니가 말기암 진단을 받고 치료를 위해 입원 대기 중이라는 고등학교 2학년 남학생이 가난한 가정형편에도 불구하고 자신은 꼭 대학에 진학하고 싶다고 말하면서 고개를 숙이고 손으로 입을 가린다.

○ 단서: ______

○ 감정상태/태도: ______

6 학업 관련 스트레스를 흡연과 음주로 해결한다는 대학교 2학년 남학생에게 흡연의 폐해와 금연의 필요성을 설명하자, 상담자의 눈치를 보면서 고개를 가로젓는다.

○ 단서: ______

○ 감정상태/태도: ______

7 결혼한 이래, '아내가 자신을 완전히 자기 입맛에 맞는 인간으로 개조하기 위해 두 팔을 걷어붙인 것 같다.'고 토로하던 30대 초반의 남성이 주먹을 꽉 쥔 채, 의자 끝에 앉아 눈 깜짝하지 않은 채 정면을 응시한다.

○ 단서: ______

○ 감정상태/태도: ______

8 진지한 표정으로 초등학교 6학년 자녀의 심리검사 결과에 대한 설명을 듣고 있던 40대 초반의 어머니가 상담자와 시선 접촉을 유지한 상태에서 연신 고개를 끄덕인다.

○ 단서: ______

○ 감정상태/태도: ______

9 현행범으로 체포되어 법원 명령으로 상담을 받던 가출청소년이 긴장된 표정으로 자신의 불성실한 상담 참여에 따른 법원의 처분에 관한 설명을 들으면서 두 눈을 깜빡이며 천장을 응시한다.

○ 단서: ______

○ 감정상태/태도: ______

10 라운드넥 흰색 티셔츠와 청바지 차림에 머리에 무스를 바른 60대 초반의 남성이 가슴을 활짝 편 채 두 팔이 열려 있는 상태로 정면을 쳐다보고 있다.

○ 단서: ______

○ 감정상태/태도: ______

경청반응기술

2부에서는 내담자의 이야기를 잘 경청할 수 있도록 고안된 네 가지 경청반응기술(① 재진술, ② 반영, ③ 명료화, ④ 요약)에 대해 살펴보고 연습해 보기로 한다. **재진술**paraphrase이 내담자가 전달하려는 메시지의 내용 부분에 초점을 맞추는 기술이라면, **반영**reflection은 메시지에 담긴 내담자의 감정 또는 정서에 초점을 맞춘다. 또 **명료화**clarification가 내담자가 전달하려는 메시지를 명확하게 정리해 주기 위한 기술이라면, **요약**summarization은 내담자가 말한 일련의 메시지들의 주제 또는 요점을 정리해 주기 위한 상담기술이다.

상담이 진행되는 동안 상담자는 이 네 가지 기술을 적절히 활용한 경청 반응을 통해 치료적 효과를 높인다. 재진술을 통해 내담자가 전달하려는 이야기의 핵심 내용(상황, 사건, 대상, 생각)을 정리해 줌으로써, 내담자의 이야기를 주의 깊게 경청 · 이해하고 있음을 보여 준다. 반영을 통해서는 내담자가 경험하는 감정 또는 정서적인 부분을 감정언어를 사용하여 내담자를 공감적으로 이해함으로써, 내담자의 감정 인식, 체험, 표출을 돕는다. 또 명료화 기술로 반응하여 내담자의 메시지를 더 명확하게 정리할 수 있도록 도움으로써, 내담자의 자기이해를 촉진한다. 그리고 상담의 시작, 중간, 종결 시기에 요약을 통해 내담자가 전하는 일련의 이야기들의 요점을 정리해 줌으로써, 내담자가 자신이 어떤 주제 또는 패턴을 조망해 볼 수 있는 기회를 제공한다.

Chapter 02

재진술

▶ 학습목표

1. 재진술이 어떤 상담기술인지 이해한다.
2. 재진술 기술의 사용 목적을 이해한다.
3. 재진술 기술의 형식과 적용 절차를 이해한다.
4. 재진술 기술의 적용 방법을 익히고, 그 효과를 확인한다.

Chapter 02
재진술

상담은 내담자의 자기개방을 기반으로 이루어진다. 내담자의 자기개방에 담긴 이야기에는 흔히 누가, 언제, 어디서, 무엇을, 어떻게, 왜 그랬는지에 대한 사실적인 내용과 주관적인 경험 내용이 뒤섞여 있다. 이때 적극적 경청을 통해 엉킨 실타래를 푸는 것처럼, 내담자의 이야기를 정리해 줄 수 있는 기술이 재진술이다. 재진술은 개인화personalization를 통해 내담자의 자기개방을 격려하고 자기이해를 돕기 위한 상담자의 필수도구다. 이에 이 장에서는 재진술에 대해 알아보기로 한다.

재진술의 정의

재진술paraphrase은 내담자의 진술 중 상황, 사건, 대상(사람, 동물, 사물), 생각에 대한 핵심내용을 상담자의 참신한 말로 바꾸어 되돌려 주는 기술이다. 이 기술은 '바꾸어 말하기rephrasing' '다시 말하기restatement'로도 불린다. 재진술은 이야기의 인지적인 부분을 함축적으로 정리하여 되돌려 준다는 점에서 '내용의 반영'이다. 사람들은 흔히 삶의 경험을 추상적인 형태로 지각하여 상담과정에서도 모호한 방식으로 진술하는 경향이 있다. 이때 내담자 중심으로 구성된 이야기를 새로운 각도에서 조망해 볼 수 있는 기회를 제공하여 내담자의 자기이해를 돕는 기술이 바로 재진술이다.

재진술의 목적

재진술의 근본 목적은 내담자의 직접적 소통을 돕고, 내담자 자신이 어떻게 생각하고 있는지를 인식시켜 주기 위한 것이다. 재진술의 목적을 세부적으로 정리하면 글상자 2-1과 같다.

글상자 2-1 재진술의 목적

1. 내담자의 이야기를 경청하고 있음을 나타내기 위함
2. 내담자가 어떤 이야기를 하고 있는지 상담자의 참신한 말로 들려주기 위함
3. 내담자가 자신의 진술 내용에 초점을 맞추게 하기 위함
4. 핵심적인 내용에 대해 보다 상세히 말하도록 격려하기 위함
5. 의사결정 또는 결단이 필요한 내담자를 돕기 위함
6. 감정에 대한 반응이 이르다고 판단될 때, 핵심내용만 전달하기 위함

재진술의 절차

재진술은 내담자가 말하는 이야기의 내용 부분 중 핵심메시지를 상담자의 말로 되돌려 주는 기술이다. 그렇다고 해서 내담자가 말한 모든 내용을 빠짐없이 되돌려 줄 필요는 없다. 그렇다면 재진술은 어떤 절차로 이루어지는가?

표 2-1. 재진술 절차

단계	내용
☐ 1단계	○ 내담자 진술의 핵심내용을 떠올린다. (☛ "방금 무슨 말을 했는가?")
☐ 2단계	○ 어떤 상황, 사건, 대상 혹은 생각이 논의되고 있는지 반문해 봄으로써 핵심내용과 바람/욕구를 파악한다. (☛ "어떤 사람, 대상, 생각, 상황에 대해 말하고 있는가?")
☐ 3단계	○ 핵심내용을 참신한 문장으로 만들어 전달한다. (☛ "핵심내용을 적절한 문장으로 구성한다면?")
☐ 4단계	○ 내담자의 반응을 관찰하여 재진술의 효과를 평가한다. (☛ "재진술이 효과가 있었는가?")

표 2-1에 제시된 절차에 따른 재진술의 예는 대화상자 2-1과 같다.

대화상자 2-1. 재진술의 예시

예시 1

내담자: 저는 어려서부터 나중에 커서 의사가 돼서 돈 없고 가난한 사람들을 돕는 것이 꿈이었어요. 물론 의과대학에 입학할 때 면접관에게도 이 말을 했고요. 그런데 공부를 하면서 동기들과 얘기도 해 보고 개업한 선배들을 보니까 제가 처음에 먹었던 마음이 자꾸 흔들리는 거예요.

상담자: 어려서부터 꾸어 온 꿈의 일부를 이루게 되었군요. 그런데 의학을 공부하는 과정에서 주변의 영향으로 인해 새로운 방향을 모색하게 되었고요.

예시 2

내담자: 선생님은 상담자라는 직업이 마음에 드세요?

상담자 A: 네. 그런데 왜요?

상담자 B: 네, 그럼요. 저는 어려서부터 상담자가 되고 싶었거든요.

상담자 C: 제가 상담자를 직업으로 택한 이유가 궁금하신가 봐요.

대화상자 2-1의 예시 1은 내담자의 진술에서 그가 처해 있는 상황에 대해 반응을 보이고 있다. 이에 비해 예시 2에서는 내담자의 질문에 대해 상담자 A는 단순히 긍정하는 답변을 하면서 질문을 하는 이유를 묻고 있다. 이는 상담자 중심의 반응일 뿐 아니라 "왜요?"라고 질문으로 내담자의 저항을 불러일으킬 수 있다. 상담자 B 역시 긍정하는 답변을 하는 동시에 자기개방을 시도하고 있다. 그러나 이 시점에서의 자기개방은 내담자에게 상담자의 과거사를 경청해야 한다는 점에서 심리적 부담을 줄 수 있다. 반면, 상담자 C는 내담자의 질문을 재진술을 통해 내담자에게 되돌려 주고 있다. 이러한 반응은 내담자로 하여금 질문의 동기와 자신의 욕구를 탐색해 볼 수 있는 기회를 제공한다는 점에서 유용하다.

재진술의 형식

재진술은 내담자의 진술에서 어떤 부분에 초점을 맞추느냐에 따라 표 2-2에 제시된 것처럼 다섯 가지 형식으로 나눌 수 있다.

표 2-2. 초점에 따른 재진술 방법

초점	방법
□ 상황	❍ "~ 상황/입장이군요." (예) "어머님과 아내 사이에서 누구의 편도 들기 곤란한 입장이군요.")
□ 사건	❍ "~(일, 사건)이 있었군요." (예) "자녀 문제로 시작된 갈등이 결국 부부간의 큰 다툼으로 번지게 되었군요.")
□ 대상	❍ "(사람/동물/사물)을 ~하게 여기는군요." (예) "시어머님이 너무 아들만 챙기는 분으로 여겨지시나 봐요.")
□ 생각	❍ "~ 때문에 ~하게 생각하는군요." (예) "남편께서 결혼기념일을 기억하지 못한 것 때문에 남편의 사랑이 식었다는 생각이 드나 봐요.")
□ 바람/욕구	❍ "~하기를 원하는군요." (예) "담임선생님께서 모든 학생에게 공평하게 대해 주기를 원하는구나.")

재진술은 표 2-2에 제시된 다섯 가지 초점 중에서 선택하여 내담자에게 참신한 말로 되돌려 주는 과정이다. 정확한 재진술을 하려면, 내담자가 택한 단어에 주의를 기울여 그의 관점에서 조망해야 한다. 이는 그의 현상적 장 또는 내적인 세계에서 어떤 일이 일어나고 있고, 주변 세상을 어떻게 조망하고 있는지에 대한 단서를 제공하기 때문이다. 이 작업은 특정 상황, 사건, 대상, 생각에 대해 내담자의 명확한 인식을 돕는 동시에, 진정으로 원하는 것을 깨달을 수 있게 한다. 내담자 자신의 욕구에 대한 인식은 상담목표 설정의 기초가 될 뿐 아니라, 새로운 삶에 대한 희망과 변화의 동기를 높이는 효과가 있다.

재진술의 효과

재진술은 다음과 같은 효과가 있다. 첫째, 자신이 어떤 이야기를 하고 있는지 내담자가 인식 · 정리할 수 있게 한다. 이러한 점에서 반영이 내담자 '감정의 반영'이라면, 재진술은 '내용의 반영'이다. 둘째, 간접적 진술 또는 소극적 표현을 통해 자신의 말에 대한 책임을 회피하는 내담자에게 자신의 감정을 분명히 인식 · 표현할 수 있도록 돕는다. 간접적 진술이란 농담, 빈정거림, 여담 등 주의를 다른 데로 돌리기 위해 에둘러 하는 말을 뜻한다. 표 2-3은 내담자의 소극적 표현에 대한 상담자의 재진술 예시, 그리고 상담자의 반응을 기반으로 한 적극적 표현의 예를 비교 · 정리한 것이다.

표 2-3. 소극적 vs. 적극적 표현방식의 예시

□ 소극적 표현	□ 상담자 반응	□ 적극적 표현
○ "좋은 생각이 있을 것 같기는 한데."	○ "당신에게 좋은 생각이 떠올랐나 보군요."	○ "좋은 생각이 떠올랐어요."
○ "실내공기가 많이 차네요."	○ "추워서 히터라도 틀어 주기를 원하시나 봐요."	○ "추운데 히터 좀 틀어 주실래요?"
○ "사람들은 발표 때 많이들 긴장하는 것 같아요."	○ "막상 발표하려니까 긴장되시나 봐요."	○ "막상 발표하려니까 긴장돼요."
○ "아니, 제가 아내에게 가장 역할을 해 달라고 요청한 적이 있었나요?"	○ "부인께서 가장처럼 행동하는 것이 마음에 들지 않나 보군요."	○ "제 아내가 마치 가장처럼 행동하는 것이 마음에 들지 않아요."

표 2-3에 제시된 대화의 예는 내담자의 소극적 표현을 상담자가 재진술을 통해 적

극적 표현방식의 대안을 제시한 것이다. 이처럼 상담자의 정확한 재진술은 내담자가 자신과 관련된 사건, 상황, 대상 또는 생각 등에 대한 증인이나 목격자 역할 대신 진정한 주체가 되는 데 도움을 줄 수 있다. 또한 '사람들'과 같은 3인칭 대명사를 사용한 소극적 방식보다 '나'를 주어로 하는 적극적인 표현방식을 사용하게 하여, 내담자가 자기 말에 책임지게 할 수 있다. 예를 들어, 내담자가 "우리 부서에 심각한 정신병자가 있어요."라고 말한다면, 상담자는 "같은 부서에 당신과 크게 다르다고 생각되는 직원이 있나 보군요."라는 재진술로 반응할 수 있다. 그러나 처음부터 재진술을 능숙하게 하기는 쉽지 않다. 이에 초심상담자의 입을 열 수 있도록 고안된 방법이 '앵무새 말하기'다.

앵무새 말하기

앵무새 말하기parrotting란 상대방의 말을 그대로 말해 주면서 끝부분만 '~하군요' 또는 '~하구나'라는 말로 마치는 진술을 말한다. 이는 상담기술이라기보다 초심상담자로 하여금 내담자의 이야기를 트래킹tracking(또는 '따라가기'), 즉 뒤따라가면서 경청할 수 있는 기초 능력의 습득을 돕기 위해 고안된 훈련 방법으로, 그 예는 대화상자 2-2와 같다.

대화상자 2-2. 앵무새 말하기의 예시

예시 1

내담자: 아이들이 점심시간만 되면 소리를 질러서 싫어요.

상담자: 아이들이 점심시간만 되면 소리 지르는 것이 싫구나.

예시 2

내담자: 숙제 안 하고 게임했다고 엄마한테 혼났어요.

상담자: 숙제 안 하고 게임했다고 엄마한테 혼났구나.

연습 2-1 재진술 반응 구분 연습 I

❖ 다음에 제시된 상담자의 반응을 읽고, 재진술에 해당하면 밑줄 친 부분에 ○표, 재진술에 해당하지 않으면 ×표 하시오.

____ 1 "보미가 지금 가지고 있는 예쁘고 좋은 점들을 찾아서 더 발전시키고, 조금 부족한 점을 찾아서 더 채워 주는 일을 하는 것이 좋지 않겠니?"

____ 2 "세라 씨에게 그런 큰 상처가 있어서 다른 사람들에게 기꺼이 자신을 드러낼 수 없게 되었군요."

____ 3 "다이어트는 무작정 살을 빼기 위한 것이 아니라, 건강하고 활력 넘치는 몸을 만들기 위한 것이란다. 솔이처럼 한창 자랄 나이에 그렇게 자주 식사를 거르면 오히려 키도 자라지 않고 몸을 망가뜨리게 돼요."

____ 4 "이번 일로 소연 씨가 가장 예민하게 여기는 부분이 거의 무너져 버리게 되었군요."

____ 5 "오늘 상담에서 가을이에 대해 두 가지 중요한 이야기를 나눌 수 있었구나. 하나는 가을이가 가정 문제로 많이 힘들어서 가출하게 되었다는 것과 다른 하나는, 가출이 문제해결보다는 오히려 더 외롭고 혼자라는 생각을 부추겨서 자살생각까지 하게 만들었다는 이야기를 나누었지."

____ 6 "담배를 피우거나 술집에 가지 않는 대신 홍미를 가지고 집중할 수 있는 다른 일이 있다면, 어떤 것일지 궁금하군요."

____ 7 "지금 당장이라도 여자 친구를 만나서 오해를 풀어 주고 싶은데, 과제도 있고 또 기말시험이 며칠 남지 않은 상황이어서 이러지도 저러지도 못하는 상황이군요."

____ 8 "그러니까 그동안 좋았던 두 분의 관계가 아이를 입양하게 되면서 금이 가기 시작했군요."

____ 9 "부부간의 갈등 문제로 상담받으러 오는 사람은 지윤 씨 말고도 많이 있으니까 크게 염려하지 않으셔도 됩니다."

____ 10 "신장 한쪽을 떼어 내는 수술을 받은 후에 신장 한쪽만으로도 살아가는 데에 지장이 없다는 사실은 알고 있지만, 그동안 몸 안에 있던 장기가 없어졌다는 사실을 받아들일 시간적인 여유가 필요하다는 말씀이시군요."

연습 2-2 재진술 반응 구분 연습 II

❖ 다음에 제시된 내담자의 진술을 읽고, 밑줄 친 부분에 재진술로 적절한 반응의 번호를 쓰시오.

____ 1 초등학교 4학년 여학생(태희)이 두 손을 가지런히 무릎에 올린 채 말한다.

> "내 짝꿍 은지 성격을 잘 모르겠어요. 어떤 때는 착한데, 또 어떤 때는 나를 본 척도 안 해요."

① 네 짝꿍 은지는 일관성이 없는 아이구나.
② 이 사실을 은지한테 직접 얘기해 봤니?
③ 은지가 태희 너를 본 척도 안 해서 속상했던 적이 있구나.
④ 네 짝꿍 은지가 널 대하는 태도에 일관성이 없다는 생각이 드나 보네.

____ 2 초등학교 6학년 여학생(유미)이 고개를 숙인 채 말한다.

> "우리 학교에는 공부 잘하는 애들끼리만 같이 다니는 그룹이 있어요. 근데 쌤들은 그 그룹 애들만 예뻐하고, 친구들도 다들 걔들하고만 친하게 지내려고만 해서 좀 띠꺼워요."

① 유미는 쌤들이 공부 잘하는 애들만 예뻐한다는 생각이 드나 보구나.
② 유미는 공부 잘하는 애들 그룹에 들어가기 위해 어떤 노력을 해 봤니?
③ 유미는 쌤들이 공부 잘하는 애들만 예뻐하는 것 같아서 속상한가 보구나.
④ 쌤들이 그 그룹 애들만 예뻐한다는 것은 쌤들이 성적으로 애들을 차별하는 것처럼 보인다는 뜻이니?

___ 3 고등학교 1학년 여학생(우미)이 고개를 푹 숙인 채 겨우 들릴 만한 목소리로 말한다.

> "저는 다른 애들보다 표현을 잘하지 못하는 것 같아요. 그래서 친한 친구가 한 명도 없어요. 저 자신에 대해 불만이 많아요. 제 문제가 뭔지도 모르겠고요. 지금도 자꾸 쓸데없는 얘기만 늘어놓고 있는 것 같아요."

① 우미의 표현력 부족이 자존감에 손상을 입혀서 결국 대인관계까지 부정적인 영향을 미치게 되었구나.
② 표현능력을 높이게 된다면, 우미의 삶이 어떻게 달라질 것으로 생각되니?
③ 자기표현을 잘하지 못하고 친한 친구도 없어서 우미는 자신에 대해 회의감이 드는구나.
④ 친한 친구가 없는 것이 우미 자신을 잘 표현하지 못하는 것과 연관이 있지 않나 하는 생각이 드나 보네.

___ 4 고등학교 2학년 여학생(혜미)이 어깨가 축 처진 상태에서 다소곳이 앉은 채 입을 연다.

> "제가 벌써 고2인데요. 근데 아직도 앞으로 뭘 해야겠다는 확신이 서질 않아서요. 장래희망 같은 거 말예요. 전 어렸을 때부터 장래희망이 수십 번도 더 바뀐 것 같아요. 이것도 괜찮을 거 같고, 저것도 괜찮을 거 같고, 그냥 다 괜찮은 거 같아요. 그래서 어떻게 해야 좋을지 잘 모르겠어요."

① 혜미가 지금 가장 관심이 있는 장래희망이 무엇인지 궁금하구나.
② 혜미는 다양한 일에 관심이 있구나.
③ 혜미는 장래희망이 자꾸 바뀌어서 혼란스러운가 보네.
④ 혜미가 겪고 있는 것처럼, 청소년기에 직업 선택에서 혼란을 겪게 되는 일은 자연스러운 현상이란다.

___ 5 대학교 3학년 여학생이 팔짱을 낀 채 말한다.

> "처음에 쌤을 보고 깜놀했어요('깜짝 놀라다'의 줄임말). 너무 어려 보여서요. 작년엔 조금 연세가 있으신 분한테 상담을 받았었는데, 경험도 많으신 것 같았고, 참 많이 도움이 되었어요. 그런데 쌤 나이가 많이 어리신 것 같네요."

① 지난번 상담자보다 제가 나이가 어려서 실망스러우신가 봐요.
② 지난번에 상담을 해 주셨던 분에 비해 제가 많이 어려 보이나 봐요.
③ 저는 상담자의 나이가 상담효과에 그렇게 큰 영향을 주지는 않는다고 생각하는데요.

④ 제가 너무 어려 보인다는 말씀은 좀 더 연세가 많으신 상담자에게 상담을 받고 싶다는 뜻인가요?

____ 6 30대 초반의 전업주부 여성이 떨리는 목소리로 말한다.

> "저는 이따금 막 눈물이 나요. 눈물이 나기 시작하면 저도 어쩔 수 없는 상태가 되는데, 왜 그러는지 잘 생각도 안 나고 그냥 눈물만 나요. (눈물을 글썽이며) 남편은 내가 우는 걸 보면 막 성질만 내다가 밖으로 나가 버려요. 그러면 저는 또 속상하기도 해서 펑펑 울곤 해요."

① 때때로 이유 없이 눈물이 나는 것이 남편과의 관계에 영향을 주고 있군요.
② 이유도 없이 눈물을 흘린다는 것은 우선 우울증을 의심해 볼 수 있겠네요.
③ 갑자기 눈물이 나곤 하는 증상이 언제부터 시작되었는지 궁금하군요.
④ 명확한 이유도 모른 채 눈물이 나서 무척 당황스러운가 봐요.

____ 7 42세 남성(지호)이 시선을 아래로 향한 채 힘없는 목소리로 말한다.

> "음, 평소에 죄를 많이 짓고 살아서 그런지, 저 자신이 더러운 벌레 같은 느낌이 들어요. 입에도 벌레가 들어있는 느낌이 심하게 들어서 평소에는 어디 가서 입도 벙긋하지 않아요."

① 과거에 어떤 죄를 지셨다는 생각이 드나요?
② 지호 씨 스스로에 대해 죄책감이 드시는군요.
③ 지호 씨의 죄책감은 완벽주의적인 사고에 기인하고 있는 것 같아요.
④ 특이한 감각의 원인이 과거에 남들에게 피해를 주면서 살아왔기 때문이라는 생각이 드나 봐요.

____ 8 일차 진료 병원에서 종양의 가능성이 있다고 해서 대학병원에서 정밀검사를 받은 40대 중반 여성이 몸을 앞으로 숙인 채 말한다.

> "선생님 말씀대로 물론 정밀검사 결과가 나와 봐야 알겠지만, (눈에 눈물이 핑 돌며) 그래도 암이라는 진단이 나오면, 불쌍한 내 아이들은 누가 돌봐 주죠?"

① 암으로 판정될까 봐 염려되시나 봐요.
② 아직 정밀검사 결과가 나오지 않은 상태니까 편안한 마음으로 기다려 보는 것이 좋을 것 같아요.

③ 현재 정밀검사 결과를 기다리고 있는 상황에서 최악의 상황이 떠오르시나 봐요.
④ 설령 종양이 발견되었다고 하더라도, 초기라면 현대 의학으로 충분히 제거할 수 있어요.

____ 9 50대 후반 여성이 두 손을 모으고 몸을 앞으로 숙인 채 말한다.

"음, 그러니까……. 혹시 교회에 다니시나요? 그러니까 제 말은 선생님이 기독교인인지 궁금해서요."

① 어머님은 교회에 다니시나요?
② 제가 기독교인인지 궁금하신가 봐요.
③ 갑자기 저의 종교가 무엇인지 물으시니까 당혹스럽네요.
④ 제가 교회에 다니는지 궁금하시다는 것은 저의 종교적 성향이 상담에 중요한 영향을 미칠 수 있다는 뜻인가요?

____ 10 60대 초반의 여성이 손사래를 치며 말한다.

"며느리가 아이를 가졌다고 해서 상태가 어떤가 보려고 아들 집에 갔었어요. 그런데 내가 왔는데도 아들은 설거지하고 있고, 며느리는 자리에 누워 있는 거예요. 아들이 문을 열어 줘서 내가 들어가니까 며느리는 떡하니 누운 채로 인사하는 거예요. 입덧이 심해서 그렇다나 뭐라나! 그래도 그렇지! 어른이 가면 아무리 몸이 불편해도 일어나서 인사를 해야 하는 것 아니에요?"

① 며느님뿐만 아니라 요즘 젊은 사람들이 다 그래요. 그러니까 어머님 건강이나 챙기시는 것이 정신건강에도 좋을 것 같아요.
② 며느님이 어머님께 예의를 갖추지 않는 것 같이 보여서 무척 섭섭하셨군요.
③ 며느님이 몸이 불편해도 어른이 오셨으면 일어나서 인사를 드리기를 바라셨군요.
④ 아무리 몸이 불편해도 그렇지, 어른이 오셨는데도 며느님께서 기본적인 예의도 갖추지 않았군요.

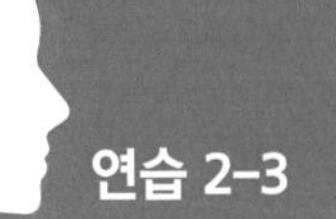

연습 2-3 앵무새 말하기 vs. 재진술 연습

❖ 다음에 제시된 내담자의 진술을 읽고, 밑줄 친 부분에 앵무새 말하기와 재진술 반응을 쓰시오.

1 중학교 2학년 여학생(지우)이 밝은 표정으로 말한다.

"저는 역사 시간이 있는 날에는 기분이 좋아요."

○ 앵무새: ______________________________.

○ 재진술: ______________________________.

2 고등학교 2학년 여학생(새미)이 풀이 죽은 목소리로 말한다.

"나름 공부를 하고 있는데 성적은 항상 제자리예요."

○ 앵무새: ______________________________.

○ 재진술: ______________________________.

3 중소기업 사장 비서실에서 근무하는 29세 여성(자인)이 주먹을 꽉 쥐며 말한다.

"상담을 통해 그동안 저를 괴롭혀 온 열등감을 극복하고 싶어요."

○ 앵무새: ______________________________.

○ 재진술: ______________________________.

4 부부 문제로 갈등을 겪고 있는 30세 남성(지후)이 큰 소리로 말한다.

"저는 채식을 좋아하는데, 제 아내는 육식을 좋아해요."

❍ 앵무새: ______________________________.

❍ 재진술: ______________________________.

5 중소기업에 다니는 31세 남성(우람)이 겸연쩍은 표정으로 말한다.

"시골에 계신 어머니께서 무척 편찮으신데, 일이 바빠서 내려갈 수가 없네요."

❍ 앵무새: ______________________________.

❍ 재진술: ______________________________.

6 공포증상을 호소하는 35세 여성(수인)이 긴장된 자세로 말한다.

"몇 달 전에 아파트에 도둑이 들었는데, 그때부터 불안증이 악화돼서 지금은 집에 혼자 있기도 무서워요."

❍ 앵무새: ______________________________.

❍ 재진술: ______________________________.

7 중학교에 다니다가 학업을 중단한 아들의 어머니가 다소곳이 앉아서 말한다.

"우리 아들이 초등학교에 다닐 때만 하더라도 공부도 잘하고 아주 착했어요."

❍ 앵무새: ______________________________.

❍ 재진술: ______________________________.

8 소규모 제조공장을 운영하는 40세 남성이 무거운 목소리로 말한다.

"이번 달 직원들 인건비를 어떻게 마련해야 할지 막막하네요."

❍ 앵무새: ______________________________.

❍ 재진술: ______________________________.

9 전업주부인 40대 중반의 여성이 시선을 아래로 향한 채 나지막한 소리로 조심스럽게 말한다.

> "남편 회사가 부도나기 전까지만 해도 집안 형편이 괜찮았어요."

❍ 앵무새: ______________________.

❍ 재진술: ______________________.

10 최근에 암 말기 판정을 받은 50대 후반의 남성이 병원 침대에 앉은 채 태연하게 말한다.

> "올봄에 전조증상이 있었는데도 차일피일 미루면서 바로 병원에 가지 않았어요."

❍ 앵무새: ______________________.

❍ 재진술: ______________________.

연습 2-4 핵심내용 탐색을 통한 재진술 연습

❖ 다음에 제시된 내담자의 진술을 읽고, 밑줄 친 부분에 핵심내용과 재진술 반응을 쓰시오.

1 초등학교 6학년 여학생(시후)이 뾰로통한 표정으로 말한다.

"저는 물만 먹어도 살찌는 체질이래요. 엄마가 그랬어요. 먹는 것도 줄여 보고, 기름기 있는 패스트푸드도 안 먹는데 몸무게가 안 줄어요. 누가 몸무게 얘기만 꺼내면 진짜 킹받아요('짜증난다' '화난다'는 뜻의 은어)."

○ 핵심내용: ______________________________.

○ 재진술: ______________________________.

2 대학 재학 중 등록금 문제로 휴학 중인 25세 남성(상빈)이 수심에 찬 표정으로 말한다.

"어차피 나 혼자 내 인생이지만, 우리 식구들이 조금만 더 힘을 합쳐서 조금이라도 도와준다면……. 음, 조금이라도 어떤 면에서 힘이 좀 되면 그럴 텐데. 따로 뭐 그러는 것도 아니고. 그렇다고 하지 말아라, 왜 그러냐, 뭐 그런 식으로 말은 하지 않지만……."

○ 핵심내용: ______________________________.

○ 재진술: ______________________________.

3 군대를 제대하고 대학을 갓 졸업한 28세 남성(준석)이 초조한 기색으로 말한다.

"취업, 그게 말처럼 쉽지 않네요. 취업만 된다면……. 그동안 어려운 가운데서도 부모님은 저를 믿고 등록금을 대 주셨거든요. 그런데 대학을 졸업했는데도 취직이 안 된다면 어떻게 되겠어요? 계속해서 부모님 신세를 질 수는 없잖아요. 부모님께도 너무 죄송하고요."

❍ 핵심내용: ________________________.

❍ 재진술: ________________________.

4 대학 입학 후, 학사경고를 연속해서 2회 받은 재한 베트남 유학생(응우엔)이 다소 어눌한 말씨로 퉁명스럽게 말한다.

"아, 저 많이 바빠요. 시간 없어요. 이제 한 번 더 학점이 1.7이 안 되면 학교를 떠나야 해요. 그래서 좀 낮은 대학을 알아보고 있어요."

❍ 핵심내용: ________________________.

❍ 재진술: ________________________.

5 대기업 회사원, 30세 남성(성민)이 미간을 찡그리며 말한다.

"아, 정말 어떻게 해야 할지 모르겠어요. 이번 프로젝트 팀장님이 실제 실적보다 조금 더 부풀려서 보고서를 작성하라고 하는데……, 만약 팀장님 말을 듣지 않으면, 아마 저는 회사에서 영원히 따돌림당하고 말거예요."

❍ 핵심내용: ________________________.

❍ 재진술: ________________________.

6 부부 문제로 상담센터를 찾은 35세 남성(정주)이 긴장된 표정으로 말한다.

"직장에서 받는 스트레스가 점점 심해지는 것 같아요. 항상 끊임없이 쫓기는 기분이에요. 이런 꿈도 자주 꾸고요. 여러 가지 일을 동시에 처리해야 하는 경우가 많고, 일 처리를 다 못하면 집에 가지고 와서까지 해야 할 때가 많아요. 그래서 주말에도 일해야 하는 경우도 많고요. 그러다 보니 자연히 일주일 내내 일만 하는 기분이에요."

❍ 핵심내용: .

❍ 재진술: .

7 미혼으로 벤처기업을 운영하는 39세 남성(민식)이 담담한 표정으로 말한다.

"저는 일하는 것이 너무 재미있어서 그동안 일에만 빠져서 살아왔던 것 같아요. 이젠 일 마치고 집에 가면 집이 썰렁한 느낌이 싫어지네요. 이젠 결혼할 나이도 지나고 있는 것 같은데, 아직 할 일은 많고……. 주변에서 결혼할 여자를 많이 소개시켜 주긴 하는데, 제가 데이트 신청을 잘하지 못해서 그런지 별 재미가 없어요."

❍ 핵심내용: .

❍ 재진술: .

8 자녀의 학업중단 문제로 학교를 찾은 40세 여성(세미)이 조심스럽게 말한다.

"남편이 회사원인데, 거의 2년마다 근무지를 옮겨야 하는 회사예요. 그래서 자꾸 이사 다녔는데, 생각지도 않게 아이가 자주 학교를 옮겨 다니다 보니까 친구를 잘 못 사귀더라고요."

❍ 핵심내용: .

❍ 재진술: .

9 가정 문제로 상담센터를 찾은 39세 여성(지민)이 미소를 지으며 말한다.

"오늘 날씨가 참 좋아요. 결혼하기 전에는 이렇게 날씨가 좋은 날이면 여지없이 여행을 떠나곤 했는데……. 새로운 곳에 가서 새로운 사람을 만나고 처음 보는 음식도 먹어 보고 말이에요. 낯선 곳을 여행하는 것은 정말 환상적이에요."

❍ 핵심내용: .

❍ 재진술: .

10 50대 중반의 남성(기호)이 한숨을 쉬며 말한다.

> “아내가 세상을 떠난 이후로는 세상일에 관심이 없어졌어요. 아무것도 먹고 싶지도 않고, 잠도 안 오고요. 그동안 체중도 많이 빠진 것 같아요.”

○ 핵심내용: ______________________________.

○ 재진술: ______________________________.

Chapter 03
반영

- ▢ 반영의 정의
- ▢ 반영의 목적
- ▢ 반영의 기능
- ▢ 반영의 형식
- ▢ 반영의 절차
- ▢ 반영의 효과
- ▢ 반영적 경청 5수준
- ■ 연습 3-1. 반영 반응 구분 연습 I
- ■ 연습 3-2. 반영 반응 구분 연습 II
- ■ 연습 3-3. 공식에 의한 반영 반응 연습
- ■ 연습 3-4. 반영적 경청 연습
- ■ 연습 3-5. 재진술 vs. 반영 연습

▶ 학습목표

1. 반영이 어떤 상담기술인지 이해한다.
2. 반영 기술의 목적과 기능 및 사용 시기를 이해한다.
3. 반영의 형식과 절차를 이해한다.
4. 반영 기술의 적용 방법을 익히고, 그 효과를 확인한다.

Chapter 03
반영

내담자의 이야기에는 자신이 처해 있는 상황이나 관심사뿐 아니라, 이에 대한 감정에 관한 정보가 담겨 있다. 내담자의 감정에 관한 진술은 때로 명시적으로 표출되기도 하지만, 내용에 관한 진술 및/또는 비언어 행동으로 표출되기도 한다. 정신건강과 신체건강 유지에 있어서 정서와 감정의 인식, 체험, 표출의 중요성은 이미 제1장에서 살펴보았다. 이 장에서는 내담자의 정서와 감정에 대한 반응을 통해 내담자의 자기이해를 촉진하는 반영에 대해 알아보기로 한다.

반영의 정의

반영reflection/reflecting은 내담자의 진술에서 어떤 사건, 상황, 대상, 생각 때문에 생긴 감정을 상담자의 참신한 말로 되돌려 주는 상담기술이다. 이 기술은 감정에 초점을 맞춘 '재진술'로, 공감적으로 이해한 내담자의 감정을 다른 참신한 말로 전달해 주는 것이다. 즉, 인지적으로 이해된 핵심메시지와 감성에 이입된 감정을 거울처럼 비추어 주는 섬세한 기술이다. 그렇다고 해서 반영이 내담자의 심리를 꿰뚫어 보려거나 해석하려는 기술은 아니다. 내담자의 이야기에는 흔히 전달하고자 하는 사건, 대상, 상황, 생각, 욕구에 감정이 담겨 있다.

감정은 주로 관계에서 일어나는 것으로, 논리나 논쟁으로는 사라지지 않는 특징이 있다. 그러므로 감정에 대해서는 방어적이거나 정당화할 필요가 없다. 반영은 내담자의 진정한 정서의 인식 · 체험 · 표현을 돕는다. 예를 들어, 한 학생이 미간을 찡그리며 힘없는 목소리로 "아, 정말 열심히 준비했는데."라면서 말꼬리를 흐렸다고 하자. 이 진술에는 감정을 나타내는 말이 들어있지 않지만, 상담자는 내담자가 기대에 못 미치는 결과에 따른 실망을 반영기술을 통해 되돌려 줌으로써, 진정한 정서의 인식 · 체험 · 표현을 도울 수 있다.

반영의 목적

반영의 목적은 다음과 같다. 첫째, 이해받는 느낌이 들게 한다. 사람들은 자기를 이해해 주려는 사람과 더 자유롭게 소통하는 경향이 있다. 공감적 이해의 효과는 글상자 3-1과 같다.

글상자 3-1 공감적 이해의 효과

> 공감적으로 이해해 주는 사람이 있다면, 내담자는 자신의 존재감을 인식하는 한편, 더 이상 사람들의 눈에 띄지 않으려고 하거나, 고립을 자처하거나, 낯설어하거나, 자신이 하찮은 존재가 아니라는 느낌이 들기 시작한다. 그 순간, 내담자는 상담자를 다른 대부분의 사람들과는 다르며, 자신을 도울 수 있는 사람으로 인식하기 시작한다(Teyber, 1997, p. 49).

둘째, 특정 상황, 사람, 대상, 생각 등에 대한 감정 표현을 독려한다. 내담자에 따라서는 상담자가 감정에 대해 초점을 맞출 때까지 감정을 드러내지 않는다. 특히, 어린 아이들은 자신이 느끼는 감정을 말로 표현하기 어려워한다는 점에서 이들의 발달단계에 적합한 언어를 사용하여 감정을 소통할 수 있도록 도와야 한다. 감정 표현은 그 자체가 목적이라기보다는 문제 이해의 단서를 제공한다는 점에서 치료적 의미가 있다. 문제의 대부분은 미해결된 감정을 포함하고 있기 때문이다(Ivey & Ivey, 2013). 감정에 초점을 맞추게 되면, 내담자는 미해결된 상황에 대한 강하고 지배적인 감정과 혼재 또는 갈등을 일으키는 감정을 인식하게 된다. 이때 흔히 양가감정[ambivalence]이 나타난다.

혼재된 감정 요소는 '분노 → 슬픔 → 수치심'과 '슬픔 → 분노 → 죄책감' 등 두 가지 공통적인 구조로 구분된다(Teyber & Teyber, 2010). 전자의 일차감정인 분노는 상처 또는 슬픔에 대한 부적 반응으로, 수치심을 수반한다. 반면, 후자의 압도적인 감정은 슬픔이지만, 부인되어 온 분노와 연결되어 있다. 분노가 부인된 이유는 이 감정의 표출이 죄책감을 불러일으키기 때문이다. 이러한 정동적인 고리는 전형적으로 아동기에 습득되고, 원가족의 규칙과 상호작용의 결과로 나타나며, 문화적 배경의 영향을 받는다(Teyber & Teyber, 2010).

셋째, 내담자의 정서 관리를 돕는다. 감정을 다루는 방법은 내담자가 두려움, 의존감, 또는 분노감 같은 강한 정서를 경험할 때 특히 중요하다. 강한 정서는 압력에 대한 내담자의 합리적인 반응(인지적 · 행동적)을 저해할 수 있다. 감정 인식과 표출은 에너지 상승과 안녕감 증진으로 이어진다(Cormier & Hackney, 2016).

넷째, 상담에 대한 부적 감정을 표출하는 내담자를 돕는다. 내담자가 상담자 또는 상담자가 제공하는 서비스에 화가 나 있거나 언짢아하는 경우, 반영은 내담자의 감정을 개인적으로 받아들이거나 방어적인 태도로 반응하는 등의 정서적 갈등을 줄인다. 갈등은 대개 두 사람이 서로 상대에게 자신의 말에 귀 기울여 주기를 원할 뿐, 상대의 말을 들으려 하지 않기 때문에 발생한다. 이 상황에서 반영은 내담자에게 상담자가 자신의 감정을 이해하고 있음을 알게 함으로써 내담자를 진정시킬 수 있다.

끝으로, 다양한 감정을 변별할 수 있게 한다. 내담자들은 흔히 걱정 또는 긴장 등의 감정언어를 사용하면서도 깊고 강렬한 감정은 숨기고 자신의 정서 상태와 정확하게 일치하지 않는 단어를 사용한다. 그런가 하면 분노나 우울을 긴장된다는 말로 표현하는 등 감정을 은유적으로 표현하기도 한다. 예를 들어, "나락으로 떨어지는 느낌이에요." "뒤통수를 얻어맞은 것 같아요." 등의 은유적 표현은 감정 상태의 지표 역할을 한다. 이러한 표현은 더 크고 강한 감정이 내담자의 내면에 진행되고 있음을 가리킨다. 그러므로 정확한 반영은 내담자가 자신의 감정을 더 섬세하게 이해할 수 있도록 돕는다. 반영의 사용 시기는 글상자 3-2와 같다.

글상자 3-2 반영의 사용 시기

1. 감정을 더 표현하도록 독려하고자 할 때
2. 감정을 보다 강하게 경험하도록 돕고자 할 때
3. 복합적인 감정들을 변별할 수 있도록 돕고자 할 때
4. 어떤 상황, 사건, 사람, 생각에 대한 감정 인식을 돕고자 할 때
5. 감정을 인정 · 수용하고, 효과적으로 관리할 수 있도록 돕고자 할 때
6. 내면에 관심을 가지고 압도하고 있는 감정을 깨닫도록 돕고자 할 때

반영의 기능

반영의 기능을 비유적으로 묘사한 라이먼 바움(Lyman F. Baum, 1856~1919)의 소설 『오즈의 마법사(The Wonderful Wizard of Oz)』(미국 캔사스주의 한 농장에 사는 어린 소녀 도로시Dorothy가 토네이도에 날려 오즈라는 상상의 나라에 갔다가 주석으로 만든 나무꾼, 허수아비, 겁 많은 사자 등과 겪게 되는 모험을 그린 이야기)의 한 장면을 떠올려 보자(글상자 3-3 참조).

출처: 영화 〈오즈의 마법사〉의 한 장면

글상자 3-3 반영 기능의 비유

> 고독한 상태에서 몸조차 제대로 가누지 못하는 양철로 된 나무꾼에게도 본래 심장이 있었다. 거듭된 슬픔으로 점차 심장이 퇴화된 것이었다. 심장이 기능하지 못하는 양철 나무꾼의 온몸은 녹슬어 가다가 결국 움직일 수 없는 신세가 되었다. 도로시는 이 양철 나무꾼을 위해 구석구석에 기름을 칠해 주었다. 도로시 덕분에 움직이게 된 양철 나무꾼은 잃어버린 심장을 찾기 위해 도로시와 함께 오즈의 마법사를 찾아 나선다.

글상자 3-3에 소개된 일화의 요지는 과거의 슬픔 때문에 감정을 외면하다가 결국 오도 가도 못하는 신세가 된 양철 나무꾼이 도로시의 따뜻한 배려로 다시 움직일 수 있게 되어 함께 새로운 삶을 찾아 나서게 된다는 것이다. 감정에 초점을 맞추고 대화를 나누는 일은 그동안 녹슬어 있던 마음에 윤활유 역할을 한다. 감정을 외면한다고 해서 당장 심장이 멎는 것은 아니다. 그러나 시간이 지나면서 마음의 기름은 서서히 말라, 결국 감정의 기능이 멈추게 된다. 반영은 그동안 메말라 있던 내담자의 녹슨 마음에 윤활유 역할을 한다. 상담자가 칠해 주는 윤활유는 내담자가 자신의 진정한 모습과 욕구를 들여다볼 수 있게 한다.

양철 나무꾼
출처: 영화 〈오즈의 마법사〉의 한 장면

상담에서 내담자의 감정에 초점을 맞추는 목적은 무엇일까? 이는 내담자의 경험에 대한 진정한 정서를 인식 · 경험 · 표출할 수 있도록 돕기 위함이다. 이 작업은 자기이해의 첫걸음이면서 변화의 물꼬를 트기 위한 시도다. 내적 경험을 언어적으로 표현하는 것은 자기이해의 세계로 통하는 문을 여는 것과 같다. 이는 깊이 묻힌 자원을 찾아 내담자의 내면세계를 탐색하는 것과 같다.

미해결 감정은 내면에 남아 정신작용에 영향을 미친다. 정서를 언어로 표현하는 것은 경험을 조망하면서 의미를 부여하는 작업이다. 이는 대인관계에 정서가 개입할 수 있도록 하고, 더 이상 무의식의 파도에 휩쓸리지 않도록 하는 조치다. 두려움을 말로 표현하면 두려움은 감소할 것이다. 단, 두려움의 정서와 농도가 그 상황에 적합한 것이어야 한다. 감정이 격해지더라도 내면의 분노, 두려움, 무기력 등을 인식 · 구별할 수 있다면, 주어진 상황에 적절히 대처할 수 있다. 이러한 점에서 정서 인식은 표현해야 하는 반응적 정서와 역기능적 감정의 구분을 위한 중요한 과정이다. 그러므로 내면의 감정들을 인식 · 구별할 수 있다면, 감정조절이 용이해진다. 이러한 과정의 기폭제 역할을 하는 상담기술이 반영이다.

반영의 형식

반영의 형식은 표 3-1과 같다.

표 3-1. 반영의 형식

형식	설명
☐ 기본형	❍ "~(사건, 상황, 사람, 생각) 때문에 ~한 느낌(감정, 정서, 기분)이 드는군요." (예 "남자친구가 약속을 어겼으면서도 해명을 해 주지 않아서 화가 나시는군요.")
☐ 높은 수준	❍ "~ (사건, 상황, 사람, 생각) 때문에 ~한 느낌(감정, 정서, 기분)이 드는군요. ~ (바람, 욕구) 하기를 원하는데."(예 "남자친구가 약속을 어겼으면서도 해명을 해 주지 않아서 화가 나시는군요. 늦은 것에 대해 사과하고 그 이유를 말해 주기를 원하시는데.")
☐ 단축형	❍ "~한 느낌(감정, 정서, 기분)이 드나 봐요."(예 "기분이 좋으신가 봐요." "울적한 기분이 드시는군요.")
☐ 은유형	❍ "마치 에베레스트 산 정상을 정복한 것 같은 기분이 드나 봐요." "땅이 푹 꺼지는 느낌이 드시나 보군요." "막다른 골목에 들어선 느낌이군요."
☐ 행동 진술형	❍ "모든 것을 포기하고픈 심정이시군요." "누구라도 얼싸안고 춤이라도 추고 싶은 기분이군요." "어느 장단에 춤을 춰야 할지 알 수 없는 느낌이 드나 봐요."

반영은 표 3-1에 제시된 형식에 따라 할 수 있다. 그렇지만 획일적으로 이 형식에만 맞추려고 하기보다는 이 형식을 기초로 얼마든지 변형시켜 사용할 수 있다. 정확한 반영을 하기 위해서는 내담자의 감정 상태를 명확하게 파악하여 간결한 언어로 전달해야 한다. 이때 감정 상태를 단순히 '좋다' 또는 '나쁘다'와 같은 말보다는 내담자의 감정 상태와 일치되는 말을 사용한다. 이를 위해서는 내담자의 감정을 나타내는 정확한 형용사와 정도를 나타내는 부사를 적절히 사용할 수 있어야 한다. 감정의 정도를 나타내는 말로는 '약간' '다소' '꽤' '매우' '몹시' '아주' '상당히' '굉장히' 등의 부사가 있다. 또한 '~와 같은 느낌이 든다'라는 형식으로 비유 또는 은유적으로 내담자의 감정을 읽어 주고 공감적으로 표현한다.

반영의 절차

반영은 5단계로 이루어지는데, 그 절차는 글상자 3-4와 같다.

글상자 3-4 반영의 절차

1. 내담자의 감정과 관련된 언어 · 비언어 행동을 경청한다.
2. 특정 사안에 대한 내담자의 감정을 헤아려 본다.
3. 내담자의 감정에 적절한 단어(형용사)를 택한다.
4. 감정의 원인과 결합하여 만든 문장을 언어적으로 전달한다.
5. 내담자의 반응을 관찰함으로써 반영의 효과를 평가한다.

반영은 내담자의 이야기 속에 담겨 있는 핵심감정을 상담자의 참신한 말로 되돌려주는 기술이다. 그렇다고 해서 내담자가 느끼고 있다고 판단되는 감정들을 일일이 언급할 필요는 없다. 이런 식의 반영은 오히려 상담자의 반응이 길어져서 내담자가 상담자의 말에 경청해야 하는 부담을 줄 수 있다. 반영의 예는 대화상자 3-1과 같다.

대화상자 3-1. 반영의 예시

[3년 전 대장암 수술을 받았던 65세 남성이 말한다.]

내담자: 제가 그러니까 스물셋에 입사해서 한 회사에서 줄곧 일하다가 이제 퇴직한 지 10년 정도 되었네요. 저는 한평생 일을 통해 삶의 의미를 찾았어요. 근데 집사람은 이제 일 좀 그만하고, 쉬면서 함께 여행도 하자고 그러는데, 저는 일을 하지 않고는 사는 의미가 없어요. 일하는 것은 제 삶의 의미이자, 제 권리이기도 하거든요.

ㅇ **재진술**: 부인께서 이젠 여유를 가지고 함께 시간을 보내자는 제의에도 불구하고 평생 하시던 일을 계속하고 싶으시군요.

ㅇ **반 영**: 부인께서 이젠 일을 그만하고 시간을 함께 보내자는 제의가 일을 계속하지 못하게 하는 것 같아 기분이 언짢으시군요.

대화상자 3-1에서 상담자는 자신이 공감적으로 이해한 것을 재진술로, 이에 따른 감정을 반영을 통해 내담자에게 전달하고 있다.

반영의 효과

반영은 어떤 효과가 있는가? 감정은 다른 사람에게 표현될 때 더 강하게 경험할 수 있다. 감정 표현을 무비판적으로 수용해 주면, 내담자는 자신의 감정을 추스를 수 있을 뿐 아니라, 문제 상황을 새로운 관점에서 조망할 수 있게 된다. 두려움, 화/분노, 슬픔, 역겨움에서 벗어나려면, 눈을 크게 뜨고 내면의 정서를 직시해야 한다. 반영의 효과는 글상자 3-5와 같다.

글상자 3-5 반영의 효과

1. 심리적으로 함께한다는 느낌이 들게 한다.
2. 깊이 이해받고 있다는 느낌이 들게 한다.
3. 진정한 정서를 인식, 경험, 표출할 수 있게 해 준다.
4. 복합적인 감정을 변별할 수 있게 해 준다.
5. 압도된/억압된 감정을 확인할 수 있게 해 준다.
6. 변형된 감정의 의미를 탐색 및 통찰을 가져올 수 있게 해 준다.
7. 강한 정서를 경험할 수 있는 기회를 제공한다.
8. 정서 조절 및 관리 능력을 길러 준다.

감정에는 정답이 없다. 비슷한 상황이나 사건도 사람마다 다르게 느낄 수 있다. 정서는 보편적이지만 삶의 경험과 기질에 따라 개인차가 있을 수 있다. 내담자의 핵심 메시지에 대해 공감적으로 반응하는 것은 신뢰관계 형성과 치료적 대화에 윤활유 역할을 한다. 돈독한 신뢰관계는 내담자에게 직면 같은 개입을 견딜 수 있는 동력으로 작용한다. 상담자가 자신을 진심으로 이해해 준다는 느낌이 들 때, 내담자는 상담과정에 더 적극적이고 진솔하게 참여하려고 할 것이다. 정확한 반영을 위해 상담자가 스스로 확인해 볼 사항은 글상자 3-6과 같다.

글상자 3-6 정확한 반영을 위한 내담자의 감정 상태 확인사항

1. 내담자의 감정이 경험, 상황, 사건에 적절한가?
2. 정도가 지나치지 않는가?
3. 투사, 전치 등의 방어기제에 의한 것은 아닌가?

정확한 반영이 곧 문제해결을 보장하지는 않는다. 그러나 정확한 반영은 내담자에게 이해받는 느낌이 들게 하고, 감정에 솔직해질 수 있게 하는 효과가 있다. 이는 내담자의 자기이해와 문제 또는 관심사에 대한 통찰을 촉진한다.

반영적 경청 5수준

칼크허프와 피어스(Carkhuff & Pierce, 1975)는 반영적 경청의 수준을 다음과 같이 5단계로 나누어 반영적 경청을 위한 변별검사Discrimination Inventory를 개발했다.

수준 1. 수준 1은 위로, 부인/부정, 충고, 질문 등으로 반응하는 것이다. 1수준의 예로는 "너무 걱정하지 마세요. 시간이 해결해 줄 겁니다." "이젠 그만 슬퍼하세요."(위로, 부정) "그저 액땜했다고 생각하세요." "당신 남편의 입장도 좀 생각해 보세요."(충고) "두 분의 사이가 좋지 않게 된 계기가 무엇이죠?" "당신은 당신의 자녀를 사랑하고 있나요?"(질문) 등이다.

수준 2. 수준 2는 느낌은 무시되고 내용이나 인지적 부분에 대한 반응, 즉 재진술로 반응하는 것이다. 예를 들면, "부부간의 갈등으로 결혼생활에 어려움이 많으신가 봐요." "남편분의 사업이 많이 어려우시군요."(재진술)를 들 수 있다.

수준 3. 수준 3은 감정을 이해하지만, 방향성이 없고, 내담자의 명시적인 메시지에 근거한 감정과 의미를 상담자의 말로 되돌려 주는 것을 말한다. 이는 내담자의 감정과 상황에 대해 이해한 것을 되돌려 주는 정도에 불과하다. 예를 들면, "부부관계를 회복시켜 보려는 노력에 성과가 없는 것 같아서 실망스러우신가 봐요."(재진술+감정반영) 같은 반응이다. 이 예에서 "실망스러우신가 봐요."는 감정의 반영이고, "부부관계를 회복시켜 보려는 노력에 성과가 없는 것 같아서"는 상황의 재진술이다.

수준 4. 수준 4는 이해와 어느 정도 방향도 제시되는 반응을 말한다. 이는 감정뿐 아니라, 내담자에게 필요한 점을 언급하는 것이다. 또한 내담자에게 요구되는 점을 개인화시킴으로써, 내담자가 그 부분에 대한 열쇠를 쥐고 있고 책임이 있음을 암시하는 것이기도 하다. 예를 들면, "부부관계를 회복시켜 보려는 노력에 성과가 없는 것 같아서 무척 실망스러우신가 봐요. 남편과의 갈등이 조속히 해결되기를 원하실 텐데."(재진술+감정반영+바람want) 같은 반응이다.

수준 5. 수준 5는 제4수준 반응에다가 내담자에게 요구되는 점을 실천하고 목표를 달성하기 위해 내담자가 취해야 할 실행방안을 덧붙이는 방식의 반응을 말한다. 예를 들면, "부부관계를 회복시켜 보려는 노력에 성과가 없는 것 같아서 많이 실망스러우신가 봐요. 남편과의 갈등이 조속히 해결되기를 원하실 텐데. 한 가지 방법이 있다면, 이 점에 대해 남편에게 당신의 감정을 직접 표현해 보는 것이지요."(재진술+감정 반영+바람+제안) 같은 반응이다. 지금까지 설명한 반영적 경청의 5수준을 표로 정리하면 표 3-2와 같다.

표 3-2. 반영의 5수준

수준	이해	욕구	제안	설명
1	×	×	×	질문, 부인, 재확인, 충고 등으로 반응함
2	×	약간	×	진술의 내용에만 초점을 맞추고 감정은 무시됨
3	○	×	×	진술의 내용/의미와 감정에 대해 반응함
4	○	○	×	감정에 반응하고 결핍된 부분을 드러내 줌
5	○	○	○	수준 4의 구성요소와 실행단계가 포함된 반응

연습 3-1 반영 반응 구분 연습 I

❖ 다음에 제시된 상담자의 반응을 읽고, 반영에 해당하면 밑줄 친 부분에 ○표, 반영에 해당하지 않으면 ×표 하시오.

____ 1 "평소에 걱정하셨던 것과는 달리, 따님이 대학을 졸업하자마자 바로 대기업에 취업하게 되어 무척 기쁘신가 봐요."

____ 2 "희망이 전혀 없다고 느낄 때, 스스로 희망을 주기 위해 무엇을 할 수 있는지 궁금하군요."

____ 3 "남편의 행동에 대해 아무 말도 할 수 없었다는 것은 그만큼 좌절감이 들었다는 뜻인가요?"

____ 4 "여드름은 사춘기에 들어서면서 얼굴 피부 모낭에 염증으로 인해 생기는 매우 흔한 피부질환이란다. 여드름의 원인은 대개 남성 호르몬, 유전, 피로, 스트레스 중 여러 요인이 복합적으로 작용해서 발생하는데, 성장하면서 대부분 없어진단다. 그러니까 피부를 청결하게 유지하고 가급적 손을 대지 않는 것이 도움이 된단다."

____ 5 "선생님도 어릴 적에는 반에서 가장 작은 편이었는데, 고등학교에 진학하면서 갑자기 키가 자라기 시작해서 지금은 친구들 중에서 가장 크단다. 너의 엄마 아빠 모두 키가 크시니까 음식을 골고루 먹고, 운동도 열심히 하면 성장에 많은 도움이 될 것 같구나."

____ 6 "글쎄요, 효주 씨께서 돈 많은 부잣집에서 태어나지 않은 것은 대단히 유감스러운 일이네요. 그런데 효주 씨께서 원하시는 가정에서 태어나지 않은 것이 열등감을 느끼는 것과 어떤 관련이 있나요?"

____ 7 "문제가 더 이상 문제가 되지 않을 때는 언제인가요? 그럴 때는 어떻게 다르게 행동하나요?"

____ 8 "따님이 노래를 잘해서 세계적인 성악가들이 참가한 콩쿠르에서 입상했다니 어머니로서 보람이 무척 크시겠어요."

____ 9 "믿었던 학생이 선생님께 아무런 상의도 없이 독자적으로 일을 처리해 버려서 그 학생에 대해 실망이 크신가 봐요. 적어도 사전에 선생님께 말씀드리기를 원하셨을 텐데."

____ 10 "단비 씨께서는 남편에게 가사 일을 분담해서 하자고 기껏 말했는데도 남편이 반복해서 무시하는 것 같아 무척 속상하시다는 거군요."

연습 3-2 반영 반응 구분 연습 II

❖ 다음에 제시된 내담자의 진술을 읽고, 밑줄 친 부분에 상담자의 반영 기술로 적절한 반응의 번호를 쓰시오.

____ 1 초등학교 4학년 학생(지선)이 시선 접촉을 잘 유지하며 말한다.

> "저는 할머니랑 둘이 살고 있는데 지금 할머니께서 많이 편찮으세요. 할머니는 제가 커서 훌륭한 사람이 되기를 바라세요. 저는 꼭 훌륭한 사람이 돼서 할머니를 기쁘게 해 드릴 거예요."

① 지선이는 이다음에 커서 훌륭한 사람이 되고 싶구나.
② 꼭 할머니께서 자랑스러워하실 훌륭한 사람이 되기 바란다.
③ 지선이는 장차 훌륭한 사람이 돼서 편찮으신 할머니를 기쁘게 해 드릴 생각을 하면 힘이 나는가 보네.
④ 지선이는 많이 힘들 때도 할머니를 기쁘게 해 드릴 생각을 하면 힘이 생기니?

____ 2 학교폭력 가해학생으로 지목된 중학교 2학년 남학생(우빈)이 태연하게 말한다.

> "걔네들이 먼저 나한테 시비 걸면서 욕해서 그랬던 거예요. 음, 그런데 이번 일로 제가 처벌을 받으면, 다른 학교로 전학 가야 하나요? 저는 전학 가는 것보다는 그래도 이 학교에 다니고 싶어요."

① 이번 일로 다른 학교로 전학 가야 하냐는 질문은 전학을 가야 하는 처벌을 받을까 봐 두렵다는 뜻이니?
② 이번 일이 생기게 된 것이 그 아이들이 먼저 너한테 좋지 않은 말을 해서였구나.
③ 우빈이는 이번 일이 그 아이들 때문이라고 생각하는데, 네가 가해학생으로 지목되어 억울한 느낌이 드나 보구나.

④ 이번 일이 네 생각대로 잘 해결된다면, 우빈이의 학교생활은 어떻게 달라질 것 같으니?

____ 3 학교폭력 피해를 당한 중학교 2학년 남학생이 난처한 표정을 지으며 힘없는 목소리로 말한다.

> "선배들이 일렬로 서서 눈을 감으라고 했어요. 그래서 우린 눈을 감고 서 있었는데, 선배들이 막 소리를 지르고 욕하면서 얘기했어요. 앞으로 선배를 만나면 90도로 허리를 굽혀서 인사를 해야 되고, 또 '안녕히 가세요.'라고 인사해야 한다면서요."

① 선배들이 강압적이고 위협적인 행동을 보여서 무척 두려웠겠구나.
② 선배들이 막 소리 지르면서 욕을 했다는 것은 너희들이 무언가 잘못을 했으니까 그런 것 아닐까?
③ 선배들이 강압적이고 위협적인 행동을 보였음에도 이제 와서 이 사실을 말하는 이유는 무엇이니?
④ 누구든지 너희들에게 아무런 이유 없이 강압적이고 위협적인 행동을 한다면, 즉각적으로 어른들에게 얘기해서 더 불행한 일이 일어나지 않도록 했어야지.

____ 4 중학교 때에는 학업성적이 우수했다가 고등학교에 들어와서는 학업부진을 면치 못하여 상담에 의뢰된 고등학교 1학년 여학생이 미간을 찌푸리며 말한다.

> "이런 걸로 제가 왜 상담을 받아야 하는지 이해가 안 가요. 공부를 하면 점수가 올라가고 안 하면 떨어지기도 하고, 다 그런 거 아니에요? 아, 어쨌든 이 학교하고 저하고는 잘 안 맞아요. 학교에만 오면 걍 짜증나고 공부하기도 싫어요."

① 고등학교에 와서 학업의욕을 저하시키는 일이 있었던 것처럼 들리는구나.
② 고등학생이 되면서 학업에 대한 의욕 저하와 함께 성적도 떨어져서 당혹스럽겠구나.
③ 공부를 하면 성적이 올라간다는 말은 고등학교에 진학한 이래로 공부에 집중하지 못하게 하는 일이 생겼다는 뜻이니?
④ 누구나 공부를 하다 보면 슬럼프를 겪을 때가 있단다. 그렇지만 이러한 고비를 참고 견뎌야 네가 얻고자 하는 것을 얻을 수 있지 않겠니?

____ 5 취업 후 첫 월급으로 마련한 차량을 운전하다가 불의의 교통사고로 한쪽 다리를 크게 다친 24세 여성이 말한다.

> "다리를 다치기 전에는 여행을 좋아해서 친구들과 함께 여기저기 많이 다녔는데……. 이젠 내 마음대로 돌아다닐 수 없게 되었어요. 옛날에는 1km 정도는 그냥 걸어도 금방 갔는데, 아마 하루 종일 걸어야 할 거예요. 이젠 100m도 한 번에 가기가 벅차요."

① 여행을 꽤나 좋아하시는데, 다리를 다치는 바람에 제약을 받게 되었군요.
② 마음대로 돌아다닐 수 없게 되었다는 것은 혼자서 거동할 수 없게 되었다는 말씀인가요?
③ 지금까지의 삶에서 큰 희망이나 더 큰 희망을 품었던 때는 언제였는지 궁금하군요.
④ 몸이 불편해져서 좋아하는 여행을 자유롭게 하지 못할까 봐 염려되시나 봐요.

____ 6 30대 초반의 중학교 남자 교사가 고개를 숙인 채 나지막한 목소리로 말한다.

> "저는 어려서부터 선생님이 되는 것이 꿈이었어요. 그래서 열심히 공부해서 정작 꿈은 이뤘는데……, 교직에 대한 실망 때문에 '앞으로 계속 교직에 남아있어야 하나, 아니면 다른 직업을 생각해야 하나' 하는 생각 때문에 잠도 잘 오지 않네요."

① 교사로서 학교생활을 하는 데 있어서 교직을 떠나고 싶을 정도로 어려움을 주는 것이 무엇인가요?
② 학교생활에서 예기치 않게 교직을 떠나고 싶을 정도로 실망스러운 일들이 생겼나 봐요.
③ 선생님 말씀을 들으니 15년간 몸담았던 교단을 떠날 때가 생각이 나네요. 저도 어려서부터 선생님이 되는 것이 꿈이었거든요.
④ 어렸을 때부터 꿈이었던 교직을 포기하고 싶은 정도로 교직에 대해 실망감이 무척 크신가 봐요.

____ 7 35세 직장여성이 눈물을 글썽이며 말한다.

"친정엄마가 젊어서부터 우리 세 남매를 혼자 키우시느라 고생을 너무 많이 하셨어요. 식당 일을 비롯해서 온갖 궂은일을 다 하셨거든요. 그런데 며칠 전에 오빠한테 연락이 왔는데, 많이 편찮으셔서 병원에 입원하셨다는 거예요."

① 병명이 뭐라고 하던가요?
② 어머니께서 오래전에 혼자가 되셨군요.
③ 어머니께서 병원에 입원하셨다는 소식에 많이 놀라셨나 봐요.
④ 많이 편찮으시다는 것은 치명적인 병에 걸리셨다는 뜻인가요?

____ 8 초등학생 아들의 일탈행동으로 호출된 40대 중반의 학모가 말한다.

"우리 아들 때문에 학교에 자주 오게 되네요. 학교에서 너무 장난을 쳐서 선생님이 벌을 줘도 소용이 없다는 거예요. 이제 겨우 3학년인데, 정말 이러다가 나중에 공부도 안 하는 문제아가 되는 것은 아닌지 정말 걱정이에요. 잘하는 거라곤 그림 하나 잘 그린다는 것뿐인데."

① 앞으로 성장하는 과정에서 더 큰 문제를 일으킬까 봐 염려되시나 봐요.
② 지금으로서는 선생님들조차 아이의 행동 문제를 통제하지 못하고 있군요.
③ 아드님이 그림 잘 그리는 것 외에 잘하는 것이 무엇인가요?
④ 그래도 그림을 잘 그려서 나중에 훌륭한 화가가 된다면, 어머니께서 얼마나 뿌듯하시겠어요.

____ 9 59세 여성이 몹시 두려운 표정으로 말한다.

"어젯밤에 자다가 꿈을 꿨는데, 숲속 길을 걷다가 길을 잃었어요. 날은 점점 어두워지는데, 제 곁에 아무도 없는 거예요. 그래서 살려달라고 소리를 지르다가 놀라서 잠이 깼어요."

① 그런 꿈을 자주 꾸시는 편인가요?
② 어둠 속에 홀로 버려져 있는 상황 때문에 많이 놀라셨군요.
③ 그 꿈은 현재의 무기력한 상황을 상징적으로 드러내고 있군요.
④ 숲속 길을 걷다가 길을 잃는 꿈은 흔히 혼란스러운 느낌을 의미합니다.

___ 10 원인불명의 통증으로 진통제를 상습적으로 과다복용하고 있는 70대 중반의 남성이 고통스러운 표정을 지으며 말한다.

> "이젠 나이가 들어서 여기저기 쑤시고 안 아픈 데가 없어요. 병원에 가도 아무 소용도 없고, 약을 먹어도 이젠 듣질 않아요. 이렇게 더 살면 뭐 하겠어요?"

① 스스로 자신에게 희망을 주기 위해 무엇을 할 수 있을까요?
② 온몸의 통증 때문에 삶의 의미를 상실하게 되셨군요.
③ 건강한 삶을 위해서는 좋은 음식과 운동이 필수적인데, 가장 쉬운 것부터 운동을 시작하시면 어떨까요?
④ 약을 먹어도 듣지 않는 통증 때문에 좌절감이 드나 보군요.

연습 3-3 공식에 의한 반영 반응 연습 

❖ 다음에 제시된 내담자의 진술을 읽고, 밑줄 친 부분에 예상되는 내담자의 핵심감정을 모두 적고, 이를 토대로 반영의 공식반응과 자유반응을 쓰시오.

예제 60대 중반의 여성이 눈물을 글썽이며 떨리는 목소리로 말한다.

> "우리 손녀 정현이를 잘 먹이고 입히고 해야 하는데, 내 몸도 그전 같지 않고, 형편이 너무 어렵다 보니까 그렇게 못하는 것이 너무 가슴이 아프고, 먼저 간 아들이나 애한테도 미안하고 그래요."

○ 핵심감정: 슬픔, 아쉬움, 속상함, 미안함/죄책감

○ 공식반응: 정현이를 잘 돌봐 주고 싶은데 여건상 그러지 못하기 때문에 안타까운 느낌이 드는군요.

○ 자유반응: 정현이를 잘 돌봐 주고 싶은데 여건상 그러지 못해서 안타까우신가 봐요.

1 아토피 피부병이 있는 초등학교 4학년 여학생(주은)이 고개를 숙인 채 조그마한 소리로 말한다.

> "학교에 가면 애들이 모여서 '재 피부 왜 저래? 병 걸린 거 아냐?' '아 더러워!' 막 이러면서 수군거려요. (눈물을 글썽이며) 또 어떤 애들은 피부병 옮긴다고 나랑 안 놀고, 막 피하고 그래요."

○ 핵심감정: ______

○ 공식반응: ______ 하기 때문에 ______ 느낌이 드는군요.

○ 자유반응: ______ .

2 덩치가 꽤 커 보이는 초등학교 6학년 남학생(휘성)이 흥분된 어조로 말한다.

> "우리 담임쌤은 우리한테 공평하게 대하지 않아요. 친구들이랑 똑같이 장난을 쳐도 꼭 나한테만 뭐라고 하시거든요."

○ 핵심감정: ______

○ 공식반응: ______ 하기 때문에 ______ 느낌이 드는군요.

○ 자유반응: ______ ______.

3 중학교 2학년 남학생(수한)이 침울한 표정으로 말한다.

> "반에서 젤 잘나가는 애가 자꾸 시험지를 보여 달래요. 근데 어떻게 시험지를 보여 줘요? 그런데 안 보여 주면 때릴 것 같고, 보여 주면 선생님께 혼날 것 같고……. 제가 어떻게 해야 하나요?"

○ 핵심감정: ______

○ 공식반응: ______ 하기 때문에 ______ 느낌이 드는군요.

○ 자유반응: ______ ______.

4 고등학교 1학년 남학생(석빈)이 불만스러운 표정으로 말한다.

> "생각해 보면 그런 게 참 많아요. 전에는 그걸 몰랐어요. 알게 된 게 가끔 형하고 다툰 게요. 형이 어떻게 맘에 안 드는 행동을 하면은 나를 무시하기 때문에 그런 거다. 이런 생각이 드는 거예요. 아무리 형이지만, 나도 다 컸는데. 하나의 인격체로 안 대해 주고 함부로 하는 거 같으니까 나도 발끈하게 되는 거죠."

○ 핵심감정: ______

○ 공식반응: ______ 하기 때문에 ______ 느낌이 드는군요.

❍ 자유반응: ____.

5 고등학교 2학년 남학생(성준)이 초조한 표정으로 떨리는 목소리로 말한다.

> "그러니까는 열등감? 제가 느끼는 고통이라는 것이 바로 이거예요. 내가 무슨 얘기를 할 때, 상대방이 딴짓한다든가, 그러니까는 내가 말할 때, 애들이 자기들끼리 딴 얘기를 한다거나 딴짓할 때는 꼭 날 무시해서 그러는 것 같다는 이런 생각이 든다는 거예요."

❍ 핵심감정: ________________________________

❍ 공식반응: ________________________________ 하기 때문에 ________________________________ 느낌이 드는군요.

❍ 자유반응: ____.

6 아버지의 사업 실패로, 한 달 전에 온 가족이 좁은 집으로 이사해서 함께 살게 된 고등학교 3학년 여학생(소현)이 짜증 섞인 목소리로 말한다.

> "어떨 땐 집에 가기 싫을 때가 있어요. 학원 갔다가 집에 가면 좀 쉬든지 책도 좀 보다가 자고 싶은데, 옆에서 막 떠들고 그러니까 심란하고, 잠도 잘 안 오고 그러니까 어떻게 할 수도 없고……. 이러다가 대학에도 못 가는 거 아냐? 이런 생각이 들면, 갑자기 불안해지고 그래요."

❍ 핵심감정: ________________________________

❍ 공식반응: ________________________________ 하기 때문에 ________________________________ 느낌이 드는군요.

❍ 자유반응: ____.

7 입대한 지 2개월 된 병사(현태)가 시선을 아래로 향한 채 말한다.

> "군대에 들어온 지 얼마 안 됐는데, 벌써 수십 년은 된 것 같아요. (풀이 죽은 목소리로) 여자 친구와 헤어져서 그런지 군대 생활이 너무 지겹고 마치 감옥에 갇혀 있는 것 같아요."

○ 핵심감정: ______

○ 공식반응: ______ 하기 때문에 ______ 느낌이 드는군요.

○ 자유반응: ______ ______.

8 30대 초반의 직장인 남성(준혁)이 긴장된 표정으로 말한다.

> "전에는 안 그랬는데, 언제부턴가 사람들 앞에 서면 왜 그런지 자신감이 떨어지고, 열도 나고 식은땀도 나요. 나름 미리 연습도 많이 하는데도 준비한 시나리오가 머릿속에서 뒤죽박죽이 돼서 실수도 하고요. 연습해도 마찬가지예요. 곧 중요한 사업설명회 프레젠테이션이 있는데, 정말 답이 안 나오네요."

○ 핵심감정: ______

○ 공식반응: ______ 하기 때문에 ______ 느낌이 드는군요.

○ 자유반응: ______ ______.

9 절도죄로 교도소에서 복역 중인 39세 남성(지성)이 거친 목소리로 말한다.

> "이제 한 달 후면 만기 출소하는데, 여기를 나가는 건 좋지만 나간다고 해도 반겨줄 사람도 없고, 또 먹고 살아야 하는데, 딱히 배운 기술도 없고 하니까……."

○ 핵심감정: ______

○ 공식반응: ______ 하기 때문에 ______ 느낌이 드는군요.

○ 자유반응: ______________________________

______________________________.

10 우울과 불안을 호소하는 48세 여성(주아)이 풀이 죽은 목소리로 말한다.

> "얼마 전에 죽은 토비(반려견 이름)가 자꾸 꿈에 나와요. 산책 나갔다가 차에 치여서 죽었거든요. 사람들은 개 한 마리 죽은 것이 뭐 그리 대단한 일이냐고 하지만, 토비는 내가 낳은 자식 이상으로 우리 가족이었고, 제가 끔찍이도 아꼈었거든요."

○ 핵심감정: ______________________________

○ 공식반응: ______________________________ 하기 때문에

______________________________ 느낌이 드는군요.

○ 자유반응: ______________________________

______________________________.

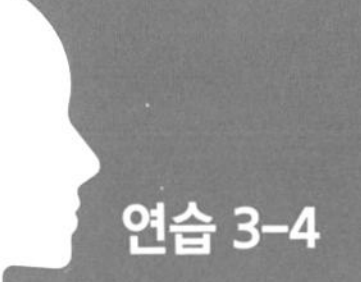

연습 3-4 반영적 경청 연습

❖ 다음에 제시된 내담자의 진술을 읽고, 밑줄 친 부분에 칼크허프의 반영적 경청 5수준에 맞추어 적절한 반응을 쓰시오.

예제

> "그동안 아빠랑 잘 지내 보려고 제 딴엔 노력해 봤는데요. 이젠 포기할 거예요. 아빠는 너무 꼰대라서 저도 더 이상 어떻게 해야 할지 모르겠어요."

- 1수준: "좀 더 최선을 다해 봐야지. 그 정도에서 포기할 수는 없잖아!"
- 2수준: "아빠랑 관계가 좋지 않은가 보구나.
- 3수준: "아빠랑 잘 지내보려고 했는데 잘 되지 않아서 실망스러운가 보구나."
- 4수준: "아빠랑 잘 지내려고 했는데 잘 되지 않아서 실망스러운가 보구나. 아빠와 좋은 관계를 유지하고 싶은가 본데."
- 5수준: "아빠랑 잘 지내려고 했는데 잘 되지 않아서 실망스러운가 보구나. 아빠와 좋은 관계를 유지하고 싶은가 본데. 아빠와 잘 지내고 싶다는 너의 바람을 편지로 써서 아빠에게 직접 부쳐 보면 어떨는지."

1 어려서 엄마가 가출한 상태로 살아오고 있는 다문화가정의 초등학교 4학년 여학생(세라)이 무덤덤한 표정으로 말한다.

> "우리 반 애들도 되게 착한 편이에요. 처음에는 많이 놀리고 그랬지만요. 그리고 친구들 중에 저랑 제일 친한 수지라는 애가 있는데요. 진짜 존예('존나 예쁘다'의 줄임말로 매우 예쁘다는 뜻의 은어)에요. 얼굴 피부로 하얗고 코도 오똑해요. 커서 연예인 되는 것이 꿈이래요."

- 1수준: ____________________

○ 2수준:

○ 3수준:

○ 4수준:

○ 5수준:

2 초등학교 6학년 여학생(시우)이 고개를 가로저으며 말한다.

> "솔직히 우리 담임 개싫어요. 화장실이 급해서 잠깐만 다녀온다고 했는데도, 안 된대서 진짜 킹받았어요('화가 나다'의 은어)."

○ 1수준:

○ 2수준:

○ 3수준:

○ 4수준:

○ 5수준:

3 고등학교 2학년 남학생(승현)이 얼굴에 미소를 지으며 허스키한 목소리로 말한다.

"동철이는 1학년 때부터 일부러 옷도 이상하게 입고 다녔어요. 원래 그런 애가 아니라 그냥 관종('관심을 받고 싶어 하는 사람'의 은어)이었어요. 근데 2학년에 올라와서는 애가 확 바뀌더니 공부가 꿀잼('매우 재미있다'의 은어)이라면서 개열심히 하는 거예요."

○ 1수준:

○ 2수준:

○ 3수준:

○ 4수준:

○ 5수준:

4 마케팅을 전공하는 대학교 2학년 남학생(한수)이 긴장된 표정으로 말한다.

"사람들 앞에서 발표할 때면 심장이 쿵쾅거리고 손에 땀부터 나기 시작해요. 그러면 미리 준비한 내용도 머릿속이 새하얘져서 꼭 실수해요. 이제 조별 과제 발표가 있는데 어떻게 해야 할지 모르겠어요. 기말시험 대신에 하는 거거든요."

○ 1수준:

○ 2수준:

○ 3수준:

○ 4수준:

○ 5수준:

5 중소기업에 다니는 29세 여성(시연)이 심드렁한 표정으로 말한다.

"친구와 오랜만에 만나서 밥을 먹고 집에 돌아왔는데, 반갑기는커녕 불쾌하기만 하더라구요. 만나서 하는 말이 자기 주변 친구를 한 명, 한 명 얘기하면서 욕을 하고……. 그걸 듣고 있다 보니 '다른 친구들을 만나면, 내 얘길 저렇게 하겠구나.'라는 생각이 들더군요."

○ 1수준:

○ 2수준:

○ 3수준:

○ 4수준:

○ 5수준:

6 남편과 이혼을 전제로 별거 중인 30대 초반의 여성(승연)이 두 눈을 깜빡이며 가끔 미소를 지으며 말한다.

> "몸이 두 개라면, 잠을 자지 않아도 살 수 있다면. 아기 재워 놓고 자는 동안은 안 깨니까 친정엄마께 맡겨 놓고. 대리운전 카바 기사를 하든 뭘 하든 하고 싶어요. 얼른 돈 벌어서 월세 탈출도 하고 싶고. 중고차라도 사서 쉬는 날은 딸이랑 놀러도 다니고 싶어요. 이곳저곳 다니며 추억도 쌓고. 남들 하는 만큼은 딸에게 해 주고 싶고."

○ 1수준:

○ 2수준:

○ 3수준:

○ 4수준:

○ 5수준:

7 2주일 전에 범죄 피해를 입은 가족 중 35세 여성(지애)이 긴장된 표정으로 떨리는 목소리로 말한다.

> "그 사람들은 아직 잡히지 않았나요? 그놈들이 우리를 찾아내서 우리 모두 죽일지도 몰라요. 어떻게 해야 하죠?"

○ 1수준:

○ 2수준:

○ 3수준:

○ 4수준:

○ 5수준:

8 40대 초반의 전업주부(서린)가 담담한 목소리로 말한다.

"유방암 쪽으로 권위 있는 박사님이 형부와 친분이 있으셔서 엄마는 바로 치료를 시작했어요. 이미 다른 노인 분들에게 효과가 있었다는 항암제로 치료를 시작했죠. 하지만 일평생 엄마가 워낙 고생하셔서 견디질 못했어요. 일차 치료가 끝나니 엄마의 작은 몸이 반에 반쪽으로 더 쪼그라들었고, 음식을 삼키지 못하셨어요. 그러고는 온몸을 무섭게 떨고는 하셨어요. 면역력 저하 때문에 그렇다네요."

○ 1수준:

○ 2수준:

○ 3수준:

○ 4수준:

○ 5수준:

9 40대 중반의 여성(미연)이 눈을 내리깔고 무감각한 목소리로 말한다.

> "어제는 주말인데도 여느 때와 다름없이 일어나 아침상 차리고 설거지하고, 세탁기 돌리고, 어제 치웠는데도, 또 어지럽혀진 집안을 치우고, 화장실 청소하다 수채구멍에 머리카락 쓸어 담다가 아픈 어깨가 도져 나도 모르게 한숨이 새어 나오는 거예요. 그제서야 소파에 누워 스마트폰 게임을 하던 남편이 화장실 문을 슬쩍 열어보면서 "아이, 사람 맘 불편하게 자꾸 어이구 어이구 하면서 뭐 하냐?"라고 한마디 하는 거예요. 얼마 전까지만 해도 꽤 이성적이고 활발하던 나였는데, 요즘 들어서는 자꾸 욱하면서 가슴에 불덩이가 솟아오르는 느낌이 들어요."

○ 1수준:

○ 2수준:

○ 3수준:

○ 4수준:

○ 5수준:

10 50대 중반의 여성(지숙)이 얼굴에 핏기가 없는 표정과 떨리는 목소리로 말한다.

> "제 나이 12살 때쯤 부모님은 항상 싸우셨어요. 살림을 던지기도 하고, 아버지가 엄마를 패기도 하고. 언제나 공포 속에 떨면서 이불을 덮어쓰기도 해 보고. 엄마가 죽을 것 같아 막 소리 지르기도 했죠. 밤마다 너무 무서웠던 생각이 나네요. 그땐 아버지가 무척이나 원망스러웠어요."

○ 1수준:

○ 2수준:

○ 3수준:

○ 4수준:

○ 5수준:

연습 3-5 재진술 vs. 반영 연습

❖ 다음에 제시된 내담자의 진술을 읽고, 밑줄 친 부분에 핵심내용, 재진술, 핵심감정, 반영을 쓰시오.

1 이혼가정의 자녀인 초등학교 3학년 남학생(지석)이 시선을 아래로 향한 채 말한다.

> "밤에 자려고 하면 엄마 생각이 많이 나요. 엄마랑 살 때는 엄마가 잘 때 책도 읽어 주고, 노래도 불러 줬어요."

○ 핵심내용: __________

○ 재진술: __________

____

○ 핵심감정: __________

○ 반영: __________

____

2 중학교 1학년 남학생(아람)이 숨을 몰아쉬며 말한다.

> "엄마 아빠가 막 소리 지르면서 싸우고 그러면 숨 막혀서 죽을 것 같아요. 친구들하고 놀면서도 막 웃고 싶은데도, 웃으면 답답하고, 마음이 갑갑하고 그래요. 숙제해야 된다는 생각은 드는데, 이걸 해야 할지, 저걸 해야 할지."

○ 핵심내용: __________

○ 재진술: __________

____

○ 핵심감정: __________

○ 반영: ____________________

____

3 고등학교 1학년 남학생(우민)이 목격한 광경에 대해 말하며 고개를 숙인다.

> "어젯밤 공부하다가 우연히 창밖을 내다봤는데, 어떤 애들이 제 베프('제일 친한 친구'를 뜻하는 베스트프렌드best friend의 줄임말)를 괴롭히는 걸 봤어요. 나가서 친구를 도와줘야겠다는 생각이 들어서 밖으로 나가려다가 다시 방으로 들어왔는데, 너무나 떨렸어요."

○ 핵심내용: ____________________

○ 재진술: ____________________

____

○ 핵심감정: ____________________

○ 반영: ____________________

____

4 갑자기 대학 진학을 포기하겠다고 해서 부모에 의해 상담에 의뢰된 고등학교 2학년 남학생(동현)이 미간을 찌푸리며 말한다.

> "어렸을 때는 당연히 대학에 가야 되고, 남들도 다 그러니까 나도 당연히 가야 한다고 생각했었는데, 지금은 이것만이 길이 아니다. 꼭 대학에 가지 않아도 할 수 있는 것이 많다. 다양한 삶이 있다는 생각이 들었어요. 그래서 어떻게 할까 하다가, 엄마한테 말했는데, 집에서 난리가 난 거예요. 엄마가 울고불고하면서 내가 미쳤다고 하면서, 아빠가 막 설득 들어오고……."

○ 핵심내용: ____________________

○ 재진술: ____________________

____

○ 핵심감정: ____________________

○ 반영: ____________________

____

5 2년간 사귄 여자 친구와 헤어지고 나서 상담센터를 찾은 대학교 3학년 남학생(하윤)이 진지한 표정으로 약간 떨리는 목소리로 말한다.

> "글쎄요. 저도 잘 모르겠어요. 여자 친구가 저한테 잘해 줄 때도 많았어요. 그런데 가끔 삐치거나 성질 폭발하면, 장난 아니에요. 그때마다 걔 눈치 보고 비위 맞추고, 진짜 힘들었어요. 그래서 헤어졌어요. 뭐, 딱히 불만은 없었는데, 내가 좀 더 참았어야 했나 하는 생각도 들고요."

○ 핵심내용:

○ 재진술:

○ 핵심감정:

○ 반영:

6 전화를 통한 홍보 마케팅 일을 하는 30대 초반의 여성(희주)이 시종일관 시무룩한 표정과 경직된 태도로 말한다.

> "감정노동자라는 말 들어 보셨나요? 취업하기 힘들어서 우선 택한 일인데, 하다 보니까 너무 힘들어서 이 일을 언제까지 해야 하나 싶은 생각이 들어요. 지금이라도 당장 그만두고 다른 일을 찾아볼까 하는 생각도 들어요."

○ 핵심내용:

○ 재진술:

○ 핵심감정:

○ 반영:

7 연거푸 승진 대상에서의 탈락으로 인한 스트레스를 호소하는 34세 남성(민석)이 떨리는 목소리로 말한다.

> "어떤 이유에서인지는 잘 모르겠지만, 저는 나름 회사를 위해 열심히 일해 왔다고 생각하거든요. 그런데 이번에도 또 승진 대상에서 빠졌어요. 물론 제가 다른 직원들처럼 업무 면에서 탁월하지는 않을 수 있지만, 맡은 일은 나름 똑 부러지게 해 왔다고 자부하거든요."

○ 핵심내용: ______

○ 재진술: ______

______

○ 핵심감정: ______

○ 반영: ______

______

8 사업 실패로 이혼한 지 1년 된 36세 남성(준우)이 일그러진 표정으로 말한다.

> "사는 게 그저 따분한 것뿐이네요. 새로운 일도 하나도 없고요. 이젠 전화를 걸어 주는 사람도 없고요. 어쨌든 새로운 일을 해 볼 수 있는 돈이라도 좀 있었으면 좋겠어요."

○ 핵심내용: ______

○ 재진술: ______

______

○ 핵심감정: ______

○ 반영: ______

______

9 중학교 교사인 30대 후반의 여성(자인)이 눈물을 글썽이며 잠시 말을 멈추었다가 떨리는 목소리로 다시 말을 시작한다.

> "음, 결혼한 지 7년 만에 얻은 딸인데, 우리 부부가 진짜 간절히 바라서 얻은 딸인데, 키우기가 너무 힘들어요. 모유를 먹이고 있는데, 아기가 밤에 자다가 꼭 한 번은 깨거든요. 그러면 일어나서 젖을 먹여야 되니까……. 그러다 보니까 항상 잠이 부족해요. 학교에 출근하면 항상 피곤하죠. 학생들한테도 너무 미안하고요."

○ 핵심내용: __________

○ 재진술: __________

○ 핵심감정: __________

○ 반영: __________

10 대기업의 인턴사원으로 근무하고 있는 대학교 4학년 남학생(지환)이 입가에 씁쓸한 미소를 띠며 말한다.

> "정말 웃기지 않아요? 저 스스로는 완벽주의 성격이 있어서 문제라고 생각하는데, 실제로 일 처리는 너무 엉성하고 형편없이 하고 있다는 이 말도 안 되는 현실 말이에요."

○ 핵심내용: __________

○ 재진술: __________

○ 핵심감정: __________

○ 반영: __________

Chapter 04

명료화

- ☐ 명료화의 정의
- ☐ 명료화의 목적
- ☐ 명료화의 사용 시기
- ☐ 명료화의 절차
- ■ 연습 4-1. 명료화 구분 연습 I
- ■ 연습 4-2. 명료화 구분 연습 II
- ■ 연습 4-3. 공식에 의한 명료화 연습
- ■ 연습 4-4. 재진술 · 반영 · 명료화 연습

▶ **학습목표**

1. 명료화가 어떤 상담기술인지 이해한다.
2. 명료화 기술의 사용 목적과 시기를 확인한다.
3. 명료화 기술의 적용 절차를 이해한다.
4. 명료화 기술의 적용 방법을 익히고, 그 효과를 확인한다.

Chapter 04
명료화

내담자들은 흔히 삶의 경험에 관한 이야기들을 가지고 온다. 이 이야기들에는 자기 또는 다른 사람이 했거나 하지 않은 일들이 포함되어 있다. 여기에는 수동적인 태도가 가미되어 있거나 책임을 전가하는 듯한 내용들도 있다. 만일 문제의 원인을 외부로 돌리거나 수동적인 태도로 자신을 희생자로 여긴다면, 문제해결 또는 문제 상황의 대처가 어려워진다. 상담은 통제할 수 없는 대상을 변화시키는 과정이 아니라, 통제할 수 있는 대상, 즉 내담자 자신이 미처 발견하지 못한 기회, 강점, 잠재력 등의 탐색 · 활용을 돕는 과정이다. 이 과정에서 내담자의 경험을 명확하게 조망할 수 있도록 돕는 기술이 명료화다. 이 장에서는 명료화에 대해 집중 조명 · 연습해 보자.

명료화의 정의

명료화clarification or clarifying란 내담자의 모호한 진술의 진정한 의미를 명확하게 확인하기 위한 질문 형태의 기술이다. 이 기술은 내담자의 진정한 사고, 감정, 행동, 혹은 경험의 명확한 탐색을 위해 사용된다. 명료화는 단순한 질문이 아니라, 내담자가 정확하고 구체적인 진술을 하도록 고안된 도구다. 내담자의 메시지는 조회체제frame of reference(개인이 사물 또는 현상을 지각 · 판단할 때 적용하는 일련의 기준)의 필터링을 거쳐 표출된다. 그렇기 때문에 때로 모호하게 들릴 수 있다.

모호한 메시지의 예로는 3인칭 대명사('사람들' '그 사람들' '그들' '그것'), 단어/어휘('거시기'), 구절("그게 있잖아요." "왜, 알고 있잖아요."), 그리고 이중적인 의미의 단어('여정')이 있다. 내담자의 말을 잘 이해하지 못한 경우, 마치 이해한 것처럼 넘어가기보다는 명료화를 통해 내담자가 더 명확하게 진술하여 경험에 대해 더 선명한 그림을 그릴 수 있도록 돕는다. 명료화 기술을 비유적으로 설명한 예화는 글상자 4-1과 같다.

글상자 4-1 '숲속의 새' 비유

> 숲속에 난 길을 걷고 있다. 새들이 지저귀는 소리, 날개 치는 소리가 귓전을 스친다. 때로 산짐승의 소리처럼 들리기도 한다. 이 소리가 분명 새소리일까? 새소리처럼 들리니 분명 새라고 결론지어야 할까? 이 생각이 맞을 수도 있지만, 잘못 들을 수도 있다. 그렇다면 직접 숲속으로 들어가 확인해야 할 것이다.

글상자 4-1의 예화에서처럼 내담자의 이야기가 모호한 경우, 그 의미를 직접 확인하기 위한 기술이 바로 명료화다. 사람들은 때로 숲속의 새처럼 진정한 의미나 의도를 감춘 채, 불쾌한 경험을 말한다. 그러나 진정한 감정을 숨긴 채 빗대어 말하거나 풍자적으로 말하는 것은 'hit-and-run', 즉 '치고 빠지기'의 전형이다. 이는 욕구 충족보다는 불쾌한 결과를 남길 뿐이다. 이는 자신의 욕구나 감정을 간접적이고 모호하게 표출함으로써, 자기 행동에 책임지지 않고 타인을 움직이려는 의도가 숨어 있을 수 있다. 이처럼 습관적으로 사용하는 모호한 진술은 흔히 주변 사람들에게 혼란과 위협이 되기도 한다.

명료화의 목적

명료화의 목적은 다음 두 가지로 정리할 수 있다.

첫째, 내담자가 더 명확하게 진술할 수 있도록 돕는 것이다. 사람들이 모호하게 진술하는 경우는 고통스럽거나 당황스러운 이야기를 해야 할 때와 무언가 말하고 싶지만, 그것에 대해 책임지고 싶지 않을 때다. 예를 들어, 죄책감guilt은 처벌에 대한 두려움과 자신에 대한 분노감으로 생성된다. 사람들은 일반적으로 죄책감을 참기 어려워하기 때문에 이와 관련된 이야기가 나오면 화제를 바꾸려는 경향이 있다. 그런가 하면, 다른 사람에게 책임을 전가하거나 죄책감이 들도록 하고 싶을 때, 모호한 말을 하여 뭔가 그 사람이 잘못했다는 인상을 심어 주려고 하기도 한다. 이 경우, 명료화를 통해 내담자가 심리적 게임을 중단하고 직접적이고 솔직하게 자신의 감정을 표현할 수 있게 하여 자신의 말에 책임을 지도록 도울 수 있다.

둘째, 명쾌한 치료적 대화를 유지하기 위함이다. 상담자에게는 명쾌한 대화를 유지할 책임이 있다. 내담자의 모호하거나 혼란스러운 이야기를 간과하게 되면, 대화가 공전하는 느낌이 들면서 상담의 활력을 떨어뜨리게 된다. 그러므로 상담자는 명료화를 통해 내담자의 모호한 메시지를 명확하게 정리 · 지각할 수 있도록 돕는다. 이를 위해서는 내담자가 어떤 이야기는 말하고 어떤 이야기는 빠뜨리는지, 어떤 부분을 왜곡 또는 일반화하고 있는지 관심 있게 경청할 필요가 있다. 내담자의 진술에서 누락, 왜곡, 및/또는 일반화하고 있는 부분이 있다면, 상담자는 그 말이 진정으로 무엇을 의미하는지 직접 물어봐야 한다. 이것이 명료화로, 언제, 어떻게 명료화를 할 것인가는 상담자의 임상적 판단에 달려 있다.

명료화의 사용 시기

일반적으로 명료화의 사용 시기는 글상자 4-2와 같다.

글상자 4-2 명료화의 사용 시기

1. 내담자가 좀 더 구체적으로 말하도록 돕고자 할 때
2. 내담자의 진술 내용을 정확하게 들었는지 확인하고자 할 때
3. 모호하거나 혼동되는 진술 내용을 명확하게 할 때
4. 상담자가 이해한 의미를 내담자에게 투사하는 것을 막고자 할 때

명료화는 또한 내담자의 진술 내용이 누락, 왜곡, 일반화되는 경우에 적용된다. 첫째, 누락deletion은 상담과정에서 전달내용의 일부 또는 전부를 전달하지 않거나 파악하기 힘든 상태를 말한다. 사람들은 때로 불안감으로부터 자기를 보호 · 방어하기 위해 일반적 · 추상적인 어휘들을 사용한다. 예를 들어, 상담자에게 전달하지 않은 내용에 대해 의도적 또는 비의도적으로 전달했다고 믿음으로써 상담자를 무책임하고 무관심한 사람으로 비난의 여지를 만드는 것이다. 상담자는 명료화를 통해 내담자의 경험, 행동, 사고, 감정 중에서 생략된 부분을 탐색함으로써 내담자의 통찰을 유도하여 변화를 위한 단서를 찾을 수 있다.

둘째, 왜곡distortion은 전달하고자 하는 내용을 변조시키는 것을 말한다. 소통의 왜곡은 메시지가 지나치게 압축 또는 강조되는 경우에 흔히 발생한다. 왜곡이 의도적이면 거짓말이고, 비의도적이면 과오 또는 실수다. 사람들은 흔히 자기방어를 위해 경험 왜곡, 핑계, 변명, 속임수, 거짓말 또는 심리적 게임을 한다. 또는 실수를 가장해 다른 사람들의 관심의 초점이 되는 것을 피하기도 한다. 왜곡은 글상자 4-3에 제시된 예시처럼 일종의 자기중심적인 이해의 한 방법이다.

글상자 4-3 상담에서 왜곡의 예

- ○ 폭력적인 가정에서 자라난 A양(33세)은 자상한 성품의 소유자인 직장상사를 매우 엄격한 사람이라는 이유로 두려워한다.
- ○ B군은 상담자에 대한 신뢰가 자신의 문제를 완벽하게 해결하는 데 영향을 미칠 것이라고 믿고 상담자를 전적으로 의지하면서 상담자에게 문제해결을 위한 묘책을 말해 줄 것을 기대하고 있다.
- ○ 대학생인 C양은 주변의 사람들이 자신의 요구에 말없이 따르는 것을 자신을 좋아하는 척도로 여긴다.

경험의 왜곡이 문제 상황의 대처전략으로 굳어진다면, 중요한 인물과의 관계 손상이나 건강한 성장과 발달을 저해하는 등의 값비싼 대가를 치르게 될 것이다. 이 경우, 명료화 기술을 사용하여 내담자가 내면과 외적 세계에 더 건강하고 창조적으로 대처해 나갈 수 있는 능력을 계발하도록 돕는다.

셋째, 일반화generalization는 특정 장면에서 습득한 직간접적인 경험을 '항상' 또는 '언제나' 등과 같은 부사를 사용하여 다른 장면에도 적용하려는 경향을 말한다. 내담자가 성별, 인종, 국가, 지역, 문화, 성 지향성 등에 대한 개인적인 경험 또는 신념을 나타내는 경우, 상담자는 명료화를 통해 이를 확인할 수 있다.

명료화의 절차

명료화는 내담자에게 모호하거나, 불분명하거나, 암시적인 진술을 더 상세하게 말하도록 요청하는 경청 기술이다. 명료하게 다시 말해 보도록 요청하는 것은 통상 질문의 형태로 표현된다. 즉, 내담자가 말한 진술 내용의 일부 또는 전체 내용을 반복하면서 "~(이)라는 것은 ~라는 뜻인가요?" "~(이)라는 것은 ~라는 말씀이신가요?" 또는 "~라는 말인가요?"라는 질문 형태로 반응하는 것이다. 명료화의 초점 역시 내담자의 사고, 감정, 행동, 경험에 맞추어진다. 명료화는 4단계에 걸쳐 이루어지는데, 그 절차는 글상자 4-4와 같다.

글상자 4-4 명료화 절차

1. 내담자의 언어적 · 비언어적 메시지 내용을 파악한다. (☛ "내담자가 내게 무슨 말을 했는가?")
2. 모호하거나 혼동되는 메시지가 있는지를 파악한다. (☛ "내담자의 메시지 중 모호하거나 누락되었거나 확인할 부분은 없는가?")

3. 명료화를 위한 문장을 만들어서 내담자에게 언어적으로 전달한다. (☛ "어떤 말로 명료화 반응을 할 것인가?")
4. 내담자의 반응을 잘 듣고 관찰하여 명료화의 효과를 평가한다. (☛ "명료화 반응이 유용했는지는 어떻게 알 수 있을까?")

명료화는 내담자가 전달하려는 메시지의 핵심 부분에 초점을 맞추게 하는 한편, 혼란스러운 감정들을 분류할 수 있게 한다. 그러나 명료화는 내담자에게 이해보다는 도전하는 것 같은 인상을 주거나 곤경에 빠뜨리려는 의도로 받아들여질 수 있으므로, 충분한 공감적 이해가 선행되어야 한다. 명료화의 예는 대화상자 4-1과 같다.

대화상자 4-1. 명료화의 예

[고등학교 1학년 여학생이 시선을 아래로 향한 채, 작은 목소리로 말한다.]

내담자: 아빠가 돌아가신 지 일 년이 다 되어 가는데, 이젠 아빠 얼굴도 잘 기억나지 않고 기분이 좀 이상해요.

상담자: 기분이 이상하다는 것은 아빠가 돌아가신 지 일 년도 채 되지 않는데, 아빠의 모습조차 기억하지 못하는 것에 대해 미안한 느낌(죄책감)이 든다는 뜻이니?

대화상자 4-1에 제시된 대화의 예에서 상담자는 대명사를 사용하여 자신의 감정을 모호하게 진술하고 있는 내담자의 이야기에 명료화 기술을 통해 반응함으로써 구체적인 감정을 인식할 수 있도록 돕고 있다. 내담자의 메시지가 모호한 경우, 상담자는 이를 이해한 것처럼 지나쳐서는 안 된다. 만일 메시지의 진정한 의미를 파악하지 않은 상태에서 지나친다면, 내담자는 자신의 습관적인 언어 행동을 검토해 볼 수 있는 귀중한 기회를 놓치게 될 것이다.

연습 4-1 명료화 구분 연습 I

❖ 다음에 제시된 상담자의 반응을 읽고, 명료화에 해당하면 밑줄 친 부분에 ○표, 명료화에 해당하지 않으면 ×표 하시오.

____ 1 "어제 본 TV 연예 프로가 '핵꿀잼'이었다는 것은 무척 재미있었다는 말이니?"

____ 2 "아버님께서 돌아가시게 되어 유산에 대해 논의하는 과정에서 지누 씨는 돈에 큰 관심이 없는데도, 다른 형제분들은 지누 씨가 유산을 조금이라도 더 받으려고 온갖 수단과 방법을 동원한다고 생각하고 있다는 거군요."

____ 3 "회사의 이번 구조조정에서 조기 퇴직자 명단에 들게 된 것은 기윤 씨의 능력보다는 평소에 직장 상사에게 뇌물을 주지 않은 결과라고 믿고 있나요?"

____ 4 "새로 소개받은 남성에 대한 감정이 그저 그렇다는 것은 민영 씨 마음에 썩 들지는 않는다는 말씀인가요?"

____ 5 "따님이 가출하게 된 원인이 그동안 어머님이 따님에게 제대로 신경을 써 주지 않은 결과라는 생각이 들어서 죄책감이 드시나 보군요."

____ 6 "이번에 직장동료와 갈등을 빚게 된 것은 수지 씨가 그동안 마음속에 쌓아 둔 감정들을 한꺼번에 쏟아 놓게 된 것에서 비롯된 것으로 보이네요."

____ 7 "장인, 장모님을 뵈면 살얼음판을 걷는 것 같다는 것은 두 분과의 만남이 몹시 불편하다는 뜻인가요?"

____ 8 "솔봄 씨가 어린 시절 새어머니와의 관계에서 받은 상처에 관한 이야기를 듣다 보니까 제가 사춘기 때 새아버지와 갈등을 빚으면서 많이 어려워했던 기억이 새삼스럽게 떠오르네요."

____ 9 "그러니까 서희 씨가 스스로 목숨을 끊어서 이 세상을 하직하게 된다면, 적어도 서희 씨를 알고 있는 사람들이 슬퍼해 주지 않을까 하는 생각이 자살을 생각하게 된 이유이군요."

____ 10 "남편께서 아이를 빗대어 '집안의 이방인'이라고 부른다는 것은 남편께서 입양한 아기를 탐탁하지 않게 여기고 있다는 뜻인가요?"

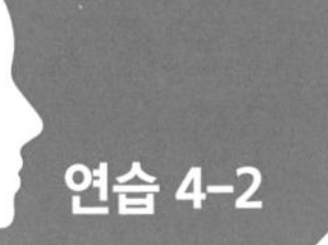

연습 4-2 명료화 구분 연습 II

❖ 다음에 제시된 내담자의 진술을 읽고, 밑줄 친 부분에 명료화로 적절한 반응의 번호를 쓰시오.

____ 1 초등학교 4학년 남학생(지우)이 울상을 지으며 힘없는 소리로 말한다.

> "이번 2학기에는 반장을 하고 싶은데, 아마 이번에도 애들이 김주호를 반장으로 뽑을 것 같아요. 김주호네 집이 되게 잘살거든요. 아빠가 큰 회사 사장님이래요. 근데 우리 집은 부자가 아니거든요. 음, 그래서 이번에도 아이들이 돈 많은 김주호를 반장으로 뽑아 줄 거예요."

① 주호 아빠가 돈은 많지 않을지 모르겠지만, 지우는 다른 사람을 잘 배려하는 따뜻한 마음을 갖고 있잖아!
② 지우가 반장선거에서 표를 많이 못 얻은 이유가 주호라는 아이네 집보다 잘살지 못하기 때문이라고 생각하나 보구나.
③ 만일 기적이 일어나서 지우가 반장으로 선출되었다면, 지우 너에게 어떤 강점이 있었기 때문이라고 생각하니?
④ 주호라는 아이네 집이 잘산다는 말은 반 아이들이 지우가 부자가 아니라서 반장으로 뽑아 주지 않았다고 생각하고 있다는 뜻이니?

____ 2 5학년 일진으로 알려진 초등학생(주혁)이 곁눈질을 하며 말한다.

> "호영이만 보면 진짜 킹받아요('너무 화가 나요' '열 받아요'의 은어). 솔직히 인성이 쓰레기거든요. 근데 여자애들한텐 인기가 많아요. 그래서 그냥 잘 지내고 있는 거예요. 그래서 그런지 갈비('갈수록 비호감'의 줄임말)라면서 쳐다보지도 않던 여자애들도 지금은 저를 그렇게 싫어하지는 않는 것 같아요."

① 네가 험담을 하고 다닌다는 사실을 호영이가 알면 얼마나 슬퍼할까?
② 호영이가 맘에 들지 않으면서도 잘 지냄으로써 주혁이가 얻을 수 있는 것은 여자애들의 관심을 받는 것이구나.

③ 호영이가 맘에 들지 않으면서도 잘 지내려고 하는 것은 호영이가 여자애들한테 인기가 있기 때문이라는 말이니?
④ 친구에게 흠이 있다고 해서 그 친구가 없는 데서 그렇게 험담을 하는 것은 옳은 일이 아니란다. 흠을 덮어 주는 것이 미덕이지.

3 초등학교 6학년 여학생(지수)이 입을 쭉 내밀고 미간을 찡그리며 말한다.

"그전에는 안 그랬는데, 6학년이 되니깐 엄마가 자꾸 저만 보면 공부 공부해요. 좋은 대학에 가려면 지금부터 공부 열심히 해야 된다고 난리에요. 완전 스트레스 받고 있죠. 어제 애들이랑 광화문 갔다가 제 최애('가장 좋아하는 연예인'을 칭하는 은어) 봤거든요. 진짜 존잘('매우 잘생겼다'의 은어)이어서 심쿵했어요."

① 그래도 엄마가 널 미워해서 공부 열심히 하라고 하시겠니? 다 너 잘되라고 하시는 말씀이시겠지.
② 지수는 공부를 자발적으로 하기를 원하는데, 엄마가 공부를 강요하는 것 같아서 속상한가 보구나.
③ 심쿵했다는 것은 지수가 좋아하는 연예인을 보고 너무 반가워서 마음이 설레었다는 말이니?
④ 공부에 대한 스트레스에서 잠시 벗어나려고 시내에 나갔다가 우연히 좋아하는 연예인을 만났구나.

4 중학교 1학년 여학생(보미)이 미소를 지으며 말한다.

"저는 영어 과목을 제일 좋아해요. 그래서 제일 열심히 공부하고 있어요. 영어 선생님이 수업을 재미있게 해 주시거든요. 또 어떨 때는 퀴즈를 내서 맞힌 사람한테는 문상('문화상품권'의 줄임말)을 주니까 넘나 좋아요."

① 문상을 주니까 넘나 좋다는 말은 선생님께서 문화상품권을 상으로 주니까 무척 좋다는 뜻이니?
② 아무리 영어 과목을 좋아하더라도 다른 주요 과목들도 신경을 쓰는 것이 좋을 것 같구나. 그래야 전반적으로 좋은 성적을 유지할 수 있을 테니까.
③ 선생님도 중1 때 영어 과목을 제일 좋아해서 열심히 공부했었는데, 그땐 문상은 없었지만, 좋은 점수를 선물로 받아서 무척 기뻐했던 기억이 나는구나.
④ 보미는 영어 과목을 좋아하고 열심히 한다고 하는데 시험성적은 그리 좋지 않은 것 같구나. 열심히 공부했는데도 시험성적이 좋지 않다면, 공부방법에 문제가 있지 않은지 살펴볼 필요가 있을 것 같구나.

_____ 5 통통해 보이는 고등학교 2학년 여학생(현서)이 곁눈질을 하며 조심스럽게 말한다.

> "제가 봐도 내 몸이 너무 뚱뚱해요. 저도 잘 알아요. 1년 사이에 20킬로는 찐 것 같아요. 완전 비만이죠, 고도비만? 내가 생각해도 한심한데, 다른 애들이 보면 어떻겠어요? 집 밖에 나가기도 싫어요. 저도 눈치가 빠른지라 사람들이 저를 한심한 눈으로 쳐다보는 것이 금방 느껴지거든요."

① 고도비만이란 몸무게가 표준체중의 50%를 넘는 상태를 말하는데, 네 체중은 50%를 넘지 않기 때문에 고도비만이라고까지는 할 수 없단다.
② 다른 애들이 보면 어떻겠냐는 것은 다른 애들이 뚱뚱하다고 비웃을까 봐 염려된다는 뜻이니?
③ 다른 애들이 뚱뚱하다고 놀릴까 봐 염려되는가 보네.
④ 내가 볼 때는 그렇게 뚱뚱해 보이지 않는데, 지나치게 자기 의식적인 것은 아닐까?

_____ 6 불안 증상을 호소하는 대학교 1학년 남학생이 긴장된 표정으로 손을 만지작거리면서 말한다.

> "제가 여학생들하고는 얘기를 잘 안 하거든요. 그런데 재수할 때 같은 학원에 다녔던 여자애를 우연히 중도('중앙도서관'의 줄임말)에서 만난 거예요. 처음에는 그냥 무관심한 것 같이 얘기를 했는데, 그러니까 처음에 얘기할 때는 그냥 다른 얘기를 꺼냈어요. 그러다가 내가 느끼기에, 느끼기에 내가 어떻게, 어색해 보이지 않느냐고 했더니 내가 무슨 말을 하는지 모르겠다는 거예요."

① 그 여학생을 만나서 내심 반가웠지만, 반가운 내색을 하지는 않으셨군요.
② 그 여학생을 만나서 반가웠지만, 반가운 감정을 적극적으로 표현하지 않은 것이 아쉬운가 봐요.
③ 그 여학생을 지금 이 자리에서 처음 만났다면, 어떤 말을 건네고 싶으세요?
④ 그 여학생에게 무관심한 것 같이 얘기를 했다는 것은 그 여학생을 만나서 반가웠지만 반가움을 적극적으로 표현하지는 않았다는 뜻인가요?

7 20대 후반의 직장인 남성(호영)이 팔짱을 끼고 다리를 꼬고 앉은 채 말한다.

"저는 술을 거의 안 먹어요. 물론 잘 먹지도 못하지만, 몸이 잘 받지 않는다고 생각하거든요. 그래서 일부러 안 먹는데요. 입에서 술 냄새가 날 것 같아서 다른 사람들 만나러 갈 때는 나가기 전에 양치질을 꼭 하고 가요. 그래야 맘이 편하거든요."

① 술 냄새가 날 것 같아서 외출할 때 양치질을 꼭 한다는 것은 평소에 술을 많이 마시지는 않지만 자주 드신다는 뜻인가요?
② 호영 씨는 좋은 습관을 지니고 있네요. 술도 안 마시죠. 입 냄새가 나지 않게 하기 위한 관리도 철저히 하시고요.
③ 술은 거의 마시지 않는데도 불구하고 입에서 술 냄새가 날 것 같은 생각이 드나 보군요.
④ 술을 거의 마시지 않는다고 하면서 입에서 술 냄새가 날 것 같아서 불안하신가 보군요.

8 최근에 이혼한 30대 중반의 여성(보연)이 머뭇거리면서 말한다.

"법적으로는 이혼했지만, 이혼하는 과정에서 부모님께서 너무 힘들어하셨어요. 부모님 얼굴도 있고 해서 주위 분들에게는 아직 이혼한 사실을 알리지 않았어요. 그런데 이 인간은 SNS에 새로 사귄 여자와 찍은 사진을 올려놓았더라고요. 뭐, 제가 일부러 보려고 해서 본 것이 아니라 우연히 본 건데. 철이 없는 건 여전하더라고요. 주위의 어른들이 보시면 어쩌려고 그러는지 솔직히 잘 이해가 되지 않아요. 이런 철딱서니 없는 인간과 헤어진 건 잘한 거 같아요."

① 이혼한 이후에 전남편의 행동을 보면서 더욱 이혼하기를 잘했다는 생각이 드시나 봐요.
② 이혼 후의 전남편에 대한 안부가 궁금하지 않다고 하시면서 전남편이 SNS에 올려놓은 사진을 보셨군요.
③ 이혼은 올바른 판단이었다고 확신하면서도 부모님께서 마음고생하신 것을 생각하면 죄송한 느낌이 드시나 보군요.
④ 주위 어른들이 의식이 된다는 것은 이혼한 사실에 대해 완전히 받아들이기 어렵다는 뜻인가요?

____ 9 엄마로서 초등학교 3학년 아들이 자전거를 타다가 다칠까 봐 자전거 타기를 금지시킨 것에 대해 남편과 갈등을 빚고 있는 30대 후반의 여성이 말한다.

> "아들이 하나라서 그런지 남편은 아들에게 너무 허용적으로 대하는 것 같아요. 아들 나이가 벌써 열 살이거든요. 열 살이면 이제 10대 청소년인데, 아들에게는 아빠의 역할이 중요하잖아요. 그래서 부모로서 아이에게 좀 더 관심을 가져야 하지 않을까 하는 생각이 들어요. 그런데 남편은 아이에 대해서 너무나 무관심한 거예요."

① 남편께서 아들에게 좀 더 관심을 보여 주시기를 원하시는데, 그렇지 않은 것 같아서 속상하신가 봐요.
② 남편이 아들에게 너무 허용적으로 대하는 것 같다는 것은 아이에게 좀 더 엄격해졌으면 좋겠다는 뜻인가요?
③ 남편이 아드님에게 너무 허용적으로 대하는 것 같다는 생각이 들게 된 계기가 있었나요?
④ 청소년기를 '질풍노도의 시기'라고 했듯이, 착하고 순종적이던 아이도 청소년기에 들어서면 반항하기도 하니까 아빠의 역할이 더욱 중요해진다는 말씀에는 동감합니다.

____ 10 회사의 구조조정으로 조기퇴직 압력을 받고 있는 40대 중반의 남성(경인)이 기가 막힌다는 표정으로 말한다.

> "제 청춘을 바친 회사인데, 이제는 제가 그만두기를 바라는 것 같아요. 난 아직 회사를 그만두고 싶지 않은데……. 그러기에는 나이가 너무 젊고요. 옛날에 잘나갔던 시절 생각만 나고, 앞으로는 무엇을 하면서 살아가야 할까, 그저 막막하기만 하네요. 합리적인 대책을 세워야겠죠."

① 젊어서부터 근무한 회사로부터 퇴직 요구를 받게 되어 회사에 대해 배신감이 드시나 보군요.
② 아직 더 일할 수 있다고 생각하는데, 회사는 경인 씨가 그만두도록 압박을 가하고 있는 상황이군요.
③ 왜, 위기는 기회라는 말이 있잖아요. 이번에 조기퇴직을 하게 되면 그동안 하고 싶으셨던 사업을 시작해 보시는 건 어떠세요?
④ 경인 씨가 회사를 그만두기를 바라는 것 같다는 말은 회사로부터 퇴직 통보를 받은 적이 있다는 말씀이신가요?

연습 4-3 공식에 의한 명료화 연습 

❖ 다음에 제시된 내담자의 진술을 읽고, 밑줄 친 부분에 공식에 따른 명료화 반응을 쓰시오.

1 초등학교 4학년 여학생(하늘)이 미간을 찌푸리며 말한다.

"우리 엄만 되게 이상해요. 내 말을 이상하게 받아들이고, 오해해서 막 소리 지르면서 화내고……. 완전히 딴 세상에서 살고 있는 노잼, 병맛 우주인 같아요."

○ 공식반응: ______________________ 라는 것은 ______________________ 라는 뜻인가요?

2 중학교 1학년 남학생(지현)이 두 손을 가지런히 무릎 위에 얹은 채 말한다.

"어렸을 때는 어른들한테 착하다는 소리를 많이 들었어요. 그때는 착하다는 말이 좋았는데, 이젠 싫어졌어요. 내가 꼭 착하게만 행동해야 하는 것 같아서요. 저는 그렇게 착하기만 한 건 아니거든요. 그래서 착하다는 말을 듣고 싶지 않아요."

○ 공식반응: ______________________ 라는 것은 ______________________ 라는 뜻인가요?

3 장래희망이 연예인인 중학교 2학년 여학생(혜연)이 들뜬 목소리로 말한다.

"오늘 우리 학교에 '프로듀스 101'(아이돌 오디션 프로그램)에 나왔던 연예인이 교생으로 와서 봤는데, 완전 졸귀! 웃는 거 보고 심쿵 했잖아요."

○ 공식반응: ______________________ 라는 것은 ______________________ 라는 뜻인가요?

4 성적이 우수한 고등학교 3학년 남학생(규민)이 의아한 표정으로 말한다.

> "제가 대학 진학을 포기하는 것에 대해 엄마 아빠도 그렇고, 학교 선생님들도 자꾸 다시 생각해 보라고들 하시는데요. 대학이 인생의 전부는 아니잖아요? 저는 대학에서 시간을 낭비하기보다는 하루라도 빨리 제가 하고 싶은 일을 시작하고 싶어요."

○ 공식반응: ______________________ 라는 것은
______________________ 라는 뜻인가요?

5 대학교 2학년 여학생(보민)이 조심스럽게 말한다.

> "네, 지금 만나고 있는 남자친구가 고3인데요. 걔가 먼저 내가 좋다고 해서 만났거든요. 용납은 안 됐지만, 좋았어요. 나한테 사랑한다고 고백한 남자가 너무 많았는데, 내가 싫다고 했어요. 나한테 바람기가 있는 게 아닌가 뭐 그런 생각이 들기도 해요."

○ 공식반응: ______________________ 라는 것은
______________________ 라는 뜻인가요?

6 대학원 상담심리학 석사과정 2학기에 재학 중인 남학생(선욱)이 말한다.

> "솔직히 전 요즘 들어 상담자가 되는 것에 회의감이 들어요. 우리 교수님이 너무 권위적이고 비판적이어서 너무 놀랐어요. 우리가 알고 있는 상담자로서의 공감적 이해나 수용은 전혀 찾아볼 수가 없었거든요. 최소한 상담자로서의 기본 태도는 갖추고 있어야 하지 않나요?"

○ 공식반응: ______________________ 라는 것은
______________________ 라는 뜻인가요?

7 최근에 교통사고로 한쪽 다리를 크게 다친 30대 초반의 남성(제현)이 말한다.

> "이젠 한쪽 다리를 못 쓰게 되었다는 사실이 정말 믿기지 않아요. 정말 죽고 싶은 심정이지만, 가족들을 생각해서 참고 있습니다. 직장 일도 그렇고 집안에서도 그렇고, 지금까지 해 오던 일은 이제 더 이상 할 수 없을 것 같아요. (눈물을 글썽이며) 한쪽 다리를 잘 못 쓰는데 도대체 무슨 일을 할 수 있겠어요?"

○ 공식반응: ______________________________ 라는 것은
______________________________ 라는 뜻인가요?

8 아동학대 혐의로 학교에 호출된 40대 초반의 학부모가 거친 어조로 말한다.

> "설마 제가 아이가 미워서 그랬겠습니까? 다 내 아이 잘되라고 그런 거지요. 남의 자식이면 내가 왜 그랬겠어요."

○ 공식반응: ______________________________ 라는 것은
______________________________ 라는 뜻인가요?

9 퇴직을 앞둔 50대 중반의 남성(예준)이 창 쪽을 바라보며 힘없는 소리로 말한다.

> "어제 법원에 가서 이혼합의서에 도장을 찍었어요. (한숨을 내쉬며) 그럭저럭 25년을 함께 했는데……. 뭐, 운명이려니 하고 그냥 받아들이기로 했어요. 근데 이혼하면 마음이 후련할 것으로 생각했는데, 꼭 그렇지만은 않네요."

○ 공식반응: ______________________________ 라는 것은
______________________________ 라는 뜻인가요?

10 진료를 받으러 병원을 방문한 60대 여성(수빈)이 격앙된 어조로 말한다.

> "며느리가 하는 일마다 하나같이 다 마음에 들지 않아요. 아니, 직장을 다니면 가정 살림은 나 몰라라 해도 된다는 건가요? 아침에 자기 남편 밥을 챙겨 주길 하나, 아이들 준비물이나 제대로 챙겨 주길 하나. 그렇다고 돈을 많이 버는 것도 아니면서, 왜 그리 이기적인지……. 걔가 우리 집 돈만 보고 시집을 왔거든요."

○ 공식반응: ______________________________ 라는 것은
______________________________ 라는 뜻인가요?

연습 4-4 재진술 · 반영 · 명료화 연습 

❖ 다음에 제시된 내담자의 진술을 읽고, 밑줄 친 부분에 재진술, 반영, 명료화 반응을 쓰시오.

1 중학교 3학년 여학생(현영)이 밝은 표정으로 제스처를 하며 말한다.

"저는 나중에 어른이 되면 심리학 박사가 돼서 정신적으로 어려워하는 사람들을 돕는 사람이 되고 싶어요. 근데 우리 집이 너무 어려워서 이 꿈을 이룰 수 있을까 하는 생각을 하면 우울해져요."

○ 재진술: ______________________

○ 반영: ______________________

○ 명료화: ______________________

2 대학교 1학년 여학생(유빈)이 얼굴에 홍조를 띠며 말한다.

"저는 부끄럼을 많이 타는 성격이라는 것은 진작부터 알고 있었는데요. 대학에 들어와서는 발표할 때 너무 떨려서 강의 시간에 다른 학생들 앞에서 얼굴만 빨개지고 말도 잘 못하고……. 음, 예전에는 잘 몰랐었는데, 심리학 강의를 들어보니까 제가 어렸을 때 안 좋은 트라우마 때문에 그런 것이 아닐까 하는 생각이 들었어요."

○ 재진술: ______________________

○ 반영: ______________________

○ 명료화:

3 어머니와 단둘이 살고 있는 대학교 1학년 여학생(선아)이 미간을 찡그리며 말한다.

"엄마도 돈을 벌면 엄마 맘대로 하고 싶은 게 있을 텐데, 내 학비를 내 주기도 부담스러울 거고, 엄마도 원하는 게 아니라면 내가 포기해야지 하는 맘도 없지는 않지만, 엄마는 그런 것도 아닌 것 같고, 또 그렇다고 날 위해서, 내켜서 열심히 그런 것도 아닌 것 같고. 하여튼 나한텐 그래요. 내가 딸 중에서 너 하나 대학 다니는 것이 아주 큰 힘이라고 그런 말을 하면서, 오빠랑 새언니한테는 쟤가 철이 없어서 그렇게 그런다고……."

○ 재진술:

○ 반영:

○ 명료화:

4 대학교 2학년 남학생(건수)이 고개를 갸우뚱거리며 말한다.

"어려서부터 아빠가 넌 훌륭한 사업가가 돼서 돈 없는 가난한 사람들을 도와야 한다고 하셔서 대학에 가면 경영학을 전공하려고 생각했어요. 그래서 외고를 졸업하고 경영학과에 지원했는데요. 실제로 대학에 들어와서 공부해 보니까 경영학이 적성에 맞지 않는 것 같아요."

○ 재진술:

○ 반영:

○ 명료화:

5 대학교 3학년 여학생(세영)이 입술을 깨물면서 말한다.

"남자 친구가 날 되게 좋아하는 것 같아요. 밤이 되면 도서관으로 데리러 오고, 집에 데려다주고, 생일 때는 선물도 주고요. 아파서 병원에 입원해서 학교에 못 갔을 때도 매일 전화하고 그랬어요. 나도 그렇게 싫은 건 아닌데……. 그렇지만 걔가 배신하기 전에 관계가 더 깊어지지 않는 게 좋을 것 같아요."

○ 재진술: ______

○ 반영: ______

○ 명료화: ______

6 20대 후반의 직장인 남성(지훈)이 담담한 어조로 힘주어 말한다.

"저는 누구라도 내 앞에서 눈물을 흘리거나 감정을 함부로 드러내는 사람들이 정말 이해가 안 돼요. 전 정말 이런 거 좋아하지 않아요. 그래서 정말 참기 힘들 때가 많아요. 저는 어떤 일이든 값싼 감정보다는 차가운 이성으로 냉정하게 판단하고 빈틈이 없는 게 좋아요."

○ 재진술: ______

○ 반영: ______

○ 명료화: ______

7 대기업에 다니는 30대 초반의 미혼 남성(준수)이 진지한 표정으로 말한다.

"전 어려서부터 전문 직업을 가지고 일하면서 재정적인 능력도 있는 여성과 결혼하고 싶었어요. 그러다가 우연히 같은 직장에 있는 여성과 사귀게 되었고, 이젠 헤어질 수 없는 상태까지 된 것 같아요. 근데 여자 친구는 저와 결혼하면, 직장은 그만두고 그냥 전업주부로 아이를 낳아 잘 키우는 것이 꿈이라는 거예요. 자기가 어렸을 때, 엄마가 일하느라 종일 함께할 수 없었던 것이 너무 싫었다면서요."

❍ 재진술:

❍ 반영:

❍ 명료화:

8 말쑥하게 정장을 차려입은 30대 중반의 여성(예진)이 또렷한 목소리로 말한다.

"아빤 약간 정신병 같은 증세가 있어서 병원에 입원하시기도 했었는데요. 병세가 호전되기는커녕 점점 더 악화되셨어요. 그래서 결국 병원에서 퇴원하셨어요. 의사 선생님 허락도 없이요. 그러고는 기도원 같은 곳에 계시면서 물 맑고 공기 좋은 곳이어서 병이 곧 나을 거라고 하셨는데, 결국 거기서 돌아가셨어요. 아빠가 돌아가셨다는 소식을 들으니까 마음이 편해졌어요. (눈물을 글썽이며) 근데 기도원에 가 봤더니 철조망도 쳐져 있고 그래서 아빠가 불쌍하다는 생각이 나서 마음이 많이 아팠어요."

❍ 재진술:

❍ 반영:

❍ 명료화:

9 40대 중반의 여성(서영)이 고개를 숙인 채 들릴까 말까 한 소리로 천천히 말한다.

"전 그동안 우울증 때문에 아무 일도 할 수 없어요."

❍ 재진술: ______

______

❍ 반영: ______

______

❍ 명료화: ______

______

10 퇴직을 앞둔 50대 중반의 남성(현우)이 담담하게 말한다.

"내년 2월이면 30년 이상 근무했던 직장을 떠나게 됩니다. 정년퇴직이죠. 주변에서는 이제 연금도 나오고 하니까, 일은 그만하고 좀 쉬라고들 하고, 저도 이젠 일을 그만하고 쉬고 싶지만, 아직 학교 다니는 아들이 있어서 당분간은 더 일해야 할 것 같아요."

❍ 재진술: ______

______

❍ 반영: ______

______

❍ 명료화: ______

______

Chapter 05
요약

□ 요약의 정의

□ 요약의 목적

□ 요약의 사용 시기

□ 요약의 절차

□ 요약의 효과

■ 연습 5-1. 요약 구분 연습

■ 연습 5-2. 요점 정리 연습

■ 연습 5-3. 요약 연습

▶**학습목표**

1. 요약이 어떤 상담기술인지 이해한다.
2. 요약 기술의 활용 목적과 사용 시기를 이해한다.
3. 요약 기술의 절차를 이해한다.
4. 요약 기술의 활용 방법과 그 효과를 확인한다.

Chapter 05
요약

내담자가 자신의 사적인 이야기를 하게 되면, 통상적으로 특정 주제와 패턴이 드러난다. 이야기의 주제themes란 내담자가 말하려는 것과 상담회기에서 초점을 맞출 필요가 있는 것을 말한다. 이에 비해 이야기 패턴pattern은 내담자가 지속적으로 초점을 맞추거나 화제topic 형식으로 표출되는 방식을 말한다. 이는 내담자가 자신의 이야기를 조직화하는 방식으로, 요약을 통해 주제와 패턴을 확인할 수 있다. 이 장에서는 재진술, 반영, 명료화와 함께 경청반응 기술의 하나인 요약에 대해 살펴보기로 한다.

요약의 정의

요약summarization or summarizing은 내담자가 말한 둘 이상의 언어적 표현의 요점을 간추려서 상담자의 참신한 말로 되돌려 주는 기술이다. 이는 일정한 시간(약 3분에서 한 회기 또는 그 이상) 동안 내담자의 말에 경청하고, 주요 사안들 사이의 관계를 발견해 내며, 이 내용을 상담자의 말로 정리하여 내담자에게 정확하게 되돌려 주는 작업이다. 요약 내용에는 내담자의 경험, 상황, 대상, 또는 생각과 관련된 감정이 포함된다. 이러한 점에서 요약은 재진술과 반영이 가미된 상담기술이다. 상담자는 요약을 통해 내담자로 하여금 새로운 관점에서 정리되지 않은 상황에 대해 큰 그림big picture을 그려 줌으로써 자신의 상황과 자원을 명확하게 볼 수 있도록 도울 수 있다.

요약의 목적

요약의 목적은 글상자 5-1에 제시된 것처럼 네 가지로 정리할 수 있다.

글상자 5-1 요약의 목적

1. 언어적 표현의 주요 요소 구분	3. 두서없는 이야기 차단
2. 공통 주제 또는 패턴 추출	4. 상담의 진척 정도 검토

요약의 목적은 내담자의 이야기에 담겨 있는 요소를 한데 묶어 간결하게 정리해 주는 것이다. 이를 통해 모호하거나 뒤섞여 있는 내담자의 이야기에서 특정 의미를 추출하고, 공통 주제 또는 패턴을 파악할 수 있다. 또한 사실 중심의 이야기factual story의 공전을 차단하는 한편, 치료적 의미가 있는 내용을 조명함으로써 상담의 성과를 높일 수 있다. 게다가, 요약을 통해 상담자와 내담자는 한 회기 또는 그 이상의 회기 동안 상담의 진척 정도를 확인할 수 있다. 이러한 점에서 요약은 상담의 특정 시점에서 그동안 다루었던 내용들을 단순히 기계적으로 엮는 것이 아니라, 서로 연관성이 있고 의미 있는 내용들의 요점을 체계적이고 일목요연하게 엮어서 정리해 주는 상담기술이다.

요약의 사용 시기

요약은 상담과정에서 상담자의 임상적 판단에 따라 언제든지 사용할 수 있다. 그렇지만 주로 내담자가 한꺼번에 많은 이야기를 하거나 내담자의 일련의 메시지에 대해 요점을 되돌려 주고자 할 때 사용된다. 내담자는 흔히 자신의 이야기에 몰입하느라 또는 너무 익숙해서 이야기의 상세한 부분을 기억하지 못할 수 있다. 따라서 간결하고 의미 있게 재구성된 요약은 내담자의 현재 상황을 파악하는 데 도움을 줄 수 있다. 요약의 사용 시기는 글상자 5-2와 같다.

글상자 5-2 요약의 사용 시기

1. 상담회기를 시작할 때	5. 특정 주제에 관한 이야기를 충분히 나누었다는 판단이 들 때
2. 분위기를 전환할 때	6. 상담 회기를 마칠 때
3. 내담자가 산만하게 이야기할 때	7. 상담을 종결할 때
4. 논의 주제 또는 초점 이동 시	

글상자 5-2에 제시된 요약의 사용 시기를 구체적으로 설명하면 다음과 같다. 첫째, 상담회기를 시작할 때 사용한다. 이때 요약에는 이전 회기에 상담자와 나눈 이야기,

작업, 과제 등의 핵심내용이 포함된다. 요약을 통해 이전 회기에 이어 이야기의 출발점을 알려 줄 수 있고, 이야기의 반복을 피할 수 있다. 또한 새로운 회기에 대한 내담자의 부담을 덜어 줄 수 있고, 내담자가 새로운 회기에 적극 참여할 수 있도록 준비시키는 효과가 있다. 그리고 상담자가 이전 회기에 내담자의 이야기를 관심 있게 경청했고, 핵심내용을 잘 기억하고 있으며, 회기를 마친 후에도 그 내용에 대해 지속적으로 관심이 있음을 보여 준다.

둘째, 상담의 분위기 전환이 필요한 경우에 사용한다. 요약은 상담이 잘 진척되지 않을 때, 상담의 초점을 찾게 하거나 나아갈 방향을 제시해 주는 효과가 있다. 상담이 진척되지 않는 느낌이 드는 이유 중 하나는 내담자가 같은 내용의 이야기를 되풀이하기 때문이다. 이러한 상황의 발생 원인은 내담자에게 글상자 5-3에 제시된 것과 같은 기회가 제공되지 않았기 때문이다(Egan & Reese, 2018).

글상자 5-3 상담이 진척되지 않는 원인

1. 내담자의 이야기를 심화시킬 수 있게 하지 않음
2. 가능성과 목표에 초점을 맞출 수 있게 하지 않음
3. 내담자의 욕구 충족을 위한 전략 수립을 돕지 않음
4. 같은 말을 되풀이 하도록 방치함

셋째, 내담자가 산만하게 이야기할 때, 논의 주제 또는 초점을 이동할 때, 내담자가 특정 주제에 관한 이야기를 모두 한 것처럼 보일 때 역시 요약 반응을 한다. 상담자는 요약을 통해 상담과정에 신선한 바람을 불어넣을 수 있다. 요약은 "이 시점에서 당신은 어떤 방향으로 나아가고 싶나요?"라는 탐색의 의미가 있다. 따라서 이러한 상황에서의 요약은 내담자에게 상담을 진척시킬 책임을 부여하는 효과가 있다.

넷째, 상담회기를 마칠 때 사용한다. 상담회기를 마칠 때마다 상담자는 요약 반응을 통해 한 회기 동안 나눈 이야기의 핵심내용을 정리해 준다. 이는 내담자가 상담회기 동안 학습한 것을 일상생활에 적용하는 데 도움이 된다. 경우에 따라 상담자는 내담자에게 한 회기에 대해 요약해 보도록 제의하기도 한다. 이는 내담자가 자신의 문제해결에 주도권을 쥐게 하는 한편, 문제 상황의 대처에 책임지게 하기 위함이다.

끝으로, 상담을 종결할 때 사용한다. 상담자는 상담을 종결하기에 앞서 상담의 전체 과정에서 다룬 의미 있는 내용을 요약·정리해 줌으로써, 상담과정에서 내담자가 습득한 학습 내용이 상담 종결 이후에도 지속될 수 있도록 돕는다. 이때 내담자에게

덧붙일 말이 있으면, 이를 언급하거나 수정할 기회를 제공한다.

요약의 절차

요약을 효과적으로 하기 위해서는 내담자의 언어적·비언어적 메시지에 대한 주의 집중이 선행되어야 한다. 요약의 절차는 글상자 5-4와 같다.

글상자 5-4 요약 절차

1. 내담자의 메시지에 집중하여 이를 마음속으로 되뇌어 본다. (☛ "내담자가 지금까지 말한 이야기의 핵심 내용은 무엇이고, 감정 상태는 어떠한가?")
2. 내담자가 반복하는 언어적 표현의 명백한 유형, 주제, 또는 여러 요소를 파악한다. (☛ "내담자의 반복적인 이야기 패턴이나 주제는 무엇인가?")
3. 주제를 기술하기 위한 단어들을 선택하거나 여러 요소를 한데 엮어서 만든 문장을 내담자에게 언어적으로 전달한다. (☛ "내담자 이야기의 주제를 함축적으로 나타낼 수 있는 요약 반응을 어떻게 만들 것인가?")
4. 내담자의 반응을 잘 듣고 관찰함으로써 요약의 효과를 평가한다. (☛ "요약 반응은 효과가 있었는가?")

글상자 5-4에 제시된 요약 반응의 절차에 따른 예시는 대화상자 5-1과 같다.

대화상자 5-1. 요약의 예시

상담자: 지금까지 우리가 나눈 이야기를 잠시 정리해 보면, 세 가지 상황이 눈에 띄는 점이네요. 하나는 세빈 씨가 부모님께 인정받고 싶어 한다는 것과 그러다 보니 중요한 결정을 스스로 하지 못하고 부모님께 맡기게 된다는 것, 그리고 그로 인해서 자존감에 부정적인 영향을 미쳐 왔다는 사실에 대해 이야기했지요. 혹시 빠진 것은 없나요?

대화상자 5-1에 제시된 것처럼, 상담자는 내담자와의 대화 내용을 세 가지로 요약·정리해 주고 있다. 요약은 상담자의 기억력 테스트를 위한 것이 아니므로, 상담자는 요약에 덧붙여서 "혹시 빠진 것은 없나요?"라는 질문으로 내담자에게 추가할 수 있는 여지를 남겨 주고 있다. 요약이 상담기술이라고 해서 상담자의 전유물은 아니다. 때로 내담자에게 상담에서 나눈 논의의 핵심을 요약해 보게 함으로써, 내담자가 의미 있었던 내용을 정리해 볼 수 있게 할 수 있다. 내담자에게 요약해 보도록 제안하기 위한 진술의 예는 글상자 5-5와 같다.

글상자 5-5 내담자에게 요약 제안을 위한 진술의 예

- ❍ "지금까지 우리가 나눈 이야기를 요약해 보시겠어요?"
- ❍ "시간이 거의 다 되었네요. 지금까지 나눈 이야기를 요약해 보시겠어요?"
- ❍ "오늘 상담에서 경험한 것과 경험한 후의 느낌에 대해 간략하게 정리해 보세요."
- ❍ "음, 마칠 시간이 거의 된 것 같아요. 이제 일상으로 다시 돌아가기 전에 오늘 우리가 나눈 이야기를 요약해 보시겠어요?"

요약의 효과

요약은 인지적·정동적affective 데이터의 집합적 재진술이다. 요약의 대부분은 이 두 가지에 대해 언급하게 된다. 상담에서 요약을 시의적절하게 사용함으로써 얻을 수 있는 효과는 글상자 5-6과 같다(Brammer & MacDonald, 2002).

글상자 5-6 요약의 효과

1. 내담자를 준비시킬 수 있다.
2. 감정과 생각들을 한곳에 정리할 수 있다.
3. 특정 주제에 관한 논의를 정리할 수 있다.
4. 특정 주제를 면밀하게 탐색할 수 있도록 자극할 수 있다.
5. 새로운 조망 또는 대안적 틀을 명확히 볼 수 있게 할 수 있다.

연습 5-1 요약 구분 연습

❖ 다음에 제시된 상담자의 반응을 읽고, 요약에 해당하면 밑줄 친 부분에 ○표, 요약에 해당하지 않으면 ×표 하시오.

____ 1 "서현이는 전에는 지호를 싫어했었는데, 단짝 친구가 지호를 좋아하는 것 같아서 네가 먼저 좋아한다고 말하고 사귀기 시작했다는 말이구나."

____ 2 "신영이의 입장이 완전 공감이 돼. 선생님도 학교 다닐 때, 같은 반 아이들이 내가 듣기 싫어하는 별명을 부르면서 놀렸을 땐 어떻게 막을 수도 없어서 학교에 가기도 싫었던 적이 있었거든."

____ 3 "오늘 나눈 이야기를 잠시 정리해 보자. 지혜는 어려서 부모님이 교통사고로 돌아가시고 할머니와 줄곧 함께 살아왔다는 것. 할머님께서 편찮으셔서 지혜가 너무 걱정된다는 것. 그리고 할머니 대신 지혜가 일해야 해서 편의점에서 알바하고 있다는 얘기를 했지?"

____ 4 "지금까지 혜연이와 나눈 이야기를 정리해 볼까? 아빠가 재혼하시면서 혜연이는 할머니와 살게 되었는데, 할머니가 돌아가시면서 혜연이가 아버지와 새어머니와 함께 살아야 하는데, 새어머니가 이를 원치 않고 있고 친어머니도 냉담한 반응을 보이면서 너 자신의 존재에 대해 많이 혼란스러워하고 있다는 이야기를 나누었구나."

____ 5 "잘하는 것을 잘 찾아서 진로를 결정하는 것은 정말 중요하단다. 평생을 걸고 자신이 하고자 하는 일과 관계되어 있기 때문이지. 그러나 민수처럼 관심은 가지지만 점수가 잘 나오지 않는 경우, 정말로 관심이 있나 잘 생각해 봐야 할 것 같아. 우선 민수가 좋아하는 과목도 좋지만, 잘할 수 있는 과목을 선택하는 것도 정말 중요한 것이니까 조금 더 시간을 갖고 주위에 계신 분들에게 네가 앞으로 사회에 나가서 하고픈 일을 얘기해 보면 어떤 과목을

중심으로 공부를 하는 것이 더 도움이 되는지에 대해 자세히 알 수 있을 것 같거든."

____ 6 "오늘 상담에서는 서희와 몇 가지 중요한 사실을 서로 나눌 수 있었구나. 서희가 여섯 살 때 부모님이 이혼하시고 아빠와 같이 살았는데, 아홉 살 때 아빠가 재혼하셔서 새엄마와 새엄마의 딸과 같이 살게 되었다는 것, 새엄마와 아빠가 너를 차별한다고 생각한다는 것, 그래서 서희는 가족들이 모두 싫고 친엄마와 살고 싶다는 얘기를 했지?"

____ 7 "지수 씨가 열심히 운동도 하고 다이어트를 하기 위한 목적이 몸을 예쁘게 만들어서 헤어진 남자 친구가 후회하도록 하기 위한 것이라는 뜻인가요?"

____ 8 "지영 씨는 자기 자신이 무엇에 관심이 있는지 잘 모르겠다고 했는데, 독서와 음악 감상을 좋아한다는 말을 들어보니 문학과 음악과 관련된 감성적인 영역에 관심이 높다는 말로 들리네요."

____ 9 "만약 우리가 어느 정도 인정을 받지 못한다면, 존재감에 위협을 받을 수 있을 겁니다. 그러나 그렇다고 해서 모든 사람의 인정을 받아야 하는 것은 아니죠."

____ 10 "두 분은 상담받게 된 이래로 세 번이나 별거했지요. 이제 두 사람의 관계를 개선하기 위해서 아기를 갖고 싶다고 하시는데, 이 계획에 대해 좀 더 시간적 여유를 가지고 이야기를 나누어 보기로 하지요."

연습 5-2 요점 정리 연습

❖ 다음에 제시된 내담자의 진술을 읽고, 밑줄 친 부분에 이야기의 요점과 요약 반응을 쓰시오.

1 다문화가정의 초등학교 4학년 여학생(미아)이 울적해 하는 표정으로 말한다.

"아빠 술을 좋아하세요. 술 마시고 집에 오시면, 큰 소리로 엄마한테 막 뭐라고 소리 지르면서 물건을 집어던지고 부수고 그러세요. 엄마가 속상해서 울고 그러면, 언니랑 나는 얼른 방에 들어가서 문 잠그고 숨어요. -〈중략〉- 아빠는 언니를 더 예뻐하세요. 언니는 외모가 아빠를 많이 닮았거든요. 언니 생일 때는 예쁜 구두도 사 주셨어요. 근데 내 생일은 모르시더라고요. -〈중략〉- 한번은 친구 집에 놀러 갔었는데요. 친구 동생이 날 보더니 "엄마, 이상하게 생긴 흑인 같은 언니가 왔어." 라고 하는 거예요. 그래서 그냥 못 들은 채했는데, 조금 있다가 친구 엄마가 그러는 거예요. 저더러 한국말을 아주 잘한다고요. (눈물을 글썽이며) 저는 한국에서 태어났고, 한국 사람이고, 한국말밖에 할 줄 모르는데."

□ 요점: ________

- ________
- ________
- ________
- ________

□ 요약 반응: ________

2 키가 제법 커 보이는 중학교 1학년 남학생(영하)이 언짢은 표정을 짓다가 한숨을 쉬더니 입을 연다.

> "아, 요즘 엄마 때문에 너무 빡쳐요('화가 난다'의 은어). 엄마 잔소리 땜에 정신병원에 가게 생겼어요. '학교 갔다가 축구 하지 말고 학원에 늦지 않게 가라. 공부할 때 졸지 마라. 학원 갔다 오면 숙제부터 해라. 손 꺾지 마라.' 맨날 이래요. -〈중략〉- 저는 축구 하는 거 좋아하거든요. 이번 체대('체육대회'의 은어)때 우리 반 대표로 나가요. 그래서 맨날 점심시간에 애들끼리 모여서 연습해요. 그래서 그런지 좀 빡세요('힘들다'의 은어). -〈중략〉- 24일부터 중간고사 보거든요. 그래서 학원 갔다 와서 새벽까지 공부하려고 했는데, 깜빡 잠들었어요. 아, 정말 이거 노답('답이 없다'의 은어)이더라고요."

☐ 요점: ____________________

- ____________________
- ____________________
- ____________________
- ____________________

☐ 요약 반응: ____________________

____

____

____

____

3 고등학교 1학년 여학생(제니)이 흥분된 표정을 지으며 약간 떨리는 목소리로 말한다.

> "전 어렸을 때부터 연극에 관심이 많았어요. 그래서 고등학교에 입학하자마자 연극반에 들어갔는데, 선배들이 모이라더니 갑자기 기합을 주는 거예요. 완전 빡쳤죠! 태어나서 그런 경험은 처음이에요. -〈중략〉- 연극반에 들어간 거 후회하고, 학교도 가기 싫고 현타('현실 자각 타임'의 줄임말) 와요. 어떤 애랑 걔 친구는 탈퇴했어요. 저도 그때 탈퇴하려고 했는데, 솔직히 쫄아서 못했어요. -〈중략〉- 연극반에서 호흡이랑 발성 배웠는데 진짜 좋았어요. 제가 진짜 배우고 싶었던 걸 배울 수 있었어요. 근데 대입 준비도 해야 돼서 연극반 활동을 계속할까 말까 고민이에요."

☐ 요점: ____________________

-
-
-
-

□ 요약 반응:

4 원형탈모 증세가 있는 고등학교 2학년 남학생(주노)이 미간을 찌푸리며 풀이 죽은 목소리로 말한다.

> "진짜 노력은 많이 하는 데도 공부에 집중이 잘 안 돼요. 제가 의지력이 없나 봐요. 진짜 열심히 해도 '인서울 대학'(서울 소재의 대학을 가리킴)에 갈까 말까 한데, 자꾸 딴생각만 들어서 공부가 잘 안 돼요. -〈중략〉- 이런 식으로 해 봤자, 대학에 못 갈 것 같아서 학교를 휴학할까 생각도 해 봤어요. 일 년간 쉬면서 부족한 공부도 하고 청소년 프로그램이나 봉사활동 같은 데도 참가하면서 성격도 바꿔 보고 싶고, 여러 방면에서 인간관계 잘하는 법을 배워 보고 싶기도 하고요. -〈중략〉- 네, 휴학한다고 해서, 제가 계획한 대로 잘 될지도 의심스럽고, 또 엄마 아빠가 뭐라고 할지. 그리고 나중에 다시 복학하면, 1년 후배 애들과 적응하는 것도 문제이고, 나중에 대입전형에서 불이익 같은 것이 있을 것 같고……."

□ 요점:

-
-
-
-

□ 요약 반응:

5 검정고시를 준비하다가 자살생각으로 상담에 의뢰된 20대 후반의 남성(지원)이 힘없는 목소리로 말한다.

"음, 사는 게 좀 허무하다는 생각이 들어서요. 그저 숨만 쉬고 남의 말에 따라 이리 움직이고 저리 움직이고……. 옛날 어린 시절에 좋았던 추억만 생각나고, 그때 그 시절로 다시 돌아가고 싶기도 하고, 아무것도 하기 싫고……. −〈중략〉− 내가 왜 이렇게 살고 있을까? 왜 이런 삶을 살아왔을까 하는 생각 때문에 밤에 잠이 안 올 때도 많아요. 그래서 수면제 몇 알을 입에 털어 넣어 보기도 하고. 어렸을 땐 좋아한다는 여자애도 있었고, 허물없이 지냈던 애들도 있었는데, 지금은 그저 정육점에 진열된 40개의 단백질 덩어리 중 하나일 뿐이란 생각. 더 이상 나란 존재가 이 세상에 존재하긴 하는 건지, 저 자신에 대한 진실성조차도 없어져 가요. −〈중략〉− 계속 컴퓨터를 하다가도 그저 허무감, 상실감만 자꾸 생겨요. 대체 누굴 위해 사는 건지. 목표를 향해 뛰어가고 그게 힘들면, 그저 포기하고, 도달하더라도 허무감. 이젠 그냥 죽으면 어떨까 하는 생각만 들어요."

☐ 요점: ______

- ______
- ______
- ______
- ______

☐ 요약 반응: ______

6 대학교 1학년 여학생(서주)이 언성을 높이며 말한다.

> "우리 과에 진짜 괜찮은 애가 있거든요. 근데 내가 뭐 좋아하고 그런 건 아니구요. 그냥 친구로 친해지고 싶은데, 친해지기가 어려운 거예요. 얘가 사상이 너무 달라가지고요. 되게 특이해요. 말하는 것도 뭔 말인지 잘 모르겠고, 말하는 것도 막 랩하는 거 같고……. −〈중략〉− 저는 얘한테 집착 같은 걸 하는데, 얘는 저한테 관심을 별로 안 두고. 그런 거 땜에 많이 힘들었어요. 축제 때 다른 일로 속상해서 술 좀 마셨는데, 이 친구가 곁에서 챙겨 주고 위로도 해 주고 그래서 감동 먹었어요. −〈중략〉− 지난번 중간고사를 잘 못 봐서 기말고사는 잘 봐야 되는데, 동아리 행사 준비하느라고 공부를 하나도 못했어요. 밤늦게까지 반팔 입고 다녀서 그런지 감기도 걸린 것 같고, 몸살인지 몸이 너무 아팠어요."

□ 요점: ______

- ______
- ______
- ______
- ______

□ 요약 반응: ______

______

______

______

______

7 학사경고를 받아 지도교수의 권유로 상담을 신청한 대학교 2학년 여학생(하연)이 진지한 표정을 짓다가 입을 연다.

> "지도교수님께서 여기 가서 상담을 받아 보라고, 성적이 안 좋은 애들, 여기서 상담을 받아 보라고 하신 것 같아요. 성적도 안 좋고 하니까 그냥 한 번 받아 보는 것도 괜찮겠다고 생각했어요. −〈중략〉− 아빠 말로는 할아버지가 굉장히 엄하셨대요. 아빠 학교 다닐 때, 할아버지가 농약병을 들고는 '이걸 마실래 공부할래, 어떤 걸 선택할래?'라고 하셨대요. 그 정도로 엄하셨대요. −〈중략〉− 음, 사람들 마음을 잘 모르겠어요. 남자들 마음을 믿기가 어려워요. 전 남자들은 다 똑같은 거 같아요. 또래 애들 보면 얼굴 예쁜 여자애들만 좋아하는 거 같아요."

☐ 요점:

•

•

•

•

☐ 요약 반응:

8 고등학교 1학년 여학생(유진)이 언성을 높이며 말한다.

"중학교 때는 아침 일찍 가서 자습시간에 담임 쌤 몰래 딴짓할 때도 있었지만, 지금 생각하면 되게 재밌고 그래요. 우리 학교는 남녀공학이었는데, 남자애들 진짜 별루였어요. 고등학교에 오니까 여자만 있어서 되게 편하고 좋아요. −〈중략〉− 전 공부 잘하고 돈 많은 애들은 안 부러운데, 얼굴 예쁜 애들은 넘 부러워요. 얼굴 예쁜 애들이 있으면, 기가 죽고 자신이 없어져요. 저는 중학교 때도 얼굴 바르는 거, 비비크림인가 하는 거 꼭 바르고 다녔어요. −〈중략〉− 대학에 가면, 의느님(은어/'뛰어난 성형외과 의사'와 '하느님'의 합성어)한테 내 얼굴을 여기저기 좀 고치고 싶어요. 여기 눈도 좀 올라가게 하고요. 치아교정도 하고요. 코도 좀 높이고, 턱선도 좀 들어가게 해서 얼굴을 좀 갸름하게 만들고 싶어요. 내가 예쁜 만큼 잘생긴 남자를 만날 수 있잖아요."

☐ 요점:

•

•

•

•

☐ 요약 반응:

9 정신병 증상으로 병원에 입원했던 대학교 3학년 여학생(하은)이 무표정하게 말한다.

> "내가 이상한 소리를 내고 다녔대요. 이상해졌다고 병원에 입원시켰다는데, 전 솔직히 아무 기억도 안 나요. 내가 병원에 입원했었다는데, 진짜 하나도 기억이 안 나요. -〈중략〉- 그동안 하나님을 만났어요. 하나님 목소리를 실제로 듣기도 했고요. 그게 그러니까 연합 영성훈련에 갔었을 때였어요. 그땐 계속 울고 다녔어요. 세상에 어려운 사람들이 많은데, 이 불쌍한 사람들에게 잘해 주지도 못하고, 제가 너무 이기적으로 사는 것 같아서요. -〈중략〉- 그 무렵에 뭔가 피부 속에서 벌레 같은 것이 기어 다니는 느낌이 들었어요. 근데 아무리 찾아봐도 아무 것도 없어서 기분이 안 좋았어요."

☐ 요점:

-
-
-
-

☐ 요약 반응:

10 음주 문제로 상담을 받지 않으면 이혼하겠다고 으름장을 놓은 아내에 의해 상담에 의뢰된 40대 후반의 남성(지석)이 3회기에 자신의 문제를 인정하고, 때로 부인에게 거짓말도 한다는 사실을 시인하면서 말한다.

"지금까지 살면서 누군가가 제 말을 귀담아 들어 주는 것이 어떤 느낌인지 처음 경험하는 거 같아요. 마음을 터놓고 얘기하는 것이 바로 이런 거구나 하는 생각도 들고요. –〈중략〉– 집사람이 상담을 받지 않으면, 이혼하겠다고 해서 할 수 없이 오긴 했는데, 솔직히 술을 좋아하는 건 사실이에요. 솔직히 남자가 사회생활 하려면 술도 좀 마실 수도 있지 않나요? –〈중략〉– 박사님한테는 정말 죄송한 말씀인데, 여기서 이런 얘기를 나눈다고 해서 제가 술을 끊게 될 거 같진 않아요. 선생님의 전문성을 무시해서가 아니라, 그냥 제 삶에서 술이 없다면 정말 무미건조할 것 같은 생각이 들어서요."

□ 요점:

-
-
-
-

□ 요약 반응:

연습 5-3 요약 연습

❖ 다음에 제시된 내담자의 진술을 읽고, 밑줄 친 부분에 요약 반응을 쓰시오.

예제 2개월 전 교통사고로 남편을 잃은 30대 중반의 여성(수빈)이 걱정스러운 표정으로 말한다.

"남편이 세상을 떠나고 나서부터는 생활이 많이 어려워졌어요. 내가 당장 할 수 있는 것이 마땅하지도 없고, 앞으로 애들하고 어떻게 살아야 할지 정말 막막하기만 해요. 저는 대학을 졸업하자마자 결혼을 해서 직장생활을 해 본 적도 없고, 대학 다닐 때도 남들 다 하는 알바도 해 본 적이 없어요. 결혼을 해서도 저는 집안 살림만 했고, 집안의 모든 일을 남편이 알아서 처리했거든요. -〈중략〉- 요즘 들어서는 너무 걱정이 많이 돼서 밤에 잠도 잘 오지 않아요. 그럭저럭 잠을 못 자게 된지도 벌써 한 달이 넘었네요. 그래서 잠자는 데 도움이 될까 해서 남편이 마시던 술을 마시게 됐어요. 그런데 술이라는 게 마실수록 양이 자꾸 느는 거예요. 거의 매일 마시다 보니까 이젠 생각조차 제대로 할 수 없게 된 것 같아요. 부모님이 조금씩 도와주시기는 하는데, 자꾸 자신이 없어지고, 안 좋은 생각만 들어요."

- 요약: 남편께서 세상을 떠나게 돼서 현재 수빈 씨에게 어려움을 주고 있는 일들을 다섯 가지로 정리할 수 있겠군요. 집안의 책임을 홀로 감당해야 하는 것, 집안일에 관해 결정을 내리는 일, 스스로 자신을 잘 돌봐야 하는 일, 두 아들을 잘 양육하는 일, 그리고 미래에 대한 두려움을 극복하는 일이군요.

1 자신에게 시험불안이 있다면서 학교상담실을 찾은 중학교 1학년 남학생(경빈)이 여러 주제를 옮겨 다니면서 열심히 이야기한다.

> "중학교에 들어와서 처음으로 중간시험을 봤거든요. 오늘이 마지막 날이었는데요. 3교시에 수학시험을 봤어요. 시험 보기 전에 다 풀어 본 문젠데, 갑자기 머릿속이 하얘지면서 공부한 게 하나도 생각이 안 났어요. 완전 망했어요. -〈중략〉- 우리 학년은 수준별 학습을 해서, 반을 세 개로 나눠서 수업하거든요. 전 지금까지 공부를 젤루 잘하는 상급반이었는데, 이번 시험을 망쳐서 아랫반으로 떨어질 거 같아요. 만약 그렇게 되면 엄마가 완전 개실망('무척 실망하다'는 뜻의 은어)할 거예요. -〈중략〉- 애들이 겉으로는 표는 안 내는데요. 은근히 공부 못하는 반 애들을 깔보거든요. 그래도 전 지금까지는 공부 좀 하는 애로 봤는데, 공부 못하는 반에 가면 애들이 개무시할 게 뻔해요. 애들이 저를 보는 시선도 그렇고, 정말 엄청 걱정돼요. -〈중략〉- 저는 우리 학교가 맘에 안 들어요. 수준별 학습을 하는 건 좋지만, 그렇게 반을 나누면 고통받는 애들이 많을 거잖아요."

- 요약: ______________________________

2 불안 증상을 호소하는 중학교 2학년 남학생(민국)이 상담자의 경청 반응 기술 적용에도 불구하고 자신의 이야기에 몰입하면서 말한다.

> "어렸을 땐 고집이 엄청 세서 아빠한테 많이 혼났대요. 또 엄마가 죽고 싶다고 그러고, 또 어떨 때는 같이 죽자고 그래 가지구, '엄마가 죽으면 난 어떻게 될까?' '사람이 죽으면 어떻게 되지?' 하는 생각을 많이 했던 것 같아요. 초등학교 때는 친한 친구가 별로 없었어요. 그냥 맨날 집에서 혼자 놀았어요. -〈중략〉- 중학교 때 언젠가 수학시간에 칠판에다 선생님이 풀라고 시키신 문제를 푸는데 애들이 막 웃었어요. 난 그땐 잘 몰랐는데, 제가 너무 긴장해서 수학문제를 푸는데 막 손을 떨었나 봐요. 그래서 칠판글씨가 삐뚤빼뚤 써지니깐 그게 되게 웃겼나 봐요. -〈중략〉- 우리 반 애들은 내가 맨날 긴장하고 있다고 '긴장 맨' '텐션 맨' '쫄면'이라고 부르면서 놀려요. -〈중략〉- 집에 갈 때나, 어디에 갔는데 잘 모르는 사람이 있으면, 막 긴장되고 숨이 찰 때도 있어요."

- 요약:

3 중학교 2학년 여학생(솔비)이 수줍어하는 표정을 지으며 나지막한 목소리로 말한다.

> "저는 친한 친구들한테도 속마음을 잘 안 드러내요. 애들한테도 화를 잘 안 내고, 항상 웃는 얼굴로 대하려고 해요. 음, 애들한테 어떤 표정을 지어야 할지 잘 모를 때는 그냥 웃어요. 근데 어떨 때는 꼭 바보 같다는 생각이 들기도 해요. –〈중략〉– 저 혼자 있을 때는 아무 말 없이 시무룩해 있다가 다른 애들과 함께 있으면 억지로 웃으려고 하니깐……. 내가 생각해도 내가 이중인격자 같은 생각이 들어요. 이중인격자는 정신병이죠? –〈중략〉– 암만 생각해도 제 성격이 조금 이상한 거 같아요. 솔직히 화도 잘 내고, 화가 나면 내가 무슨 짓을 하는지 잘 모를 때가 있어요. 작년인가? 한번은 오빠랑 심하게 싸웠는데, 너무 화가 나서 나도 모르게 들고 있던 과도를 오빠한테 던진 적이 있어요. 오빠가 놀라서 소리 질렀어요. 저도 솔직히 깜놀(은어/'깜짝 놀라다'의 줄임말)했어요. 그 후론 저를 무서워하면서 슬슬 피하는 거 같아요. –〈중략〉– 엄마는 공부도 잘하고 엄마 말도 잘 듣는 오빠를 본받으라고 하는데, 저는 엄마가 오빠 얘기하는 게 젤루 싫어요. 엄마가 오빠 칭찬하는 얘기하면 차라리 집을 나가 버릴까 하는 생각이 막 들어요."

- 요약:

4 고등학교 2학년 여학생(희진)이 다른 곳을 응시한 채 상세하게 말한다.

"제가 우리 학교 어떤 언니한테 찍혔거든요. 전 아무 잘못도 안 했는데, 언니가 괜히 오해하는 거 같아요. 친구한테 내 번호 알아서 협박 같은 이상한 카톡 보내고, 인스타로도 디엠 보내서 저희 학교 선배라고 했어요. -〈중략〉- 언니 이름이 뭔지도 모르고, 저를 좀 따르는 애가 있는데, 걔가 가르쳐 줬대요. 근데 걔가 누군지 이름도 안 알려 주고, 친구한테까지 전화한 거 보면 너무 무서워요. -〈중략〉- 담임이나 엄마, 아빠한테 말하면 나중에 보복할까 봐 무서워서 쌤한테 처음 말하는 거예요. 진짜 어떻게 해야 할지 모르겠어요."

• 요약:

5 대학교 3학년 남학생(지석)이 눈물을 글썽이며 격앙된 어조로 말한다.

"네, 중학교때만 하더라도 성격이 활발했었어요. 반장도 했고요. 근데 수학시험 시간에 시험감독 선생님이 제가 부정행위를 했다고 해서, 제가 안 했다고 하니까 갑자기 화를 내면서 제 시험지를 빼앗더니 쫙쫙 찢고는 제 뺨을 막 때렸어요. 전 그때 충격으로 도저히 학교를 갈 수 없었어요. -〈중략〉- 안방에 아빠가 아끼시던 고려시대 백자가 있었는데, 저도 모르게, 못 참고 그걸 방바닥에 던져서 박살이 났어요. 그때 엄마가 보곤 놀라서 우시던 생각이 나요. -〈중략〉- 12층에 있는 우리 집 아파트에서 창밖으로 뛰어내리고 싶은 충동을 느끼곤 했어요. 그래서 아빠가 놀라서 저를 병원에 데리고 갔고, 그때부터 정신과 약을 먹게 되었어요. 우울증이래요. -〈중략〉- 제 몸이 이렇게 부은 것은 약물 부작용 때문이래요."

• 요약:

6 20대 후반의 여성(미나)이 차분한 어조로 현재 교제 중인 남성과의 관계에 대해 말한다.

"남친('남자 친구'의 줄임말)과의 관계는 좋았다가도 시들해지는 관계가 이어지는 것 같아요. 좋을 때는 만나서 저녁도 먹고, 영화도 보고, 무엇인가를 함께하다가도, 어느 순간이 되면 언제 그랬냐는 듯이 갑자기 관계가 싸늘해지면서 서로 서먹서먹해지곤 하죠. -〈중략〉- 네, 남친이 저보다 네 살 어려요. 사귄 지는 3년 됐고요. 남자 친구는 저와 결혼하고 싶어 하는데, 전 아직 준비가 안 됐어요. 왜냐면 전 여전히 할 일이 많고, 계속해서 하고 싶은 일이 많거든요. -〈중략〉- 음, 결혼에 대해 얘기하다가 한 번 크게 다퉜는데, 그 이후로는 관계가 서먹서먹해졌어요. 전 솔직히 남친이 왜 저러는지 이해가 잘 안 돼요. 물론 우리 두 사람의 배경이나 성격이 다른 부분이 있지만, 그 차이를 잘 극복해 왔다고 생각하거든요. -〈중략〉- 엄마는 제가 고3 때 돌아가셨는데, 그땐 제가 너무 철이 없어서 그렇게 많이 슬퍼하지 않았던 거 같아요. 그때 생각하면 엄마한테 너무 미안하죠. 아빠는 엄마가 살아 계실 때는 내가 하고 싶어 하는 것이라면 무엇이든지 해 보라고 했었는데, 새엄마가 들어오니까 태도가 180도 바뀌셨어요. 정신이 번쩍 들었죠."

- 요약: ____________________

____

____

____

____

7 대형병원에서 간호사로 근무하는 30대 초반의 여성(소미)이 진지한 표정으로 가라앉은 목소리로 말한다.

"전 어려서부터 몸이 많이 약했어요. 그래서 나중에 커서 어른이 되면, 저처럼 몸이 약하거나 아픈 사람들을 돕고 싶었어요. 그래서 중고등학교 때도 주저 없이 간호학을 전공한다고 했고, 대학에서 간호학을 전공했고, 졸업하고 나서는 운 좋게 남들이 다 부러워하는 이 병원에서 일하게 됐어요. -〈중략〉- 제가 근무하는 병원은 다른 병원들에 비해 근무여건도 좋고, 보수도 괜찮은 편이어서 대체로 만족스러운 편이에요. -〈중략〉- 일하는 데는 별 문제없어요. 한 가지 내 맘 속에서 생기는 갈등은 '내가 어려서부터 가졌던 꿈은 이것이 아닌데.'라는 생각이 자꾸 든다는 거예요. 어려운 사람들을 돌봐 주겠다는 사명감으로 시작한 공부인데, 결국은 나 혼자만 편안히 잘 먹고 잘 살고 있다는 생각 때문에 영 맘이 편치 않다는 거예요. 일종의 죄책감이라고나 할까요?"

• 요약:

8 5세 딸과 함께 살고 있는 30대 중반의 여성(은서)이 침울한 표정으로 두서없이 이야기를 늘어놓는다.

> "애 아빠와 헤어진 이후, 한 남성과 진지한 관계를 유지하고 있어요. 그 사람은 싱글이면서 아이도 없어요. 서로 대화도 잘 통하는 것 같고요. 그러면서도 다시 결혼하고 싶다는 생각은 안 들더라고요. 왠지 삶이 공허하다는 생각이 들곤 해요. –〈중략〉– 한때는 사랑하는 사람과 결혼해서 사랑의 결실로 예쁜 아기를 낳고 사는 것이 행복할 것 같다고 생각했던 적이 있었는데, 지금은 다 헛된 꿈이었다는 생각이 들어요. 딸아이가 저와 함께 있어서 위안이 되고 좋은 점도 많이 있지만, 왠지 답답할 때가 있어요. 그럴 때면 '내가 지금 뭘 하고 있는가?' '난 지금 누굴 위해 살고 있나?'라는 생각이 문득 들고, 무언가가 내 가슴을 꽉 누르고 있는 기분이 들고, 이런 저런 생각으로 잠이 잘 안 올 때가 많아요. –〈중략〉– 음, 아버지는 제가 중학교 때 돌아가셨고, 엄마와의 관계는 그리 좋은 편은 아니었어요. 아직 살아 계시는데, 뭐 그렇게 연락을 자주 하는 편은 아니에요. 엄마는 남아선호 사상이 강해서 남동생을 아주 아끼셨어요. 그래서 반발하고 대들고, 울기도 많이 울었죠."

• 요약:

9 공장을 운영하는 30대 후반의 남성(후영)이 한숨을 쉬며 장황하게 말한다.

"요즘 회사 일이 많이 바빠져서 밤늦게까지 일할 때도 많아요. 주문량이 늘다 보니까 그런 거 같아요. 거의 주말에도 나가서 일해야 하니까요. 요즘 경기가 너무 안 좋다고들 하는데, 우리 회사는 오히려 수입이 늘어서 좋긴 한데, 문제는 아내예요. 아내는 저와 함께하는 시간이 없다고 늘 불평이죠. -〈중략〉- 아니, 제 자식을 사랑하지 않는 아빠가 세상에 어디 있겠어요? 아내는 제가 아이들과 놀아 주지 않는다고 하면서, 어디서 데려온 자식처럼 대한다고 하질 않나, 정말 말도 안 되는 소리를 늘어놓을 땐 이 사람이 정말 제정신인가 하는 생각이 들 때도 있어요. -〈중략〉- 어머니는 아내에 대한 불평이 왜 그리 많으신지, 사사건건 트집 잡으면서 맘에 안 들어 하세요. 사실 어머니가 우리 집에 오시는 날에는 제 아내에게 잘한다거나 수고가 많다는 말씀을 해 주시면 좋을 텐데. 그러지 않고 사사건건 못마땅해하시니까, 아내도 듣기가 싫을 거 아니겠어요? 어떻게 생각하면, 아내가 조금 참고 그러려니 하면 좋을 텐데, 참지 않고 자꾸 말대답하니까 저로서는 이러지도 못하고 저러지도 못하고, 두 여인네 사이에서 정말 죽겠어요."

- 요약: ______________________________

____

____

____

____

10 50대 중반에 조기 퇴직했으나, 퇴직한 지 일 년 만에 부인과 사별한 50대 후반의 남성(경문)이 나지막한 목소리로 말한다.

"음, 제가 일을 그만두고 일찍 퇴직한 건 더 늦기 전에 아내와 여행을 하면서 여생을 즐기려고 했던 거였거든요. 근데 그게 맘대로 되지 않네요. 그렇게 일찍 갈지 몰랐던 거죠. -〈중략〉- 아들이 둘인데, 큰아이는 결혼해서 LA에서 살고 있고, 둘째는 부산에서 사업하고 있어요. 둘째하고는 가끔씩 왕래도 하는데, 아내가 세상을 떠난 후로는 애들이 오는 것도 썩 반갑지가 않네요. 아들과 며느리가 좀 내려오라고 말은 하지만, 뭐 어디 그렇게 되나요? -〈중략〉- 아내가 항상 곁에 함께 있을 것 같았는데, 뭐 살다보면 어차피 한 번은 갈 때가 있지만, 집사람이 그냥 훌쩍 떠나 버리고 저 혼자 남았다는 게 잘 믿어지지가 않아요. 그렇다고 또 애들이 날 측은하게 생각하는 것도 싫고요."

- 요약: ______________________________

____

____

____

____

실행반응기술

3부에서는 실행반응기술에 대해 살펴보기로 한다. **실행반응**action responses기술이란 상담자 주도로 내담자가 새로운 시각을 가질 수 있도록 돕기 위해 고안된 일련의 상담기술을 말한다. 이 상담기술들은 내담자의 통찰을 촉진하고, 행동에 대해 책임지게 하며, 사고나 행동을 건설적으로 변화시키는 역할을 한다. 실행반응기술로 명명된 이유는 이 기술들이 적극적이고, 상담자 주도로 이루어지지만, 초점은 내담자에게 맞추어야 함을 강조하기 위해서다.

실행반응기술의 목적은 내담자가 자신의 조회체제frame of reference(사물 또는 현상을 지각 · 판단할 때 적용하는 비교, 평가 등의 기초가 되는 일련의 기준)를 통해 변화와 실행의 필요성을 직시하게 하는 것이다. 경청반응 기술이 내담자의 이야기에 대해 일차적으로 내담자의 관점 또는 조회체제로부터 반응하는 것이라면, 실행반응기술은 내담자의 행동에 대한 상담자의 데이터, 지각, 가설에 기초한다. 전자가 내담자의 자기이해를 비춰 주는 간접적인 작업이라면, 후자는 내담자에 대해 상담자가 이해한 것을 비춰 주는 직접적인 작업이다.

실행반응의 효과를 극대화하려면, 상담자의 표현력과 도전적인 태도뿐 아니라 충분한 주의집중과 경청으로 내담자와의 래포 형성이 선행되어야 한다. 래포 형성은 상담자의 실행반응에 대한 내담자의 수용성acceptability을 높이기 때문이다. 만일 상담자가 자신의 의견이나 지각한 내용을 너무 일찍 전달한다면, 내담자는 이를 부인, 저항, 또는 방어적 태도를 보이거나, 심지어 상담을 중도에 포기할 수도 있다. 실행반응기술을 효과적으로 적용하려면, 상담자는 자신의 지각과 가설에 대한 확신이 있어서 내담자의 반발과 불인정을 기꺼이 감내할 수 있어야 한다.

실행반응기술로는 질문(6장), 직면(7장), 해석(8장), 정보제공(9장), 자기개방(10장), 즉시성(11장)이 있다. 질문은 내담자에 관한 정보를 얻기 위한 실행반응이다. 직면은 내담자의 불일치에 대한 진술이다. 해석은 내담자의 행동에 대한 가능한 설명이다. 정보제공은 경험, 사건, 대안, 또는 사람들에 관한 데이터 또는 사실적인 내용의 소통이다. 자기개방은 상담자의 과거 경험을 공유하는 것이다. 그리고 즉시성은 경험, 행동, 사고에 대한 상담자의 경험 또는 감정을 언어 행동으로 전달하는 상담기술이다.

Chapter 06

질문

- ▢ 질문의 정의
- ▢ 질문의 목적
- ▢ 질문의 유형
- ▢ 질문의 절차
- ▢ 질문의 효과
- ■ 연습 6-1. 질문 유형 구분 연습
- ■ 연습 6-2. 질문 형태 변환 연습
- ■ 연습 6-3. 개방질문 vs. 폐쇄질문 연습

▶학습목표

1. 질문이 어떤 상담기술인지 이해한다.
2. 질문 기술의 사용 목적과 오남용의 가능성을 이해한다.
3. 질문 기술의 다양한 유형과 절차를 확인한다.
4. 질문 기술의 활용 방법을 익히고 그 효과를 확인한다.

Chapter 06
질문

소크라테스
(Socrates,
BC 469~399 추정)

질문은 일상생활에서 안부를 묻는 것에서부터 사실적인 정보 수집과 탐색을 위해 사용된다. 일찍이 고대 그리스의 철학자 소크라테스는 사람들이 머리를 쓰는 대신, 추측해버리는 일을 너무 당연하게 여긴다고 생각했다. 즉, 널리 받아들여지는 의견이면, 이렇다 할 검증 작업 없이 사실처럼 취급하기 때문에 거짓된 삶을 살게 된다고 보았다. 그래서 그는 사람들에게 참된 지식을 직접 가르치기보다 대화와 문답을 통해 스스로 무지와 편견을 자각하게 하여 진리를 깨우치게 했다.

오늘날 '소크라테스 문답법Socratic elenchus'으로 불리는 이 방법은 끊임없는 문답을 통한 깨달음, 무지에 대한 자각, 덕과 앎의 일치를 지향하고 있다. 그러나 다른 한편으로, 질문을 통해 진리를 깨단도록 돕는 이 방법은 대화하면서 상대의 무지를 깨닫게 해 사람들의 반감과 빈축을 사기도 했다. 결국 그는 정치문제에 연루되어, 신성모독과

청년들을 현혹한다는 죄목으로 사형선고를 받았다. 이를 안타깝게 여긴 제자들이 사형 전날 소크라테스에게 탈출할 것을 종용했으나, 그는 '악법도 법'이라는 명언을 남긴 채 순순히 독약을 마셨다고 전해진다.

질문의 정의

질문probe, questioning, or inquiry은 내담자에게 알고자 하는 바를 묻는 기술이다. 이 기술은 내담자에 관한 사실적인 정보를 수집하고 사고, 감정, 행동, 경험 등의 탐색을 위해 유용하게 활용된다. 실행반응기술로서의 질문은 다분히 상담자 중심적인 상담기술로, 상담의 방향을 제시·주도하게 되는 특징이 있다. 상담자가 내담자에 대해 알고 싶거나 확인하고 싶은 사항에 대해 묻게 되기 때문이다. 이러한 이유로, 질문은 상담

자의 편견에서 완전히 자유롭지 못하다는 점에서 쉽게 오남용되는 기술이다(Corey, 2020). 질문으로 대화의 공백을 메우려는 경우, 내담자는 상담의 목적이 마치 정보 수집에 있는 것처럼 오해할 수 있다. 질문은 상담자가 할 말이 없을 때, 공백을 채우기 위한 도구가 아니다. 상담은 상담자가 질문을 하고 내담자는 질문에 대해 답변하는 방식으로 진행되는 과정 또한 아니다.

질문의 목적

질문은 우리를 생각하게 만든다. 생각하는 대로 살지 않으면, 사는 대로 생각하게 된다. 질문은 사고를 자극하고 스스로 답을 찾도록 촉구한다. 그렇지만 질문은 분명한 목적이 있어야 한다. 상담에서 질문의 목적은 글상자 6-1과 같다.

글상자 6-1 질문의 목적

❍ 접수면접의 시작과 진행	❍ 주제 전환
❍ 상담회기의 시작	❍ 평가
❍ 소통 촉진	❍ 진단
❍ 자기 개방의 동기부여	❍ 위기 개입
❍ 상호작용의 초점 확대	❍ 패턴 지적
❍ 주제의 정교화	❍ 의미 탐색과 통찰 촉진
❍ 주제 영역의 구체화	❍ 자기 인식 증진
❍ 정보 수집	❍ 문제해결 방향으로의 안내

질문의 유형

질문의 유형은 크게 ① 개방질문 · 폐쇄질문, ② 직접질문 · 간접질문, ③ 양자택일형 질문, ④ 왜 질문, ⑤ 질문공세로 나눌 수 있다. 먼저, 개방질문과 폐쇄질문에 대해 살펴보면 다음과 같다.

개방질문 vs. 폐쇄질문. 개방질문open-ended questions은 육하원칙, 즉 '누가' '언제' '어디서' '무엇을' '어떻게' '왜'로 시작되는 질문이다. 단, 왜 질문은 이 질문의 한계를 염두에 두고 조심스럽게 사용해야 한다. 개방질문은 대화를 열게 하는 질문으로 '열린 질문'이라고도 불린다. 반면, 폐쇄질문closed-ended questions은 '예' 또는 '아니오'로 답할 수 있는 질문이다. 이는 대화를 닫게 하는 질문으로, '닫힌 질문'이라고도 불린다. 폐쇄질문은 구체적이고 특정 사실에 대한 답을 얻을 수 있다는 이점이 있는 반면, 심문당하는 것 같은 느낌을 줄 수 있다는 한계가 있다. 개방질문과 폐쇄질문의 기능은 표 6-1과 같다.

표 6-1. 개방질문 vs. 폐쇄질문의 기능 비교

☐ 개방질문	☐ 폐쇄질문
1. 폭넓은 정보 수집 2. 다양한 탐색 독려 3. 소통 활성화 4. 자유로운 논의 유도 5. 행동 · 느낌 · 생각 탐색	1. 구체적인 정보 수집 2. 상담주제로의 초점 환원 3. 문제 유형 및 경향성 탐색 4. 짧은 시간 내에 대화 종료 5. 논의주제의 범위 축소 6. 내담자의 장황한 이야기 차단

표 6-2는 개방질문과 폐쇄질문의 예를 비교한 것이다.

표 6-2. 개방질문 vs. 폐쇄질문의 예

☐ 개방질문	☐ 폐쇄질문
❍ "아버지를 떠올리시면 어떤 느낌이 드시나요?"	❍ "아버지를 떠올리시면 화가 나시나요?"
❍ "부부관계 문제를 해결하기 위해 어떤 노력을 해 오셨나요?"	❍ "부부관계 문제해결을 위해 상담을 받아 보신 적이 있으세요?"
❍ "이 문제가 해결된다면, 당신의 삶이 어떻게 변할까요?"	❍ "이 문제가 해결된다면, 당신의 삶이 긍정적으로 변할까요?"

표 6-2에 제시된 예시에서 폐쇄질문은 내담자가 자신의 문제를 회피하게 할 뿐만 아니라, 자기개방의 기회를 가로막고 있다. 폐쇄질문은 흔히 이 질문을 받는 사람에게 방어적인 태도를 보이게 한다. 예를 들어, 학생지도에 어려움을 겪고 있는 교사에게 "그동안 학생들을 사랑으로 대해 주셨나요?"라고 질문했다고 하자. 이 질문에 대해 교사는 '학생들을 사랑으로 대해 줘야 하는데, 그렇게 하지 않았기 때문에 학급관리에 어려움을 겪고 있지 않느냐'라는 질책처럼 들릴 수 있다.

개방질문은 다시 수렴적 개방질문과 확산적 개방질문으로 나뉜다. 수렴적 개방질문은 육하원칙에 기초하지만, 단답형 대답이 요구되는 질문의 형태다. 이는 사칙연산에서 "11+13=□"이라는 질문에 비유할 수 있다. 질문에 대해 기대되는 답이 하나이기 때문이다. 반면, 확산적 개방질문은 육하원칙에 기초하여 내담자의 사고를 촉진하여 자기탐색의 범위를 확대하는 질문의 형태다. 이는 사칙연산에서 "□+□=24"라는 질문과 같다. 이는 다양한 대답이 가능하기 때문이다. 수렴적 개방질문과 확산적 개방질문의 예는 표 6-3과 같다.

표 6-3. 수렴적 개방질문 vs. 확산적 개방질문의 예

□ 수렴적 개방질문	□ 확산적 개방질문
○ "이번 회기 이후에는 어떤 행동이 달라질까요?"	○ "'아버지' 하면 어떤 생각이 떠오르세요?"
○ "스스로 과제를 부과한다면, 어떤 과제가 될까요?"	○ "이 문제를 해결하기 위해 어떤 노력을 해 보셨나요?"
○ "오늘 상담에서 어떤 점이 가장 유용했나요?"	○ "이 문제가 해결된다면, 당신의 삶이 어떻게 변할 것 같습니까?"

직접질문 vs. 간접질문. 직접질문direct questions은 의문문 형태의 질문으로, 간접질문에 비해 단도직입적인 느낌을 준다. 이 형태의 질문은 일상생활에서뿐 아니라, 상담에서도 가장 많이 사용되는 상담기술이다(Egan & Reese, 2018). 반면, 간접질문indirect questions은 평서문 형태로, 완곡한 느낌을 주는 질문이다. 직접질문과 간접질문의 예를 비교하면 표 6-4와 같다.

표 6-4. 직접질문 vs. 간접질문의 예

□ 직접질문	□ 간접질문
○ "상담 후에 무엇이 달라지기를 원하세요?"	○ "상담에서 무엇이 달라지기를 원하는지 궁금하군요."
○ "상담목표가 달성되었음을 어떻게 알 수 있나요?"	○ "상담목표가 달성되었음을 알 수 있는 방법이 있을 텐데요."
○ "여자 친구의 마음을 돌리기 위해 다른 방법들을 사용해 보셨나요?"	○ "여자 친구의 마음을 돌리기 위해 다른 방법들을 사용해 보셨는지요."

양자택일형 질문. 양자택일형 질문alternative questions은 둘 중 하나를 선택하게 하는 질문의 형태다. 이는 강제로 선택하게 하는 질문으로, '왜 질문' '이중질문' '질문공세'와 함께 상담에서는 비교적 바람직하지 않은 질문의 범주에 속한다. 양자택일형 질문의 예는 표 6-5와 같다.

표 6-5. 양자택일형 질문 vs. 대체질문의 예

▢ 양자택일형 질문	▢ 대체질문
❍ "문제가 해결된다면, 부부관계와 직장동료와의 관계 중 어떤 것에 더 긍정적인 영향을 줄까요?"	❍ "문제가 해결된다면, 어떤 관계에 긍정적인 영향을 줄까요?"
❍ "본인의 성격이 외향적이라고 생각하세요, 내향적이라고 생각하세요?"	❍ "본인의 성격이 어떻다고 생각하세요?"

양자택일형 질문과 유사한 형태의 질문으로는 이중질문이 있다. 이중질문은 두 가지 질문을 한 번에 묻는 형태의 질문이다. 예를 들어, "당신의 삶에 있어서 일은 어떤 의미가 있고, 또한 가정과 가족은 어떤 의미가 있나요?"와 같이 두 가지 질문거리를 하나의 질문에서 다루는 것이다.

왜 질문. 왜 질문why-questions은 개방질문의 형태를 띠고 있으면서 특정 행동이나 선택을 한 이유에 대해 탐색을 할 수 있는 기회를 제공할 수 있다. 그러나 왜 질문은 내담자의 잘못을 지적하거나 비난하려는 의도로 받아들여질 수 있어서 내담자의 방어적 태도를 유발하는 한편, 이유에 대한 근거를 대기 위해 감정보다는 사고에 초점을 맞추게 한다는 문제가 있다. 이러한 한계점을 보완하기 위한 왜 질문의 대체 형태는 '무엇을' '어떻게'로 시작되는 질문이다. 또는 "~하려는 이유가 무엇인지 궁금해요."라는 형태의 진술을 사용한다. 왜 질문과 대체 반응의 예는 표 6-6과 같다.

표 6-6. 왜 질문과 대체반응

▢ 왜 질문	▢ 대체반응
❍ "오늘 상담에 왜 늦으셨어요?"	❍ "오늘따라 상담에 늦으셔서 무슨 일이 있나 염려되었어요."
❍ "오늘따라 왜 말씀이 없으세요?"	❍ "오늘따라 말씀이 없으시네요."
❍ "부인에게 왜 그렇게 화를 내세요?"	❍ "부인에 대해 마음이 언짢은 점이 있으신가 봐요."
❍ "제가 왜 이런 질문을 한다고 생각하세요?"	❍ "제가 드리는 질문에 대해 어떤 생각이 드시나요?"

질문공세. 질문공세questions bombardment란 이미 질문을 던진 상황에서 내담자가 질문에 대한 대답을 마치기도 전에 또 다른 질문을 연속적으로 던지는 것을 말한다. 이는 내

담자를 압박하고 위축시켜 상담자의 질문에 반응만 하는 소극적인 자세를 취하게 할 수 있다. 질문공세의 예는 대화상자 6-1과 같다.

대화상자 6-1. 질문공세의 예

> **상담자**: 지난주에 상담에서 행동실연까지 했던 회사 상사와의 관계 회복을 위해 시도해 보기로 한 일은 어떻게 되었나요? 계획대로 잘 진행되었나요? 참, 그것보다도 부인과 화해하셨나요? 화해 신청은 지난번 상담에서 약속하신 대로 먼저 하셨고요? 이 문제에 대해 어머님께도 양해를 구하셨나요?

상담에서 지양해야 할 질문의 유형은 표 6-7과 같다.

표 6-7. 지양해야 할 질문의 유형

유형	설명
▢ 지시형	❍ 지시가 위장된 질문(예 "지난 회기에 미처 마무리 짓지 못했던 이야기에서 시작할까요?")
▢ 제안형	❍ 질문을 가장한 조언(예 "~라고 생각하지 않으세요?" "~ 하시겠어요?" "~하지 않으시겠어요?" "~해 보신 적 있으세요?")
▢ 공격형	❍ 상담자의 권위를 강조하려는 질문(예 "그래서 핵심이 무엇이죠?")
▢ 억측형	❍ 특정 대답을 기대하는 것 같은 질문(예 "○○ 씨는 ~이 없나요?" "정말 ~하지 않으시죠?" "정말 ~하시나요? 그렇지 않죠?")

적절하지 않은 질문은 집중력을 흩트릴 수 있고, 또 질문으로만 이어지는 대화는 주도적인 자기개방보다는 질문에 대해 대답만 하는 수동적인 존재로 전락하게 할 수 있다. 그러면 효과적인 질문을 하기 위해서는 어떻게 해야 하는가?

글상자 6-2 효과적인 질문을 위한 지침

1. 내담자에게 초점을 맞춘 개방질문을 한다.
2. 한 번에 한 가지에 대해 간결·명확하게 질문한다.
3. 간접질문을 적절히 활용한다.
4. 왜 질문보다는 '무엇을' '어떻게' 형식의 질문을 활용한다.
5. 질문하고 나면, 내담자의 대답에 귀 기울인다.

질문의 절차

질문의 절차는 4단계로 이루어지는데, 그 절차는 글상자 6-3과 같다.

글상자 6-3 질문의 절차

1. 질문의 목적을 정한다. (☛ "질문의 목적이 무엇인가? 질문이 치료적으로 유용한가?")
2. 목적에 따라서 어떤 유형의 질문이 도움이 될 것인지 결정한다. (☛ "내담자의 대답을 기대할 수 있는가?")
3. 목적에 적합한 유형의 질문을 만들어 내담자에게 언어적으로 전달한다. (☛ "질문의 목적을 달성하려면, 어떤 질문을 해야 하는가?")
4. 질문의 효과를 평가한다. (☛ "질문은 효과가 있었는가?")

질문의 절차에 따른 질문의 예는 대화상자 6-2와 같다.

대화상자 6-2. 질문의 예시

내담자: 어떻게 말을 시작해야 할지 모르겠네요. 언젠가부터 남편과의 관계가 멀어지기 시작했어요. 엄마가 돌아가시고 나서부터 직장생활하기도 어려워졌고요. 그동안 엄마가 아이를 돌봐 주셨거든요.

상담자: 현재 상황에 대해 감당하기 힘들다는 느낌이 드시나 봐요. [반영] 소원해진 남편과의 관계, 어머니께서 세상을 떠나신 일, 직장생활이 어려워진 상황을 말씀하셨는데, 이 세 가지 중에서 어떤 것이 가장 염려가 되나요? [질문]

내담자: 결혼생활? (입술을 깨물며) 저는 어떤 일이 있더라도 엄마 아빠처럼 이혼하진 않을 거예요. (온몸이 긴장되면서) 근데 남편 생각은 조금 다른 거 같아요.

대화상자 6-2에 제시된 대화 예시에서 내담자의 언어적 · 비언어적 반응을 볼 때, 상담자의 질문은 효과적이었음을 알 수 있다. 왜냐하면 내담자는 구체적인 관심사에 초점을 맞추고 있고, 상담자의 질문에 위협을 느끼지 않는 것 같기 때문이다.

질문의 효과

질문은 인정, 탐색, 도전을 위해 사용되기도 하고, 특정 정보를 삶 속에서 연결하도록 돕기 위해 사용되는 유용한 상담기술이다. 그러나 글상자 6-4에 제시된 것과 같은 역기능도 있다.

글상자 6-4 질문의 역기능

1. 내담자에게 공감적으로 이해받는 느낌을 주기 어렵다.
2. 상담자가 대화의 방향을 통제한다는 인상을 줄 수 있다.
3. 상담자가 문제해결의 열쇠를 쥐고 있다는 인상을 심어 주게 될 수 있다.
4. 질문에 대한 답변을 듣고 나서 상담자가 내담자에게 해결책을 제시해 줄 수 없다면, 내담자의 실망감이 클 수 있다.
5. 추측성 질문으로 변질될 수 있다.
6. 내담자로부터 자신의 진정한 문제에 대한 자유로운 탐색과 대화의 기회를 박탈할 수 있다.
7. 내담자가 말하고자 하는 이야기의 범위를 제한하거나 초점을 벗어나게 할 수 있다.
8. 또 다른 질문으로 이어져 내담자가 소극적인 태도를 나타내게 할 수 있다.

오해를 불러일으킬 수 있는 질문의 예는 글상자 6-5와 같다.

글상자 6-5 질문에 함축될 수 있는 오해의 메시지 예시

- "그동안 아드님을 사랑으로 보살피셨나요?" (☛ "그동안 아드님을 사랑하지 않으셨군요.")
- "여자 친구와 헤어진 것에 대해 어떤 느낌이 드나요?" (☛ "나와는 상관없는 일이라 관심은 없지만, 그래도 어떤 느낌이 들었는지 호기심이 생기네요.")

연습 6-1 질문 유형 구분 연습

❖ 다음에 제시된 상담자의 반응을 읽고, 밑줄 친 부분에 각 반응에 해당하는 질문 유형의 첫 글자를 쓰시오.

• 개방질문=개	• 간접질문=간	• 양자택일형 질문=양
• 폐쇄질문=폐	• 이중질문=이	• 왜 질문=왜

____ 1 "오늘밤 잠든 사이에 기적이 일어나서 서현이의 모든 문제가 사라졌다면, 다음 날 아침 기적이 일어났음을 어떻게 알 수 있을까?"

____ 2 "실수하는 게 부끄럽다고 하셨는데, 만약 지수 씨가 실수하지 않는 사람이라면, 사람들이 그런 지수 씨를 사랑하고 존경할까요?"

____ 3 "오늘 주미가 상담을 통해 한 가지 계획을 세운다면 당장 실행에 옮길 수 있는 일은 무엇일까?"

____ 4 "하늘나라에 계신 부모님께서 지금 보미 씨 곁에 계신다면 어떤 점을 자랑스러워하실지 궁금하군요."

____ 5 "지금까지 5회기에 걸쳐 상담을 받으셨는데, 서현 씨가 원하는 성과를 얻고 있나요?"

____ 6 "현재 세미 씨께서 힘들어하고 있는 문제를 해결하기 위한 열쇠를 쥐고 있는 사람이 세미 씨 남편이라고 생각하나요, 아니면 세미 씨 자신이라고 생각하나요?"

____ 7 "민식 씨가 이전에 받았던 상담은 어땠었고, 또 신앙생활이 현재의 어려움을 극복하는 데 도움이 되고 있나요?"

____ 8 "조각가가 되려고 미대에 진학하고 싶어 하는 둘째 아드님이 왜 첫째 아드님처럼 반드시 의과대학에 진학해야 한다고 생각하시나요?"

____ 9 "한빈 씨가 원하시는 대로 부인께서 달라진다면, 한빈 씨의 삶이 어떻게 달라질까요?"

____ 10 "이번 상담에서 무엇을 얻게 된다면, 솔이 씨의 삶에서 참으로 의미 있고 유용하다는 생각이 들게 될 것인지 궁금해요."

연습 6-2 질문 형태 변환 연습

❖ 다음에 제시된 질문을 각각 '개방질문'과 '간접질문'으로 변환하시오.

1 "다른 사람들보다 더 잘한다고 생각하는 것이 있나요?"

- 개방질문: ____________________?
- 간접질문: ____________________.

2 "학교공부 외에 흥미를 느끼는 활동이 있나요?"

- 개방질문: ____________________?
- 간접질문: ____________________.

3 "지금까지의 삶에서 성공적이었던 때가 있었나요?"

- 개방질문: ____________________?
- 간접질문: ____________________.

4 "지금까지의 삶에서 다른 사람들에게 칭찬받은 적이 있나요?"

- 개방질문: ____________________?
- 간접질문: ____________________.

5 "약물치료가 문제해결에 도움이 될 거라고 말해 준 사람이 있었나요?"

- 개방질문: ____________________?
- 간접질문: ____________________.

6 "현재 겪고 있는 문제를 해결하기 위해 여러 가지 방안을 모색해 보셨나요?"

- 개방질문: ______________________________?
- 간접질문: ______________________________.

7 "오늘 상담에서 얻고 싶었지만 얻지 못한 것이 있나요?"

- 개방질문: ______________________________?
- 간접질문: ______________________________.

8 "이 문제를 겪고 있는 동안에도 가슴에 희망을 품게 한 것이 있나요?"

- 개방질문: ______________________________?
- 간접질문: ______________________________.

9 "자살생각을 하지 않았던 적이 있었나요?"

- 개방질문: ______________________________?
- 간접질문: ______________________________.

10 "당신 자신은 변하지 않아도 되나요?"

- 개방질문: ______________________________?
- 간접질문: ______________________________.

연습 6-3 개방질문 vs. 폐쇄질문 연습

❖ 다음에 제시된 내담자의 진술을 읽고, 밑줄 친 부분에 탐색을 위한 개방질문과 폐쇄질문을 쓰시오.

1 소위 말해서 일진과 어울리는 중학교 2학년 남학생(지웅)이 근심에 찬 표정으로 말한다.

> "맨날 담배 뚫던 편의점의 있었는데, 거기서 갑자기 민증('주민등록증'의 줄임말)을 달라는 거예요. 오늘 안에 형들한테 줘야 되는데, 아 노답이에요."

- 개방질문: ______________________________?
- 폐쇄질문: ______________________________?

2 왜소한 체구의 중학교 2학년 여학생(유나)이 초조한 기색으로 말한다.

> "솔직히 친구들한테 맘에 안 드는 거 말하고 싶은데, 날 싫어할까 봐 겁나서 못하겠어요. 전 말은 안 하지만, 그런 애들이 싫어요."

- 개방질문: ______________________________?
- 폐쇄질문: ______________________________?

3 중학교에 다니다가 일탈행동으로 소년원을 다녀온 후, 학업을 중단한 가출 팸 10대 청소년(영석)이 자주 얼굴을 도리질하며 말한다.

> "저랑 편의점에서 알바하는 여자애가 있는데, 걘 진짜 쩔어요('정말 대단하다'의 은어). '존예'에다가 성격도 좋아서 손님들도 좋아하고 사장님한테도 인정받는 거 같아요. 근데 전 사장님한테 맨날 혼나기만 해요. 여기서도 조만간 또 짤릴 거 같아요."

- 개방질문: ______________________________?
- 폐쇄질문: ______________________________?

4 이성 관계에 어려움을 호소하는 대학교 2학년 남학생(재훈)이 시선을 마주치지 않은 채 혼자 중얼거리듯이 말한다.

"그러니까는 사람들과의 관계에서, 특히 이성 관계에서 여학생을 만나면 공연히 어색하기만 하고, 무슨 얘기를 해야 할지 잘 모르겠어요. 괜히 내가 쳐다보면 저 사람이 어떻게 생각할까, 뭐 이런 생각 때문에 사람을 잘 못 쳐다보게 되고. 그러다 보면 내가 혹시 소심해 보이지는 않을까, 뭐 이런 걱정이 들고. 그러면 갑자기 얼굴이 빨개지고. 매번 악순환이 되풀이되는 것 같아요."

- 개방질문: ______________________________?
- 폐쇄질문: ______________________________?

5 중소기업에 다니는 30대 초반의 직장인(정현)이 연신 제스처를 하며 흥분된 어조로 말한다.

"시대가 바뀌어서 대기업에 다니는 친구들도 요즘 '칼퇴근'한다고 들었는데, 우리 회사는 규모가 작아서 그런지, 말로만 듣던 6,70년대 회사 같아요. 일과가 끝나도 윗사람이 퇴근 안 하고 있으면, 다들 눈치만 보면서 퇴근하지 못하는, 바로 그런 회사 말이에요."

- 개방질문: ______________________________?
- 폐쇄질문: ______________________________?

6 진로상담을 받고 있는 고등학교 1학년 남학생(민재)이 두 눈을 깜빡이며 말한다.

"저는 어려서부터 과학자가 되고 싶어 했어요. 막 로봇 같은 걸 만들어서 실험하고 그러는 거요. 근데 과학자가 되려면 공부를 많이 해야 되잖아요. 박사까지 공부해야 되고요. 공부를 그렇게 오래, 많이 해야 되는 건 좀 부담스럽기는 해요."

- 개방질문: ______________________________?
- 폐쇄질문: ______________________________?

7 검소한 옷차림을 한 30대 후반의 여성(다솔)이 두 손을 가지런히 무릎에 올린 채 차분한 목소리로 말한다.

> "모처럼 고등학교 동창회 모임에 나갔어요. 모임에서 중학교 때부터 같은 학교를 다닌 친구를 만났거든요. 근데 걔는 컴퓨터 관련 벤처인가 뭔가 하는 남자를 만나 결혼했는데 그동안 돈을 많이 벌었나 봐요. 기사 딸린 고급 외제 승용차를 타고 나왔더라고요. 그걸 보니까 갑자기 평생 월급쟁이 노릇이나 하고 있는 남편이 한심해지면서 미워지지 뭐예요."

- 개방질문: ____________________?
- 폐쇄질문: ____________________?

8 40대 중반의 전업주부(온유)가 다리를 꼬고 앉은 채 다양한 제스처를 하며 말한다.

> "세월이 너무 빨리 지나가는 것 같아요. 저는 어렸을 때부터 사진작가가 되고 싶었거든요. 전 세계를 여행하면서 사진을 찍는……. 근데 결혼해서 아이를 낳으니까 다니던 직장도 그만두게 되었죠. 또 이어서 둘째를 낳았죠. 그러고 나니까 뭐, 두 아이 키우느라 청춘이 다 가 버렸어요."

- 개방질문: ____________________?
- 폐쇄질문: ____________________?

9 학생들 간의 다툼 문제로 학교에 온 30대 후반의 학모(지나)가 격앙된 어조로 말한다.

> "소위 브랜드 아파트에 사는 아이들이 서로 한통속이 돼서 우리 아파트에 사는 애들을 무시하고 욕하고 때리기까지 하는가 봐요. 학교에 와서도 몇 단지 애들은 못살고, 꼬질꼬질하다는 둥 나쁜 말을 하면서 우리 아파트 아이들을 따돌리고 자기들끼리만 어울리는가 봐요. 우리 애한테서 이런 얘기를 들으면 너무 분해서 못 참겠어요."

- 개방질문: ____________________?
- 폐쇄질문: ____________________?

10 20대 후반의 직장인(지석)이 옅은 미소를 지으며 말한다.

> "뭐, 꼭 사랑해야만 결혼을 하는 건가요? 결혼하려면 사랑 말고도 여러 조건이 맞아야 하지 않을까요?"

- 개방질문: ____________________?
- 폐쇄질문: ____________________?

Chapter 07

직면

- ▢ 직면의 정의
- ▢ 직면의 목적
- ▢ 직면의 형식
- ▢ 직면의 대상
- ▢ 직면을 위한 지침
- ▢ 직면의 절차
- ■ 연습 7-1. 직면 구분 연습 I
- ■ 연습 7-2. 직면 구분 연습 II
- ■ 연습 7-3. 직면 연습

▶ 학습목표

1. 직면이 어떤 상담기술인지 이해한다.
2. 직면 기술의 사용 목적과 대상을 이해한다.
3. 직면 기술의 형식과 절차를 이해한다.
4. 직면 기술을 활용 방법을 익히고, 그 효과를 확인한다.

Chapter 07
직면

상담은 내담자가 상담자와의 대화를 적절하고 유용하며 흥미 있게 여기는 동시에 "자신의 상황에 대한 생각에 균열('인지부조화cognitive dissonance')이 생길 때" 성공적인 상담으로 이어질 가능성이 크다(Martin, 1994, pp. 53–54). 즉, 상담자와 내담자 사이의 일치는 치료적 관계를 강화하는 반면, 두 사람 사이의 불일치는 내담자의 변화를 촉진한다(Trevino, 1996). 사람들은 주관적 경험을 통해 자신만의 시각으로 세상을 보게 된다. 상담과정에서는 경험, 행동, 사고, 감정 등을 드러내면서 불일치, 비일관성, 부조화, 왜곡, 심리게임, 부인 같은 방어기제를 사용하기도 한다. 이때 필요한 개입 기술이 직면이다. 이 장에서는 내담자의 통찰과 변화 촉진을 도모하는 실행반응 기술인 직면에 대해 살펴보자.

직면의 정의

직면confrontation이란 내담자의 삶에서 의미, 영향, 목적이 있는 것으로 보이는 행동, 사고, 감정, 태도, 대인관계 등의 불일치incongruence, 부조화discrepancy, 비일관성inconsistency, 혼합메시지mixed message를 상담자가 언어적으로 드러내 주는 기술이다. 이 기술은 내담자가 자신의 불일치, 비일관성, 부조화, 모순 행동을 직시하여 새로운 조망을 갖도록 돕기 위한 도구다. 직면의 전제는 내담자의 불일치, 부조화, 비일관성, 혼합메시지에는 반드시 그 이유와 목적이 있다는 것이다. 직면 없이 공감적 이해 또는 지지만 해준다면, 상담은 비생산적이고 공허한 말잔치로 끝날 수 있다(Egan & Reese, 2018).

'도전challenge'으로도 불리는 직면은 내담자가 자신의 문제 또는 문제 상황을 새로운 각도에서 조망하게 하여 통찰을 촉진한다. 통찰insight이란 내담자가 자신의 문제 또는 문제 상황이 어떻게 발생하게 되었고, 이 문제를 해결 또는 극복하려면 무엇을 어떻게 해야 하는지를 알게 되는 것을 의미한다(정신병리에서는 '병식'이라고 함). 이러한 점에서 직면은 내담자 자신보다는 내담자가 사용하고 있는 방어기제에 직면하는 데 도움이 된다(Welch & Gongalez, 1999). 건설적인 직면은 생산적인 상담의 동력이 된다. 직면이 없다면, 상담은 활력을 잃고 정체되어 내담자는 상담의 방향성 또는 효과성을 느끼지 못하게 될 수 있다.

직면의 목적

직면의 목적은 다음과 같다.

첫째, 내담자에게서 모순되거나 불일치되거나 일관성이 없어 보이는 혼합된 언어적 · 비언어적 메시지를 드러내 준다. 예를 들어, 다른 사람의 감정을 고려하지 않고 그들의 약점이나 실수를 비꼬듯이 비판하는 것을 자신이 정직하기 때문이라고 믿고 있는 대학생이 대인관계에서 어려움을 겪고 있다고 하자. 이 내담자는 상담자의 직면을 통해 신념과 행동의 불일치에 대해 깨닫게 될 수 있다. 이처럼 내담자의 언어 · 비언어 행동의 모순점을 깨닫도록 도전하는 것은 내담자 자신의 사고, 감정, 행동이 다른 사람에게 어떤 영향을 주는지 알아차리는 데 도움이 된다. 직면은 내담자를 공격하거나 비난하기 위한 기술이 아니다. 일반적으로 다른 사람을 공격하거나 비평하는 데는 기술을 필요로 하지 않는다.

둘째, 내담자가 자신이 표출한 행동, 사고 또는 감정 사이의 불일치에 대해 책임지게 하는 한편, 지각의 확대 · 탐색을 촉진한다. 즉, 내담자가 자신의 현실을 되돌아 보게 함으로써 자기이해, 문제 상황 관리, 그리고 건설적인 의사결정을 돕는다. 이와 관련된 사례는 글상자 7-1과 같다.

글상자 7-1 직면을 통한 통찰이 내담자의 삶에 미치는 영향에 관한 사례

> 젊고 공격적으로 업무를 수행해 나가는 직장 여성이 있었다. 그녀는 '여자가 고분고분하지 않다.'는 이유로 직장 상사와 갈등을 겪곤 했다. 갈등이 계속되자, 이 여성은 상담자를 찾았다. 상담자의 공감적 이해와 직면을 통해 그녀는 자신이 업무처리에 있어서 다른 사람의 지시를 받기보다 주도적으로 해 나가는 것을 선호한다는 사실을 깨달았다. 또한 그녀는 자신이 왜 다른 사람 밑에서 일을 하는지에 대해 생각해 볼 수 있었다. 그녀는 자신의 에너지를 발산시킬 수 있는 직업군을 탐색한 결과, 직장을 그만두고 전부터 꼭 해 보고 싶었던 사업을 시작했다.

글상자 7-1에 소개된 사례에서처럼, 직면은 내담자가 미처 깨닫지 못했거나 사용하지 않은 능력과 자원을 발굴해 주는 작업이다. 직면은 내담자에게 새로운 시각을

갖게 하여 문제해결을 위한 계획을 실행에 옮기도록 독려하는 요소가 포함되어 있다. 즉, 내담자의 내·외적 행동을 건설적인 방식으로 대체·실행하도록 격려하는 것이다.

셋째, 행동 실천을 통한 삶의 변화를 꾀한다. 내담자가 직면을 통해 자신의 문제에 대한 통찰이 이루어졌다고 해서 당장 그 문제가 해결되는 것은 아니다. 변화를 위해서는 내담자의 행동 실행이 요구된다. 즉, 통찰에 상응하는 내·외적 행동 변화를 수반해야 한다. 내담자의 가장 흔한 불일치는 변화를 위해 상담을 신청했지만, 정작 변화에 강하게 저항하는 것이다(Brems, 2000). 불일치되는 점을 인식·수용하게 되면, 내담자는 비로소 행동, 사고 혹은 감정에서의 부조화가 발달해 온 방식을 탐색할 수 있게 된다. 이 과정을 통해 내담자에게는 부조화의 목적과 기능에 대한 통찰이 일어남으로써 변화에의 동기가 발생한다. 이처럼 건설적인 행동을 실행에 옮김으로써 삶에 있어서 변화의 물꼬를 트는 한편, 자신에 대해 보다 좋은 느낌이 들게 하는 과정이 바로 상담이다.

직면의 형식

직면의 형식과 그 예는 글상자 7-2와 같다.

글상자 7-2 직면의 형식과 예

- "~(이)라고 말했는데, ~(하)게 행동하고 있군요."
- "~(이)라고 말했는데, ~(이)라고도 말하는군요."
- "~ 행동을 하고 있으면서 또 ~ 행동도 하고 있군요."
- "~(이)라고 말했는데, ~(하)게 보이는군요. / ~처럼 들리는군요."

글상자 7-2에 제시된 것처럼, 직면 반응에서 가장 중요한 방법은 불일치한 내용을 그대로 진술하는 것이다. "아무 일 없이 모든 일이 잘 진행되고 있다고 말하고 있는데, 표정이 굳어 있고 목소리가 힘이 없게 들리는군요."라는 반응이 그 예다. 직면은 내담자에게 새로운 시각을 갖고 행동 변화를 위해 도전하도록 한다. 그렇다고 해서 직면이 양자택일을 위한 최후의 통첩은 아니다. 다만, 역기능적 행동을 고수하거나 새로운 행동 실천을 거부할 때, 내담자에게 어떤 결과가 일어날 것인지에 대해 내담자를 이해시키는 기술이다.

직면의 대상

직면의 대상은 내담자의 사고, 감정, 행동, 즉시성이다. 직면은 증상에는 반드시 이유가 있고, 과거 한때에 특정 목적의 성취나 적응을 위한 수단으로 활용되었다는 것을 전제로 한다. 이는 증상을 대체할 새로운 건설적인 행동, 사고, 감정이 필요함을 의미한다. 이 과정에서 적용되는 상담자의 직면은 내담자에게 존중과 배려받지 못하는 것과 같은 느낌이 들게 할 수 있다. 직면 반응의 대상과 그 예는 표 7-1과 같다.

표 7-1. 직면 반응의 대상과 예

직면 반응의 대상	예시
▢ 감정 vs. 행동	○ 여성들을 보면 사랑스런 누이 같은 느낌이 든다는 내담자가 아내에게 비아냥거리거나 때로 공격적 행동을 일삼음
▢ 사고/태도 vs. 행동	○ 부부간의 행복은 상호존중에서 비롯된다고 주장하는 내담자가 아내에게 상습적으로 폭력을 행사함
▢ 언어 행동 vs. 실제 행동	○ 자신의 성격이 너무 관대해서 문제라고 주장하는 내담자가 다른 사람의 사소한 실수에도 과민하게 반응하며 비난함
▢ 특정 공간에서의 행동 vs. 다른 공간에서의 행동	○ 상담에서는 활발하고 사교적인 내담자가 가정에서는 말이 없고 소극적인 행동으로 일관함
▢ 특정인에 대한 행동 vs. 다른 사람에 대한 행동	○ 연장자에게는 겸손하고 순종적인 내담자가 연하인 사람들에게는 거만하고 비판적인 태도를 보임
▢ 감정 vs. 사고/태도	○ 어머니를 잃은 슬픔을 토로하던 내담자가 죽음은 자연의 섭리이므로 슬퍼해도 소용이 없다고 말함
▢ 실제 감정 vs. 언어로 표현된 감정	○ 상담자의 직면에 두려운 표정을 짓던 내담자가 갑자기 분노를 표출함
▢ 특정 공간에서의 감정 vs. 다른 공간에서의 감정	○ 직장에서는 공황발작 증상을 호소하는 내담자가 상담에서는 편안하고 안전감을 느낌
▢ 특정인에 대한 감정 vs. 다른 사람에 대한 감정	○ 남편과의 관계에서 우울 증상을 호소하는 내담자가 다른 남성과의 상호작용에서는 편안함을 나타냄
▢ 특정인에 대한 사고/태도 vs. 타인에 대한 사고/태도	○ 흑인에 대해 부정적 태도를 보이는 내담자가 그을린 피부에 대해서는 긍정적인 태도를 보임

모순된 것처럼 보이는 내담자의 증상은 일종의 자기보호 기제다. 증상에는 반드시 발달하게 된 이유와 목적이 있었고, 삶의 과정에서 내담자를 보호하는 기능을 해 왔

다. 그러므로 증상 제거는 그 기능을 기꺼이 포기하고 새로운 행동, 사고, 감정으로 증상을 대체해야 함을 의미한다. 직면을 통해 내담자의 자기보호 기제를 새로운 것으로 대체하도록 돕는 과정은 흔히 상처받기 쉬운 상황이어서 내담자는 자신이 보호받지 못하고 있다는 느낌이 들 수 있다. 그러므로 직면을 효과적으로 적용하기 위해서는 상담자는 다음의 지침을 고려해야 한다.

직면을 위한 지침

직면을 효과적으로 하기 위한 지침은 다음과 같다.

첫째, 직면의 목적이 통찰을 촉진하기 위한 것임을 기억한다. 직면의 목적은 도전이나 공격이 아니라, 내담자에게 건설적인 변화를 위해 새로운 관점, 내·외적 행동의 발달을 촉진하는 것이다. 내담자에게 자신의 모순되는 점을 직시하게 하는 것은 내담자의 동의를 얻고자 함이 아니라, 건설적인 행동 실천을 위한 새로운 시각을 갖도록 하기 위함이다(Egan & Reese, 2018). 따라서 직면을 통해 내담자의 통찰과 행동의 변화를 유발하기 위해서는 상담자의 확고한 태도가 요구된다. 내담자를 공감·지지한다고 해서 제멋대로 하도록 방임하는 것은 아니기 때문이다.

둘째, 공감과 수용에 기반한 양육적인 방식으로 실시한다. 이는 따뜻한 태도와 부드러운 어조로 내담자의 구체적인 행동에 대한 느낌을 공유하는 것이다. 반면, 낙인찍기[stigmatizing], 꼬리표 붙이기[labeling] 같은 행동을 삼가야 함을 의미한다. 직면이 아무리 불일치에 대해 도전하기 위한 기술이라고 하더라도, 도전보다는 공감적 이해, 관심, 배려의 차원에서 실시되어야 한다는 것이다. 공감과 배려가 바탕에 깔린 상담자의 태도는 내담자의 방어벽을 낮추는 한편, 내담자가 자신의 모순된 모습을 기꺼이 들여다볼 수 있게 한다.

셋째, 감당할 준비가 되었다고 판단되는 경우에만 적용한다. 직면은 준비되지 않은 내담자에게는 공격적인 메시지로 인식되어 저항·반감을 불러일으킬 수 있다. 타이밍이 적절치 않은 직면은 방어/저항을 초래하고, 서로에 대해 알아 가려는 마음이 없어지게 한다. 직면의 성패는 내담자가 자신의 현재 상황을 직시하고 현재와는 다르게 행동해야 할 필요성을 인식하도록 도울 수 있는지에 달려 있다. 이를 위해 상담자는 스스로에게 글상자 7-3에 제시된 질문을 던져 봐야 할 것이다.

글상자 7-3 직면을 위한 탐색질문

1. 내담자는 어떤 관점을 가져야 문제해결 및 기회를 활용할 수 있는 행동을 실행할 수 있는가?
2. 단순히 통찰로만 끝나지 않고 내담자의 실질적인 문제해결 또는 문제 상황을 극복하고 기회를 활용하도록 돕기 위해서는 어떻게 해야 하는가?

넷째, 내담자의 약점보다는 강점에 초점을 맞춘다. 실패 경험에 초점을 맞추게 되면, 행동 변화가 어려워진다. 또한 약점을 의식하게 되면, 스스로 성취한 것을 과소평가하는 한편, 성취에 대해 보상할 줄 모르고 불안해질 수 있다(Egan & Reese, 2018). 그러므로 상담자는 직면을 통해 내담자가 인식하지 못하는 강점과 자원을 인식하도록 돕는다. 직면을 위한 지침을 정리하면 글상자 7-4와 같다.

글상자 7-4 직면을 위한 지침

1. 직면의 목적이 통찰을 촉진하기 위한 것임을 염두에 둔다.
2. 공감과 수용을 기반으로 따뜻하고 부드러운 태도를 나타낸다.
3. 감당할 준비가 되었다고 판단되는 경우에만 적용한다.
4. 내담자의 약점보다는 강점에 초점을 맞춘다.

직면의 절차

직면의 절차는 글상자 7-5와 같다.

글상자 7-5 직면의 절차

1. 부조화 상태에 도전하기보다 배려와 공감을 토대로 직접적으로 다룬다.
2. 내담자와 부조화 상태를 탐색하고, 그 실재의 인식 · 수용을 돕는다.
3. 부조화의 발달 방식, 목적, 기능, 현재 삶에 미치는 영향을 탐색한다.
4. 부조화 상태가 유지될 수 없게 하기 위한 행동, 사고, 감정 변화를 위한 전략을 실행한다.
5. 내담자의 행동 관찰을 통해 직면 반응의 효과를 평가한다.

글상자 7-6에는 내담자의 관점 변화를 위해 내담자가 자신에게 던져 볼 수 있는 자기성찰을 위한 질문의 예가 제시되어 있다.

글상자 7-6 내담자의 관점 변화를 위한 자기성찰 질문의 예시

1. 내 문제를 새로운 각도에서 본다면?
2. 내가 미처 생각해 보지 못한 점은?
3. 내가 간과하고 있었던 점은?
4. 내가 나 자신을 속이고 있었던 점은?
5. 내가 좀 더 솔직해진다면?
6. 나 자신을 속이고 있었던 부분은?
7. 내 문제의 중요한 점은?
8. 사실대로 이야기한다면?
9. 내 문제에 관한 이야기를 죄다 털어놓는다면?

내담자의 언어 행동과 비언어 행동 사이의 불일치에 대한 상담자의 직면 반응의 예는 대화상자 7-1과 같다.

대화상자 7-1. 언어 행동과 비언어 행동의 불일치 예시

내담자: 그 일이 터졌을 때, 정말 화가 많이 났었어요. (미소를 짓는다.)
상담자: 화가 많이 났었다고 하시면서 미소를 지으시네요. (직면)
내담자: 제가요? (표정이 굳어지면서) 음, 글쎄요. 그러한 일이 내 인생에서 발생했다는 사실이 너무 어처구니가 없어서요.

연습 7-1 직면 구분 연습 I

❖ 다음에 제시된 상담자의 반응을 읽고, 직면에 해당하면 밑줄 친 부분에 ○표, 직면에 해당하지 않으면 ×표 하시오.

____ 1 "인경이는 선생님한테 상담을 받게 돼서 기쁘다고 말하면서 표정이 많이 굳어 있는 것처럼 보이는구나."

____ 2 "흡연은 폐암을 비롯하여 각종 성인병의 원인이 되고 있다는 사실을 잘 알고 있으리라 생각됩니다. 그러니 경민 씨 건강을 회복하려면 무엇보다도 담배부터 끊어야 합니다."

____ 3 "지난 회기에 경주 씨께서 직접 자신의 사회생활에 걸림돌이 되는 점이 바로 습관적으로 시간약속을 못 지키는 거라면서 이번 주부터는 적어도 상담 예정 시간보다 최소한 10분 전에 도착해서 마음의 안정을 취하겠다고 했는데, 이번 주에도 약속 시간을 지키지 못하셨군요."

____ 4 "화가 나면 오히려 마음이 착 가라앉는다는 말은 분노감을 말로 표현하기 어렵다는 뜻인가요?"

____ 5 "과거에 받은 상처는 이제 모두 버리고 새 마음과 각오로 새로운 인생을 살기로 결단해야 할 것 같습니다."

____ 6 "인주 씨는 사무실 공간이 너무 좁아서 폐소공포증 증상이 있는 것 같다고 했는데, 그 사무실보다 좁은 이 상담실에서는 편안하게 보이시네요."

____ 7 "물론 네 말대로 학교 성적이 인생의 전부는 아니지만, 네가 원하는 대학에 가기 위해서는 성적 관리를 해야 하지 않겠니?"

____ 8 "지난 회기에 병준 씨께서는 가화만사성家和萬事成, 즉 집안이 화목해야 모든 일이 잘된다고 말씀하셨는데, 술을 드시면 가족들에게 폭력적인 행동을 보이시는군요."

____ 9 "지민 씨가 이야기 도중에 피식 웃곤 할 때면, 지민 씨 이야기를 진지하게 듣던 저에게는 지민 씨가 이야기 내용과 다른 어떤 생각이나 느낌이 드나 하고 의구심이 들 때가 있어요."

____ 10 "행복한 결혼생활을 위해서는 무엇보다도 부부간의 상호존중이 중요하다고 말씀하셨는데, 부인과 갈등을 겪을 때면 폭언을 퍼부으시는군요."

연습 7-2 직면 구분 연습 II

❖ 다음에 제시된 내담자의 진술을 읽고, 밑줄 친 부분에 직면으로 적절한 것의 번호를 쓰시오.

____ 1 초등학교 6학년 남학생(동현)이 언성을 높이며 말한다.

> "엄마 아빠는 누나가 공부도 잘하고 말도 잘 듣는다고 되게 예뻐하세요. 지난번에는 누나가 시험을 잘 봤다고 선물을 사 줬는데, 이번 누나 생일 때는 스마트폰을 새로 사 주셨어요. 내 거보다 훨씬 새거였는데 또 바꿔 준 거예요. 우리 엄빠(은어/엄마 아빠의 줄임말)는 내 생일은 기억도 못할 거예요. (고개를 숙이며) 그래도 전 괜찮아요. (눈물을 글썽이며) 이젠 신경 끄기로 했어요."

① 동현이는 부모님께서 공부 잘하고 말 잘 듣는 누나를 예뻐하시는 것처럼 동현이에게도 관심을 보여 주시기를 원하는구나.

② 동현이는 부모님께서 누나를 예뻐하는 것에 대해 괜찮다고 말하면서 고개를 숙인 채 눈물을 글썽이는구나.

③ 괜찮다고 말하면서 갑자기 고개를 숙이면서 눈물을 글썽이는 이유가 무엇인지 궁금하구나.

④ 동현이는 누나가 공부도 잘하고 부모님 말씀도 잘 들어서 선물을 받곤 해서 누나가 부러운가 보구나.

____ 2 어머니가 병환으로 세상을 떠난 뒤부터 학업부진 문제로 상담에 의뢰된 중학교 2학년 남학생(성진)이 침묵을 지키다가 입을 연다.

> "사람이 죽고 사는 것은 자연의 섭리잖아요. 엄마는 자연의 섭리에 따라 돌아가신 거예요. 그래서 슬퍼한다고 해서 엄마가 다시 살아날 수는 없잖아요. (갑자기 눈물을 글썽이며) 내가 슬퍼한다고 해서 죽은 엄마가 다시 살아날 수는 없다고요."

① 엄마가 더 이상 너와 함께 할 수 없다는 현실에 대해 화가 나는가 보구나.
② 엄마가 자연의 섭리에 따라 돌아가셔서 네가 슬퍼할 필요가 없다고 하면서 성진이 눈에 눈물이 맺히는구나.
③ 슬퍼한다고 해서 돌아가신 엄마가 다시 살아나겠느냐는 말은 엄마가 다시 살아나실 수 없기 때문에 슬퍼하지 않겠다는 뜻이니?
④ 엄마가 성진이 곁을 떠나가시게 되어 성진이가 느끼는 슬픔은 소중히 여기던 대상을 상실했을 때 유발되는 정서란다. 슬픔은 통합과 회복 기능이 있어서 상실에 따른 상처로부터 몸을 회복시키는 기능이 있지.

____ 3 학업중단 고위험군에 속하는 중학교 3학년 여학생이 심각한 표정으로 말한다.

> "저도 이젠 애가 아니에요. 저도 계획이 따로 있어요. -〈중략〉- 제가 아는 착한 오빠가 있는데, 그 오빠가 알바 자리도 알아봐 주고, 다 알아서 해 준다고 했어요. 알바해서 돈 많이 벌면, 엄마한테는 집 사 줄거고, 동생 민준이한테는 용돈도 줄 거예요."

① 학교를 그만두면 독자적인 계획이 있다고 했는데, 그 계획은 독자적이기보다는 아는 오빠를 의지해야 이루어지는 수동적인 계획이구나.
② 학교를 그만둔 이후에 대한 계획이 전적으로 아는 오빠에게 달려 있는 상황이구나.
③ 돈을 많이 벌면 엄마와 동생에게 무언가를 사 주겠다는 것은 학업 중단을 결심하게 된 계기가 가족들을 부양하기 위해서라는 뜻이니?
④ 아는 오빠가 알아봐 주겠다는 알바 자리의 한 달 보수가 얼마나 되는지는 알고 있니?

____ 4 상담실에 오는 것이 마음이 편하고 좋아서 무슨 일이 있어도 상담약속을 지키겠다고 말한 학교 밖 청소년이 2회기가 지나자 약속된 시간에 나타나지 않았다. 그 후, 한 달이 지나서 다시 상담실에 와서 얼굴에 어색한 미소를 지으며 말한다.

> "솔직히 말해서 엄마한테 엄카('엄마 카드'의 줄임말)를 뺏겨서 빡쳤었어요('화가 난다'의 은어). 다음엔 레알('real', 즉 '정말'을 뜻함) 올게요. 엄카 꼭 받아서."

① 상담실에 와서 나와 얘기 나누는 것이 마음이 편하고 좋다는 말을 들으니 기쁘구나.
② 여기에 와서 나와 얘기하는 것이 제일 편하고 좋다고 하면서 다른 일을 하느라 나와의 약속을 지키지 않았구나.

③ 편의점에서 알바 하느라 바빴다는 말은 그동안 경제적으로 무척 어려웠다는 뜻이니?
④ 다른 일 때문에 약속을 지킬 수 없는 상황이라면, 사전에 연락해서 약속을 취소하든지, 아니면 연기하는 것이 좋을 것 같구나.

____ 5 상담 약속을 세 차례나 어긴 10대 후반의 학교 밖 청소년(나영)이 목이 잠긴 소리로 남자 친구에 대해 털어놓는다.

> "네, 저는 남친하고 있을 때 내가 리드한다고 할까? 그냥 내 맘대로 하는 게 좋아요. 어쨌든 민준이(남자 친구 이름)는 너무 소극적이에요. 너무 어린애 같기도 하고요. 잘 삐치거든요. 내가 좀 잘해 주면 좋아하다가도 조금만 싫은 소리를 하면 말도 안 하고 그래요. 남자라면 좀 여자를 리드하는 게 있어야 하는데, 전혀 그런 게 없어요. 그래서 완전 노잼('재미없음'을 뜻하는 은어)이에요."

① 나영이의 기대와는 달리 남자친구가 너무 소극적인 태도를 보여서 실망스러운가 보구나.
② 나영이는 남자친구와의 관계가 맴돌기만 하는 이유가 남자친구가 소극적이고 상처를 잘 받기 때문이라고 생각하는구나.
③ 남자친구와의 관계에서 나영이가 리드하는 것이 좋다고 했는데, 남자친구에게 나영이를 리드해 줬으면 하는 기대도 하는구나.
④ 남자친구가 나영이가 원하는 대로 달라진다면, 남자친구와의 관계가 어떻게 달라질까?

____ 6 대학교 1학년 남학생(규민)이 흥분된 어조로 말한다.

> "솔직히 지금까지는 거의 엄마가 시키는 대로 살아왔던 것 같아요. 이젠 나도 대학생이 되었으니까 내 일은 내가 알아서 하기로 진짜 독하게 마음먹었어요. 꿈에 그리던 대학 생활이니만큼 진짜 멋지게 보내고 싶어요. 상담도 그래서 신청한 거예요. 선생님의 조언을 듣고 싶어서요. 대학 생활을 보람 있게 보내려면 어떤 것부터 해 봐야 할까요?"

① 어려서부터 거의 어머니께서 시키는 대로 했다는 것은 매사에 어머님께 의지해 왔다는 뜻인가요?
② 저의 조언을 얻고 싶다는 말을 들으니 어쩐지 어머니의 말씀대로 살아오신 생활방식을 이어가고 싶어 하는 것처럼 들리네요.
③ 막상 무엇인가 새로운 시도를 하려니까 내심 불안해지시나 봐요.

④ 이젠 규민 씨 스스로 자율적으로 살아가기로 결심했다고 했는데, 저한테 보람 있는 대학 생활에 대해 조언을 구하는군요.

____ 7 남성들과의 관계에서 번번이 상처받고 헤어지게 되었다고 호소하는 25세 여성(혜진)이 볼멘소리로 말한다.

"저는 남자들의 첫인상을 되게 중요하게 생각했어요. 그런데 첫인상과는 전혀 다른 모습을 보게 되면, 관계가 오래가지 못하고 계속 깨지고, 상처받고, 그래 왔던 것 같아요. 저도 알아요. 저한테 문제가 있다는 것. 그래서 솔직히 이젠 누구한테도 마음을 주지 않으려고요. -〈중략〉- 음, 그 친구는 만난 지 얼마 안 됐지만, 처음 만날 때부터 지금까지 사귀어 왔던 남자애들과는 완전 다르게, 되게 착해 보였어요."

① 혜진 씨는 남성을 처음 만날 때, 그 남성의 첫인상을 중요시하는데, 이번에 새롭게 사귀게 된 남자친구 역시 첫인상이 좋아서 사귀게 되셨군요.
② 혜진 씨는 남성의 첫인상을 중요하게 여기는 자신의 습성 때문에 관계가 쉽게 깨져서 상처를 받게 되고 앞으로는 누구에게도 마음을 주지 않기로 결단을 내리셨군요.
③ 남자들의 첫인상을 중요하게 여기다가 실망하고 헤어지면서 상처를 받게 돼서 이젠 누구에게도 마음 주기가 힘들 것 같다고 했는데, 이번에 새로 사귄 남자친구에게 또다시 첫인상이 좋아서 마음에 든다고 말하고 있군요.
④ 혜진 씨께서 남성과의 교제에 있어서 지나치게 첫인상에 의지하는 것 같은 패턴이 보이네요. 이번에 새로 사귀게 된 남성 역시 첫인상이 좋아서 사귀게 되었다니 혜진 씨의 이성 관계 패턴이 다시 반복되는 것은 아닌가 하는 생각이 언뜻 드네요.

____ 8 고등학교 때 성적이 우수했지만, 대학 진학을 포기하고 직장생활을 하는 20대 중반의 여성(지윤)이 애써 밝은 표정을 지으며 말한다.

"아빠 사업이 잘되었을 때는 꽤 잘살았어요. 그때만 해도 제 꿈은 좋은 대학에 진학해서 전문직에 종사하는 커리어우먼이 되는 거였어요. 근데 아빠가 친구 빚보증을 잘못 서서 사업도 접는 바람에 제 꿈도 날아가 버렸어요. -〈중략〉- 전 지금은 진학 안 하고 아빠 친구가 소개해 준 회사에 취업해서 간단한 경리 일을 보고 있는데, 차라리 잘됐죠, 뭐! 대학에 다니는 친구들하고는 연락 안 하면서 지내요. 어쩌다 길에서 봐도 제가 피해요."

① 지윤 씨의 성적이 충분했음에도 불구하고 가정의 재정적인 어려움으로 대학 진학보다는 취업을 택하게 되었군요.
② 재정적인 어려움으로 원하던 대학에 진학하지 못하고 취업하게 돼서 오히려 잘됐다고 했는데, 대학에 다니는 친구들과는 연락을 끊고 지내면서 이들과의 만남까지 피하고 있군요.
③ '모로 가도 서울만 가면 된다.'고들 하는데, 월급을 모아서라도 나중에 원하는 대학 입학을 시도해 보는 것은 어떨까요?
④ 아빠가 친구 빚보증을 잘못 서는 바람에 지윤 씨가 그렇게 원했던 대학 진학을 하지 못해서 충격이 컸겠어요.

____ 9 조증 증상으로 남편에 의해 상담에 의뢰된 30대 후반의 여성이 확신에 찬 어조로 말한다.

> "전 지금까지 내가 해 온 일이 잘못되었다고 절대로 생각하지 않아요. 크리스천으로서 당연히 말씀을 전할 의무와 권리가 있다고 생각하거든요. 그리고 직장에서도 내 능력을 높이 사고 있고요. 그런데도 세상 사람들은 내가 잠시 자리를 비운 것을 트집 잡아서 저를 핍박하고 있어요. 물론 다 예상하던 일이지만요. 옛날 선지자들도 그랬었거든요."

① 기독교인으로서 직장 내에서 전도할 의무가 있다고 생각하는군요.
② 직장생활을 성실히 하고 있다고 생각하는데, 직장 일과 무관한 전도의 의무를 다하기 위해 자리를 비우기도 하시는군요.
③ 기독교인으로서 전도의 의무를 다하고 있는데 직장 상사께서 이해를 못해 주는 것 같아서 실망스러우신가 보군요.
④ 직장에서 자리를 비우면서까지 전도하는 것이 기독교인의 의무라는 말씀이신가요?

____ 10 가출을 일삼는 청소년 자녀의 아버지가 주먹을 꽉 쥔 상태로 힘주어 말한다.

> "왜, 영국 속담에 '매를 아끼면 아이를 버리게 된다.'는 말이 있잖아요? 물론 아이가 저렇게 된 것은 아빠인 제가 아이를 엄격하게 가르치지 못하고 너무 관용적으로 대해 온 책임도 있겠지만, 애 엄마가 너무 아이를 감싸고도는 것이 더 큰 문제라고 생각해요. 엊그제도 아들이 예정 시간보다 20분이나 늦게 들어오길래 참다가 큰소리로 좀 야단쳤어요. (언성을 높이며) 집에서 부모하고 시간약속도 제대로 못 지키는 애가 커서 뭐가 되겠습니까? 아마 돌아가신 우리 아버지 같았으면 불호령이 떨어지면서 매부터 들으셨을 거예요. 그런데도 아내는 아이 야단치는 것을 못마땅하게 여기면서 또 아이 편을 드는 거예요."

① 아버님께서 아드님을 꾸짖으실 때 부인께서 아드님을 감싸고도는 태도를 보이시면 화가 나시나 봐요.

② 귀가 예정 시간보다 20분 정도 늦게 들어온 아드님을 꾸지람하신 이유는 시간약속의 중요성을 강조하기 위해서군요.

③ 아버님께서는 아이에게 너무 관용적으로 대하신다고 하셨는데, 귀가 시간보다 20분 정도 늦은 것에 대해 큰소리로 꾸짖으셨군요.

④ 아버님의 기대와는 달리 부인께서 아드님에게 관용적으로 대하시는 것이 못마땅하게 여겨지는 것은 아버님께서 어려서부터 받아 온 아버지의 엄격한 훈육방식으로부터 영향을 받았기 때문이 아닌가 하는 생각이 드는군요.

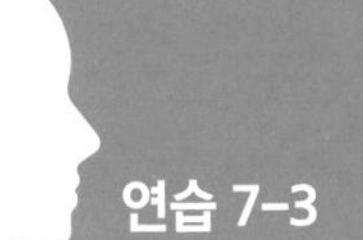

연습 7-3 직면 연습

❖ 다음에 제시된 내담자의 진술을 읽고, 밑줄 친 부분에 직면에 필요한 단서를 쓰고, 이를 토대로 직면 반응을 쓰시오.

1 엄마 말도 잘 듣고 엄마에게 자랑스러운 딸이 되고 싶다고 말했던 초등학교 5학년 여학생(민경)이 두 손을 무릎 위에 가지런히 놓은 채 말한다.

> "제 꿈이요? 커서 패션모델이 되는 거요. 그래서 모델 학원에 다니고 싶은데, 엄만 막 화내면서 무조건 안 된대요. 나중에 후회하지 말고, 공부 열심히 해서 의사나 변호사가 되래요. 엄마랑은 대화가 안 통해요. 엄마랑 얘기하면 막 화나요. 어제도 속상해서 내 방에 들어와서 엉엉 울었어요."

- 단서: ____________________

- 직면: ____________________

2 초등학교 6학년 여학생(진아)이 흥분된 어조로 말한다.

> "전 뭔가를 기대해서 애들한테 깊티('카카오톡 기프티콘'의 약자) 보내는 거 절대 아니거든요. 그냥 제가 주고 싶어서 하는 거거든요. 그리고 애들이 깊티 받고 좋아하면 기분이 되게 좋아져요. -〈중략〉- 전 애들한테 잘해 주는데, 애들은 나한테 너무 무관심한 거 같아요. 그러면 안 되는 거 아닌가요? 애들이 진짜 못됐어요."

- 단서: ____________________

- 직면: ____________________

3 부모님이 밤에 못 나가게 한다고 해서 자신을 어린애 취급을 한다고 불평을 늘어놓던 중학교 1학년 여학생(새아)이 다리를 떨면서 말한다.

> "어저께 밤에 아빠가 심각한 표정으로 앞으로 어떤 일을 하면서 살고 싶냐고 물었는데, 기분이 되게 이상했어요. 난 아직 나이도 어리고 돈도 없는데, 아빠는 내가 돈을 벌어 오기를 바라는 건가? 아니면 내가 빨리 커서 따로 살기를 바라나? 뭐 이런 생각이 들었어요."

- 단서:
- 직면:

4 학교폭력 가해 학생으로 지목된 중학교 2학년 남학생(은호)이 담배 냄새를 풍기며 연신 욕설이 섞인 것 같은 어조로 말한다.

> "전 원래 사소한 일에 잘 신경 안 쓰는 스타일이거든요. 그래서 웬만해서는 화도 잘 안 내는 성격이에요. 근데 내가 교실에 들어가는데, 그 자식이 날 째려보면서 비웃잖아요. 확 짜증나게 하니까, 그래서 갑자기 확 빡쳐서('화나다'의 은어) 그런 거예요."

- 단서:
- 직면:

5 고등학교 2학년 남학생(서영)이 매우 경직되고 긴장된 태도로 말한다.

> "지금까지 상담에 세 번 정도 온 것 같은데요. (어색한 미소를 지으며) 올 때마다 저한테 잘되라고 좋은 말씀도 해 주시고, 제가 부족한 점도 지적해 주셔서 올 때마다 맘이 너무 편해요."

- 단서:

• 직면:

6 대학교 3학년 여학생(예현)이 안절부절못하다가 고개를 숙인 채 입을 연다.

"오빠는 대학교 1학년 때 처음 만났는데요. 그동안 함께 여행도 가고, 나한테 잘 해 줬어요. 그런데 막상 헤어지기로 하니까 미안함? 음, 일종의 죄책감 같은 기분이 들었어요. –〈중략〉– (미소를 지으며) 음, 솔직히 마음은 홀가분해요."

• 단서:

• 직면:

7 20대 후반의 미혼여성(지영)이 다른 곳을 응시한 채 묘한 표정을 지으며 말한다.

"전 제가 진짜 별로라는 걸 너무 잘 알아요. 그러니까 남자들도 저를 좋아하지 않겠죠? –〈중략〉– 사실 지금까지 만난 남자들이 다 별로였어요. 저는 어디에 내놔도 부끄럽지 않은, 그런 남자를 사귀고 싶어요. 제 친구의 남자 친구들이 꽤 괜찮더라고요. 거의 모든 조건을 갖춘 것 같아요"

• 단서:

• 직면:

8 얼마 전에 친한 친구가 자살한 이후, 불면증을 호소하는 30대 초반의 여성(소정)이 발을 동동 구르며 초조한 목소리로 말한다.

"다른 사람들처럼 죽는 것에 대해서는 두려워하지 않을 거예요. 미리부터 미래를 생각하면서 불안에 떨 필요는 없겠죠? –〈중략〉– 전 솔직히 10년 후, 20년 후, 30년 후가 되면, 내가 어떻게 변할지 많이 궁금하면서 불안하기도 해요. 죽을병에 걸릴까 봐 무섭기도 하고요……. 죽으면 어떻게 될까요? 사후세계는 정말 있을까요?"

• 단서:

• 직면:

9 소규모 회사를 운영하는 40대 후반 남성(희원)이 제스처를 자주 하며 목소리에 힘주어 말한다.

> "세상에서 가족보다 소중한 것이 무엇이겠습니까? 물론 저도 가족들과도 좀 더 많은 시간을 함께하고 싶고, 즐거운 시간도 보내고 싶어요. 그렇지만 실제로 회사 일과 가정일에 균형을 맞추면서 사는 사람이 과연 얼마나 될까요?"

• 단서:

• 직면:

10 며느리와의 갈등을 호소하는 60대 여성(수정)이 미간을 찌푸리고 손사래를 치며 말한다.

> "전 누구한테 잔소리하는 사람이 아니에요. 누구에게 이래라 저래라 하는 걸 아주 싫어하거든요. 그래서 아들 며느리한테도 이렇다 저렇다 말을 잘 안 하는 편이에요. 아, 근데 요 며칠 전에 며느리가 친구한테서 강아지를 얻어 오겠다고 해서, 아들이 알레르기가 있으니까 집에서 개를 키우면 절대 안 된다고 했어요. 근데 처음에는 알겠다고 하더니, 나중에 보니까 개를 데려다 키우고 있는 거예요. (언성을 높이면서) 그래서 또 전화해서 그러지 말라고 좋은 말로 타일렀는데도, 괜찮다고 하면서 내 말을 듣지 않는 거예요."

• 단서:

• 직면:

Chapter 08

해석

- ▢ 해석의 정의
- ▢ 해석의 목적
- ▢ 해석의 형식
- ▢ 해석을 위한 지침
- ▢ 해석의 절차
- ▢ 해석의 예시
- ▢ 해석의 효과
- ■ 연습 8-1. 해석 반응 구분 연습 I
- ■ 연습 8-2. 해석 반응 구분 연습 II
- ■ 연습 8-3. 해석 연습

▶학습목표

1. 해석이 어떤 상담기술인지 이해한다.
2. 해석 기술의 사용 목적을 이해한다.
3. 해석 기술의 형식과 절차를 확인한다.
4. 해석 기술의 활용 방법을 익히고, 그 효과를 확인한다.

Chapter 08
해석

상담의 궁극적인 목적은 변화다. 내담자의 변화를 촉진시킬 수 있는 방법으로는 해석이 있다. 해석은 내담자 이야기의 의미와 동기를 이해하고, 이를 소통하기 위한 상담 기술이다. 일찍이 윌리엄 제임스는 인간은 자신의 가능성을 10% 이상 발휘하는 사람이 드물다고 말했다. 이에 해석은 내담자에게 잠재되어 있는 능력과 기회를 발굴 · 활용하도록 함으로써 문제해결을 도울 수 있는 유용한 도구다(Egan & Reese, 2018). 이 장에서는 내담자의 태도나 행동에 대해 신선한 조망 또는 설명을 제공하는 실행반응 기술인 해석에 대해 알아보기로 하자.

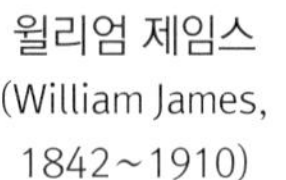
윌리엄 제임스
(William James, 1842~1910)

해석의 정의

해석interpretation은 내담자의 행동, 감정, 사고/발상, 욕구, 갈등, 대처방식, 대인관계 패턴 사이의 연관성, 동기, 원인, 인과관계에 대해 상담자가 가설의 형태로 설명해 주는 기술이다. 이 기술을 통해 내담자는 자신의 행동 사이의 관계, 의미, 동기에 대해 통찰insight을 얻을 수 있다. 해석은 삶의 사건을 이해하고자 하는 인간의 타고난 욕구를 충족시킬 수 있고, 이 욕구는 정신적 외상으로부터의 회복을 촉진한다(Frankl, 1997). 이 욕구는 또한 회복탄력성의 3요소(① 회복, ② 저항, ③ 재배열)의 하나인 재배열(사건으로부터의 새로운 정보를 받아들이고 동화하기 위해 신념, 가치, 세계관을 확장하는 능력)을 위한 자원이다(Lepore & Revenson, 2006). 표 8-1은 실행반응기술로서의 해석에 대한 학자들의 정의를 정리한 것이다.

표 8-1. 해석에 대한 학자들의 정의

학자명	연도	정의
Brammer 외	1989	❍ 내담자의 행동들 사이의 관계나 의미에 관한 가설 제시
Johnson	2012	❍ 더 나은 삶을 위한 열쇠이며 효과적인 행동 변화를 선도하는 요소
Egan	2013	❍ '고급스런 정확한 공감'으로, 내담자가 표현한 메시지를 뛰어넘어 부분적으로 표현 · 암시한 메시지로 움직여 갈 수 있도록 돕기 위한 도구
Ivey & Ivey	2013	❍ 상담자가 내담자의 태도나 행동에 대해 신선한 조망 또는 설명을 제공하는 것

해석은 내담자가 현재 직면하고 있는 문제행동의 원인을 추적 · 파악 · 설명하는 데 초점을 둔다. 설명은 개인의 삶 속에서 일어나는 사건들을 일관성 있고, 예측 가능한 형태의 체계를 제공한다. 게다가, 내담자가 쉽게 파악할 수 없는 힘에 의해 동기화되는 위치로부터 힘의 정체를 파악하고 통제할 수 있는 위치로 옮겨 준다. 즉, 내담자는 상담자의 해석을 통해 단순히 반응만 하는 수동적인 위치에서 능동적으로 활동을 전개하여 적극 변화를 추구할 수 있게 된다. 따라서 해석의 정확성은 설명력에 의해 정당화될 수 있다. 상담자는 해석을 통해 내담자가 모호하게 느껴 왔을 수 있는 문제를 언어적으로 표현하게 된다(Brammer et al., 1989). 해석은 내담자 이야기의 암묵적인 부분, 즉 명시적 또는 직접적으로 말하지 않는 부분을 다룬다는 점에서 경청반응기술과는 다르다.

해석의 목적

해석의 목적은 다음과 같다.

첫째, 내담자의 자기 행동에 대한 통찰을 증진하는 것이다. 해석은 내담자에게 문제해결에 장애가 되는 행동, 사고 또는 감정을 탐색 · 이해할 수 있는 기회를 제공한다. 통찰은 내담자에게 행동과 내면의 혼란이 자신의 결단과 의지로 얼마든지 변화 가능하다는 자신감을 가지게 한다. 상담자는 복잡하게 섞여 있는 정보와 자료를 토대로 내담자에게 가장 도움이 될 만한 부분에 대해 해석해 준다.

둘째, 내담자가 자신의 명시적 · 암묵적 메시지와 행동 사이의 인과관계 또는 패턴을 발견하도록 돕는 것이다. 즉, 과거의 경험을 지금 여기에서의 관계 패턴 또는 욕구와 연결하여 현재 행동이나 태도의 동기가 무엇인지에 대한 이해를 돕는다. 해석의 전제는 내담자의 행동이 발달과정상의 대인관계 맥락에서 형성된다는 것이다. 삶의 과정에서 중요한 타인들과의 상호작용으로 형성된 대인관계 패턴은 내담자의 현재 행동, 사고, 감정에 대한 설명력을 가지고 있다.

셋째, 내담자가 다른 조회체제에 비추어 행동을 검토해 보게 함으로써 자신의 문제 이해를 촉진한다. 내담자가 자기 행동, 사고, 감정의 원인을 인식할 수 있음은 자기인식, 자기이해, 자기수용과 함께 변화를 위한 동기 유발로 이어진다(Cormier & Hackney, 2016). 이러한 점에서 해석은 내담자에 대한 이해의 폭과 깊이를 더할 수 있는 유용한 도구다.

넷째, 내담자가 자기패배적 · 비효과적인 행동을 더 기능적인 것들로 대체하도록 동기화한다. 수준 높은 해석은 폭넓은 패턴(행동 · 사고 · 감정 · 대인관계 등)에 대해 색다른 설명을 제공한다는 특징이 있다. 색다른 설명은 상담자의 객관적인 입장과 탁월한 조회체제에서 비롯되어 다양한 자료들의 독창적인 통합에 기초한다. 그 결과, 해석적 설명은 내담자에게 자신을 통제 · 지배할 수 있다는 느낌을 선사한다.

끝으로, 내담자에 대한 치료적 태도를 소통함으로써, 내담자의 자기개방을 강화하고, 상담자에 대한 신뢰성을 높여 치료관계의 발달을 촉진하는 것이다. 관계 증진은 내담자의 문제 상황 극복을 위한 행동을 실행에 옮기도록 하는 데 동력을 제공한다. 문제 상황은 또 다른 가능성, 즉 새롭게 학습할 수 있는 기회가 되는 동시에 변화 촉진제 역할을 한다. 문제해결 방안의 모색, 발견, 실행 과정에서 내담자는 새로운 사회적 기술을 습득할 수 있다. 이에 대한 예는 글상자 8-1과 같다.

글상자 8-1 해석에 따른 실행 사례

상담자의 해석으로 지나친 성적 욕구와 생각 때문에 죄책감에 사로잡히게 된다는 사실을 깨닫게 된 대학생이 있었다. 대학에 진학하면 봉사활동을 해 보고 싶었다는 그는 아르바이트를 하느라 시간을 낼 수 없었다. 상담자는 내담자에게 과제를 통해 봉사활동 일정에 대해 알아보도록 했고, 내담자는 방학 동안 봉사활동에 직접 참여해 보기로 했다. 봉사활동에서 그는 함께 참여했던 여성과 사귀게 되었다. 그러자 그가 고민해 왔던 성적인 생각으로 인한 죄책감이 자연스럽게 사라졌다.

해석의 형식

해석은 직감hunch 또는 최적의 추측best guesses 형태로 잠정적인 분석 또는 가설의 형태로 이루어지는데, 글상자 8-2에 제시된 것과 같은 형식을 띤한다.

글상자 8-2 해석의 형식

○ "당신은 ~ 때문에 ~게 행동하는 것 같습니다."
○ "당신의 ~한 태도는 ~으로 인한 것 같습니다."

글상자 8-2에 제시된 해석의 형식에서 '~ 때문에'라는 말의 주체는 흔히 자각 밖의 동기에 해당하는 요인이다. 해석은 내담자가 전달하려는 내용을 조심스럽게 경청하는 또 다른 방법이다. 즉, 눈에 보이지 않는 추상적인 현상에 명칭을 부여하여 논리적으로 설명함으로써, 내담자의 내면에서 일어나는 현상을 그 자신의 통제 혹은 지배하에 두는 것으로 경험하기 위한 작업이다. 이러한 작업을 통해 개인의 행동이나 내적 경험은 더 이상 두렵거나 혼란스러운 대상이 아니고, 환상 속에서만 가능한 것이 아니라 현실에서도 통제가 가능한 대상으로 바뀐다. 효과적인 해석을 위해 상담자가 자신에게 확인해야 할 사항은 글상자 8-3과 같다.

글상자 8-3 해석에 있어서 상담자의 확인사항

1. 내담자의 사고와 행동은 욕구 충족을 위한 방향으로 전개되었는가?
2. 문제 극복에 있어서 내담자는 어떤 강점, 장점, 자원을 지니고 있는가?

해석을 위한 지침

내담자의 변화를 촉진하는 해석을 제공하려면, 이미 드러난 내용과 미처 표면에 드러나지 않은 쟁점을 서로 관련짓는 작업이 요구된다. 해석의 시기가 적절하고 정확해서 내담자가 자신의 현재 행동, 사고, 감정 등의 경험과 일치하는 것으로 인식하는 경우, 내담자는 해석을 통해 통찰을 앞당기게 되어 그만큼 변화의 가능성을 높이게 된다. 해석을 위한 지침은 글상자 8-4와 같다.

글상자 8-4 해석을 위한 지침

1. 내담자에게 투사한 상담자의 편견과 가치관이 아니라, 내담자의 실제적인 메시지에 기반하고 있음을 확인한다.
2. 내담자의 생애사와 문화적 배경에 맞추어 적용한다.
3. 나이가 어리거나 지적 능력이 낮은 내담자에게는 자제한다.
4. 절대적인 표현보다는 잠정적 가설의 형태로 제시한다.
5. 내담자와 안전하고 공감적으로 접촉된 맥락에서 제공한다.
6. 내담자의 일부분에 대해서보다는 전반적인 측면을 대상으로 한다.
7. 내담자가 이해하기 쉬운 어휘로 구체적 · 직접적으로 표현한다.
8. 받아들일 준비가 되어 있는 상태에서 제공한다.
9. 때로 내담자에게 맡겨 본다(예 게슈탈트 치료).

해석을 위한 지침을 준수함으로써, 상담자는 해석의 유용성을 높여 내담자의 통찰과 성장을 앞당기게 할 수 있다. 상담자는 무엇보다도 내담자에 대한 인정 · 수용을 토대로 해석 내용을 명확하게 전달하는 한편, 내담자가 통찰을 음성적으로 표현하도록 돕는다. 해석은 상담자가 독점할 필요는 없다. 예를 들어, 정신분석에서는 주로 상담자가 해석을 제공하겠지만, 게슈탈트 상담에서처럼 내담자가 자신의 행동에 대해 스스로 해석해 보도록 할 수도 있다.

해석의 절차

해석에는 정해진 공식이 없다. 따라서 해석은 내담자의 고정관념, 선입견, 특정 행동의 원인을 단일 모형이나 틀에 맞추거나 단순한 가정보다는 그가 처해 있는 독특한 상황과 환경에서 형성된 경험과 학습 내용을 기초로 이루어져야 한다(Ivey & Ivey, 2013). 해석은 글상자 8-5에 제시된 기본 가정을 전제로 이루어진다.

글상자 8-5 해석의 기본 가정

1. 현재의 대인관계 경험은 내담자의 과거에 중요한 인물들과의 관계에서 습득된 학습 및 경험과 연결되어 있다.
2. 과거, 현재, 지금 여기에서의 경험에 대한 이해는 변화와 성장을 촉진한다.
3. 이러한 요소들에 대한 설명은 내담자에게 맞출 때 유용하다.

해석은 내담자의 생애사, 인구통계학적 변인, 언어·비언어 행동 등을 종합적으로 고려하여 상담자의 직관intuition과 직감hunch을 통해 내담자 행동의 원인을 추론하는 것이다. 따라서 해석은 내담자에게 상담자의 직관적 추론의 타당성 여부를 고려해 볼 수 있는 기회가 된다. 해석 절차는 글상자 8-6과 같다.

글상자 8-6 해석의 절차

1. 내담자가 간접적으로 전달하고자 하는 암시적인 메시지를 탐색한다. (☛ "내담자의 메시지에서 암시적인 부분은 무엇인가?")
2. 다른 관점에서 내담자의 문제에 대한 견해를 떠올린다. (☛ "내담자에게 적용하고 있는 이론적 접근과 일치되는 문제 또는 사안을 보는 약간 다른 방식은 무엇인가?")
3. 상담자의 견해가 내담자의 문화적 배경과 일치하는지 확인한 후, 이를 내담자에게 전달한다. (☛ "특정 사안에 대한 상담자의 견해는 내담자의 문화와 연관성이 있는가?")
4. 내담자의 반응을 통해 해석의 효과를 확인한다. (☛ "상담자의 해석이 유용했는지의 여부는 어떻게 알 수 있는가?")

해석의 예시

해석 절차에 따른 해석의 예는 글상자 8-7과 같다.

글상자 8-7 분노감을 불안감으로 표출한 사례 예시

남편의 안전이 염려되어 불안에 시달리다가 상담실을 찾은 여성이 있었다. 화물트럭 기사인 남편이 사고를 당할까 봐 불안하다는 것이 주요 호소내용이었다. 불안으로 인해 그녀의 삶은 거의 마비 상태였다. 여행을 즐겼던 그녀는 결혼과 함께 소도시의 좁은 아파트에서 혼자 지내야 하는 날이 많았다. 게다가 남편의 수입이 적어서 자신을 불행하게 만든 남편을 속으로 원망했다. 그렇지만 남편에게 분노를 표출할 수 없었다. 가족을 위해 열심히 일하는 남편에 대해 분노감을 품는다는 것에 대해 죄책감이 들었기 때문이었다.

그녀는 표출될 수 없는 분노감을 의식하기조차 두려워서 줄곧 부인해 왔다. 그녀의 무의식은 이렇게 억눌린 충동을 남편이 끔찍한 사고를 당하는 이미지로 떠오르게 하면서 분노에 비해 용납하기 쉬운 감정인 불안을 조장했다. 그녀는 불안감 호소를 통해 남편에 대한 원망, 분노, 공격 충동을 남편에 대한 관심으로 포장할 수 있었다. 불안에서 벗어나려면, 그녀는 용기 있게 자신의 핵심감정인 내면의 두려움, 분노, 공격적 충동과 직면해야 할 것이다.

글상자 8-7의 사례에서 내담자의 불안은 핵심정서를 둘러싸고 있는 여러 정서의 복합체 중 하나다. 그녀의 속감정은 남편에 대한 분노다. 이 내담자에 대한 상담이 더 진행된다면, 그녀의 불안은 더욱 깊고 오래된 또 다른 두려움이 있음을 알게 될 수 있다. 그녀가 결혼과 동시에 직장을 그만둔 것의 공식적인 이유는 재정적으로 더 이상 직장을 다닐 필요가 없게 되었기 때문이었다. 그러나 비공식적으로는 직장생활에 대한 두려움(무지, 기대 불충족, 평가, 거부 등) 때문이었다. 따라서 그녀는 재정적으로 남편의 등 뒤로 피신함으로써, 내부의 적과 맞서는 것을 피할 수 있었다. 그녀는 두려움에서 벗어나기 위해 남편을 의지하게 된 동시에, 자신의 욕구를 충족시켜 주지 않는 남편을 원망했다. 불안은 남편을 향한 부정적인 감정을 잠재울 수 있었으나, 의존성을 강화하는 결과를 초래했다.

상담과정에서 어떤 부분이 해석되고 어떻게 활용되는가는 상담자가 적용하는 이론적 접근에 따라 다르다. 해석은 상담자의 관점, 이론적 지향점, 그리고 상담자가 내담자의 문제와 행동의 원인으로 작용하고 있다고 여기는 요인에 따라 조금씩 달라질 수 있기 때문이다. 해석을 위해 선택된 조회체제는 상담자가 선호하는 이론적 접근과 일치해야 한다. 예를 들어, 정신분석가는 미해결 불안 또는 갈등을 해석할 것이다. 아들러 치료자는 내담자의 잘못된 논리를 조명할 것이다. 교류분석가는 내담자의 게임과 자아 상태를 해석할 것이다. 인지치료자는 비합리적 · 합리적 사고를 강조할 것이다. 행동치료자는 자기 패배적 · 부적응행동 패턴을 강조할 것이다. 전통적인 내담자 중심 상담자는 해석을 자제하는 반면, 게슈탈트 치료자는 해석을 '치료적 실수'로 간주한다. 왜냐하면 해석이 내담자로부터 책임감을 박탈하기 때문이다.

해석의 효과

유용한 해석의 특징은 그럴듯하고, 의미 있으며, 논리적으로 합당한 이론적 근거와 일치되고, 경험적 관찰을 통해 검증된다. 또한 내담자에게 정당하다는 느낌이 들게 하고, 그의 내적 경험과 일치되는 특징이 있어서 상담 외부에서의 생활상의 유사한 상황에도 적용할 수 있게 된다. 해석의 기대효과는 글상자 8-8과 같다.

글상자 8-8 해석의 기대효과

1. 어려서부터 학습된 대인관계 패턴에 의해 습관적 · 자동적 행동, 사고, 감정이 일어날 때 이에 대한 자기인식self-recognition을 명료하게 할 수 있다.
2. 다양한 상황에서 유발되는 패턴(행동 · 사고 · 감정 · 대인관계) 인식을 통해 자신에 대해 명확하고 긍정적인 시각을 갖게 된다.
3. 지금 여기에서의 행동, 사고, 감정, 대처방식이 과거 중요한 인물들과의 관계와 연결되어 있음을 인식하게 되어 명확한 자기지식self-knowledge을 갖게 되고 현재 반응과 경험을 기꺼이 수용하게 된다.
4. 관계패턴의 발생 원인과 발달과정에 대한 이해를 통해 불안, 수치심, 병리적 신념 등을 버리는 한편, 자신의 행동 또는 반응에 대해 더 편안한 마음을 갖게 된다.
5. 대인관계 패턴의 변화가 가능하고, 변화의 선택이 자신의 통제하에 있다는 사실을 깨닫게 됨으로써 자신감을 회복한다.

해석의 효과를 극대화하기 위해서는 시의적절해야 한다. 해석은 적절한 시기를 기다렸다가 공감적 이해와 함께 실행되어야 한다. 이러한 점에서 공감적 이해와 타이밍timing은 해석의 중요한 요소에 속한다. 해석은 상담과정의 흐름을 저해할 수 있고 내담자에게 위협이 될 수 있다(Rogers, 1961). 해석이 아무리 정확하고 효용성이 높아도 내담자가 받아들이지 않으면 소용이 없다. 이는 아무리 좋은 선물도 상대가 받으려 하지 않으면 소용이 없는 것과 같다. 따라서 해석은 대상 내담자와의 관계, 해석 시기와 방식 등을 고려하여 타당하게 하되, 증거가 되는 관찰 결과들을 내담자와 함께 검토하는 작업이 수반되어야 한다.

해석의 가치는 언제, 무엇을 대상으로 사용되는지, 그리고 내담자가 해석을 통해 얻을 수 있는 것에 달려 있다. 해석의 사용에 있어서 상담자는 이 기술을 사용하는 이유에 대해 생각해 봐야 한다. 왜냐하면 내담자의 말을 새로운 관점으로의 전환이 요구된다는 점에서 오류의 가능성이 항시 존재한다. 따라서 상담자는 잠정적인 어조(예 '아마도' '~하지 않을까요?' 등)로 가능성을 제안하는 방식으로 제시되어야 한다.

연습 8-1 해석 반응 구분 연습 I

❖ 다음에 제시된 상담자의 반응을 읽고, 해석에 해당하면 밑줄 친 부분에 ○표, 해석에 해당하지 않으면 ×표 하시오.

____ 1 "우울 증상을 호소하면서도 치료받기를 거부하는 것은 다른 가족들이 지민 씨에게 갖는 연민의 정을 유지하기 위한 무의식적 의도가 있는 것처럼 보입니다."

____ 2 "나리 씨가 할아버지께서 여전히 살아 있다고 믿고 있는 이유 중의 하나는 어린 시절에 유일하게 나리 씨를 믿고 격려해 주셨던 할아버지께서 돌아가셨을 때, 어른들이 나리 씨를 할아버지 장례식에 데리고 가지 않았고, 나리 씨가 할아버지의 시신을 보고 돌아가신 현실에 직면할 기회가 없었기 때문이라고 보이네요."

____ 3 "그러니까 힘찬 씨는 가난한 가정의 5남매 중에 유일하게 공부를 잘해서 고등교육을 받았고, 사업가로 성공했기 때문에 집안을 수렁에서 건져 낸 장본인으로 인정받기를 원하시는군요."

____ 4 "인공관절 수술을 받아야 한다는 의사의 소견을 듣고는 너무나 걱정된다고 하셨는데, 요즘 무릎에서 피아노 소리가 난다며 활짝 웃으시니까 정주 씨의 말씀을 어떻게 받아들여야 할지 혼란스럽네요."

____ 5 "상준 씨가 직장 상사분들을 대상으로 중요한 프레젠테이션을 할 때, 갑자기 자신이 없어지곤 하는 것은 어려서 상당히 권위적이고 사사건건 비판적이었던 아버지의 태도가 영향을 미치는 것 같군요."

____ 6 "다른 동기들 보기가 좀 그렇다는 것은 이번에 영석 씨만 승진하게 된 사실에 대해 죄책감이 든다는 뜻인가요?"

___ 7 "현재 부인께서 겪고 있는 우울은 남편과의 사별로 인한 상실감과 남편에게 좀 더 잘해 주지 못했다는 자책감, 그리고 어린 나이에 세상을 떠난 어린 아들을 지켜 주지 못한 것에 대한 죄책감과 같은 복합적인 감정들로 인한 것 같습니다."

___ 8 "부인께서 민수 씨를 믿지 않는 이유가 그동안 민수 씨가 부인께 해 온 거짓말 때문이 아닐까요?"

___ 9 "친정어머니께서 암으로 세상을 떠나셨다는 소식을 들으니 얼마 전에 세상을 떠난 저희 어머니 생각이 나네요. 그 당시에 저도 어머니의 죽음을 받아들이기 무척 힘들었던 기억이 나서 수이 씨께서 얼마나 마음이 아프실까 하는 생각에 제 가슴도 뭉클해지네요."

___ 10 "그러니까 기주 씨가 스스로 목숨을 끊으려 한 것은 아버지가 시도 때도 없이 술 취한 상태로 어머니를 무례하게 대하고 학대하는 것에 대해 보복하기 위해 스스로 죽음의 위험을 무릅쓴 것으로 보입니다."

연습 8-2 해석 반응 구분 연습 II

❖ 다음에 제시된 내담자의 진술을 읽고, 밑줄 친 부분에 해석 반응으로 적절한 것의 번호를 쓰시오.

____ 1 초등학교 5학년 남학생(동주)이 다른 곳을 쳐다보며 말한다.

"5학년이 되니까 엄마가 자꾸 공부하라고만 하세요. 난 엄마가 공부하라는 소리 때문에 귀에 딱지가 앉었어요. 엄마는 내가 쉬는 꼴을 못 보세요. 내가 잠시 쉬려고 하면 막 공부하라고 소리 지르세요. 그전에는 음악에 관심이 없었는데, 요새는 블루투스 스피커로 음악 듣는 것이 좋아졌어요."

① 엄마가 동주를 볼 때마다 공부하라고 말씀하시는 것이 동주에게는 큰 부담이 되는가 보구나.
② 엄마가 동주한테 공부를 강조하신 것이 동주가 5학년이 되면서부터였구나.
③ 동주가 블루투스 스피커로 음악 듣는 것을 좋아하게 된 것은 어찌 보면 엄마의 잔소리를 피하기 위한 수단으로 보이는구나.
④ 엄마가 늘 공부하라고 말씀하시는 것은 동주가 평소에 자율적으로 공부를 하지 않고 있다는 말이니?

____ 2 아버지와 심한 갈등을 겪고 있는 고등학교 1학년 남학생(지석)이 불안한 기색으로 말한다.

"어젯밤에 기분이 안 좋은 이상한 꿈을 꿨어요. 꿈에 아빠가 교통사고를 당했다는 거예요. 그래서 병원에 가 봤는데, 아빠가 의식이 없는 상태로 병원 침대에 반듯이 누워 있었어요. 하얀 시트에 덮여서, 마치 죽은 사람처럼……. 기분이 좀 이상했어요. 불안하기도 했지만, 왠지 편안함 같은 느낌이 들면서 기분이 묘했어요."

① 아빠가 교통사고를 당해서 생사를 넘나들 정도로 무기력한 상태가 되는 꿈을 꾼 것은 지석이가 아빠에게서 벗어나고 싶은 무의식적 소망의 표현인 것처럼 보이는구나.
② 지석이는 아빠와 갈등을 겪고 있는 상황에서 아빠가 돌아가시면 어떻게 하나 하는 불안감이 드나 보구나.
③ 왠지 편안한 느낌이 들었다는 것은 지석이가 아빠의 속박에서 벗어남으로 인해서 생기는 감정이라는 뜻이니?
④ 정신분석에서 꿈은 '무의식으로 통하는 왕도'라고 했듯이, 꿈은 때로 사람들이 갖게 되는 원본능적 · 무의식적 욕구를 드러내기도 한단다.

___ 3 고등학교 2학년 남학생(재현)이 덤덤한 표정으로 말한다.

"사람들은 사랑이란 말을 좋은 의미로 받아들일지 모르지만, 저한테 사랑은 부정적인 의미 밖에 없어요. 그래서 저는 이런 말을 사용 안 해요. 왜냐면 그냥 호구 같거든요. 아무도 다른 사람을 진정으로 사랑할 수 없어요. 아무리 자식새끼라고 하더라도 달라질 건 없을 걸요?"

① 재현이는 '사랑' 하면 어떤 생각 또는 기억이 떠오르니?
② 재현이가 사랑이라는 말이 부정적인 의미로 인식되는가 보구나.
③ 재현이가 사랑이라는 말을 부정적으로 인식하게 된 것은 부모님께서 재현이를 사랑한다고 말씀하셨지만, 엄마 아빠가 헤어지게 되면서 실제로는 재현이를 사랑하지 않으신 것처럼 여겨졌기 때문이 아닌가 하는 생각이 드는구나.
④ 사람들이 일반적으로 생각하는 사랑의 정의와는 달리 재현이에게는 부정적인 의미로 생각된다는 것은 이렇게 사랑에 대한 인식이 바뀌게 된 어떤 계기가 있었다는 말이니?

___ 4 폭력적인 가정에서 자란 대학교 1학년 여학생(채연)이 착잡한 표정으로 말한다.

"음, 내가 너무 자신감이 없고, 주관이 없다는 생각이 들어요. 남자 쪽에서 나를 좋다고 그러면 아주 썩 싫지 않으면 좋아지게 되거든요. 특별히 별생각은 없는데, 왠지 머리가 혼잡한 것 같고 복잡하고 그래요. 다른 사람들은 어떤 가치관이나 그런 거가 있는 거 같은데……. 난 그동안 뭐 했나 싶기도 하고, 그런 게 너무 없는 거 같고, 그냥 확 풀어진 느낌? 뭐, 그런 생각이 들어요."

① 이성 관계에서 채연 씨가 주도적으로 선택하기보다는 남자 쪽에서 좋아해야 관계가 형성되는 상황에 대해 별로 만족스러운 느낌이 들지 않는가 보군요.

② 다른 사람들, 특히 이성 관계에서 계속해서 수동적인 입장을 취하게 되는 원인은 어린 시절 아버지와의 관계에서 비롯된 채연 씨의 낮은 자존감 때문이 아닐까 하는 생각이 드네요.

③ 음, 채연 씨 자신이 주관이 없고 자신감이 없는 것 같은 생각이 들게 된 계기는 무엇인가요?

④ 채연 씨는 특히 이성 관계에서 '나는 왜 다른 친구들에 비해 이렇게 주관이 없고 자신감이 없을까?' 하는 생각이 드시나 봐요.

5 태권도를 전공하는 대학교 3학년 여학생(정아)이 앞으로 숙이고 앉은 채 왼손으로 오른쪽 주먹을 감싸며 담담한 표정으로 말한다.

> "그랬죠. 아주 어렸을 때로 기억되는데, 아빠 사업이 잘 안 되었던 시기였던 거 같아요. 그때 아빠가 빚을 많이 지셔서 우리 가족은 살던 집에서 쫓겨났고, 변두리에 있는 비닐하우스 같은 곳에서 살게 되었어요. 근데 빚쟁이들이 거기까지 찾아와서 엄마와 자주 실랑이를 벌이곤 했어요. 아빠는 피신해 있었던 것 같고요. 그런데 하루는 엄마가 빚쟁이들과 실랑이하다가 넘어져서 피를 흘리셨는데, 전 너무 무서웠지만, 그 아저씨들에게 울면서 막 대들었던 기억이 나네요."

① 어려서부터 위협적인 상황에 노출된 것이 정아 씨가 태권도를 전공하게 된 계기와 전혀 무관한 것 같지 않은 것 같군요. 즉, 외부의 힘으로부터 약한 어머니를 보호하기 위한 선택인 것 같다는 것이죠.

② 어머니께서 약한 몸으로 빚을 받으러 왔던 남성들과 실랑이할 때 어린 정아 씨로서는 무척 두려웠겠군요.

③ 아버님의 사업이 잘 안 돼서 살기 힘든 곳으로 이사를 한 것과 빚쟁이들이 찾아와 행패를 부리던 기억이 아직도 뇌리에 생생하게 남아있으시군요.

④ 그 후에 아버님은 어떻게 되셨나요?

___ 6 한 육군 장교(지현)가 병사들을 훈계하는 과정에서 집단폭행을 당해 약간의 찰과상과 타박상, 그리고 경도의 요추 디스크 탈출의 부상을 입었다. 몇 주간의 치료를 받고 완쾌 판정을 받았고, 다시 근무해도 좋다는 판정을 받았지만, 그는 여전히 허리통증을 호소하며 걷기조차 불편해했다. 그러나 이러한 증상에 대한 의학적 증거는 발견되지 않았다. 치료에도 순응하지 않는 그는 침착한 어조로 말한다.

> "저는 투철한 군인정신으로 제 젊음을 국가와 국민의 안위를 위해 바치고자 했습니다. 또 강인한 정신력과 신체로 어떤 어렵고 힘든 일도 해낼 수 있다고 자부해 왔습니다. 그런데 그때 그 일로 제 몸은 만신창이가 되었고……. 이젠 아무 일도 할 수 없는 폐인이 되어 버렸습니다."

① 몸과 마음을 바쳐 국가와 국민을 위해 살기로 맹세까지 했는데, 뜻하지 않은 일로 몸과 마음을 다치게 되셨군요.
② 집단폭행 사건으로 몸이 만신창이가 되어 폐인이 되었다는 말은 증상에 대한 의학적 증거가 없어도 본인만이 느끼는 신체적 무력감이 있다는 말씀인가요?
③ 신체적 증상에 대한 의학적 증거가 발견되지 않았음에도 불구하고 몸이 만신창이가 되었고 무기력감이 드는 이유는 신체적 상처보다는 지현 씨의 자기상에 더 심한 치명상을 입은 것에 기인된 것으로 볼 수 있을 것 같네요.
④ 지현 씨의 증상들을 분석해 보면, 일종의 전환장애의 가능성을 생각해 볼 수 있습니다. 전환장애[conversion disorder]의 특징은 신경학적 또는 의학적 장애나 상해를 시사하는 감각이나 운동결함이 나타나는 것이거든요.

___ 7 폭음과 폭력으로 폭군처럼 군림했던 아버지, 그리고 신앙생활을 하며 선한 삶을 강조하면서도 신이 자신을 지켜 주지 못할 거라고 믿었던 어머니 사이에서 자란 30대 중반의 미혼남성(주호)이 말한다.

> "글쎄요, 어쨌든 저는 여자를 굉장히 성스럽게 생각하는 것 같아요. 음, 그러니까 가까이 다가갈 수 없는 존재라고나 할까요? (잠시 말을 멈추었다가) 음, 그렇지만 남자와 진지한 관계를 맺을 줄 아는 여자를 저는 단 한 번도 본 적이 없어요."

① 주호 씨의 이상적인 배우자는 어떤 특징을 가지고 있나요?
② 주호 씨는 여성을 매우 성스럽고, 가까이 다가갈 수 없는 존재여서 남성과 진지한 관계를 맺을 수 없는 존재로 생각하시는군요.

③ 남성과 진지한 관계를 맺을 줄 아는 여성을 만나 본 적이 없다는 것은 진지한 관계를 맺을 수 있는 여성을 찾고 있다는 뜻인가요?

④ 주호 씨가 여성을 이상화하면서 가까이 다가갈 수 없는 존재로 여기면서 여성의 대인관계 능력을 폄훼하는 것은 어린 시절 선한 삶을 강조했던 어머니와 폭력적인 아버지와의 관계에서 비롯된 것으로 볼 수 있겠군요.

____ 8 상담과정에서 남편이 외도하고 있음을 짐작하게 하는 이야기를 해 온 40대 초반의 여성(연주)이 초조한 표정으로 말한다.

> "네, 갑자기 친구한테 카톡('카카오톡'의 줄임말)이 와서 제 남편이 다른 여자를 만나고 다니는 것 같다고 하는 거예요. 그 친구는 제가 결혼할 때도 돈 많은 집 남자랑 결혼한다고 무척 부러워했거든요. 그러더니 이번에는 갑자기 엉뚱한 소리를 하는 거예요. 부러우면 그냥 부럽다고 할 것이지 왜 헛소리를 하는지 잘 이해가 안 가요."

① 여고 동창생이 남편에 관해 제공한 정보가 연주 씨 부부에 대한 시샘으로 생각되는가 보군요.

② 여고 동창생이 남편분이 다른 여성을 만나고 다닌다는 말을 듣게 되어 마음이 많이 상하셨나 봐요.

③ 삶의 과정에서 우리는 부정, 즉 의식화되면 도저히 감당 못할 정도의 위협적인 현실에 대한 지각을 무의식적으로 인정하지 않음으로써 자아를 보호하려는 기제를 사용하기도 한답니다.

④ 연주 씨께서는 남편의 외도 가능성이라는 위협적인 현실에 대한 지각을 무의식적으로 부정하고 있는 것으로 보입니다.

____ 9 폭력적인 가정에서 자란 40대 중반의 전업주부(미정)가 두 손을 맞잡은 채 미간을 찡그리며 말한다.

> "어머니는 아버지의 폭력을 못 견디고 집을 나가셨어요. 그래서 저는 초등학교 4학년 나이에 밥하는 걸 아버지한테 배우면서 매일 동생들과 끼니때마다 반찬 걱정하며 살았고, 중학생이 되면서는 김치도 담가야 했고, 매일 새벽에 일어나서 아버지 밥 차려 놓고 씻고 동생들이랑 학교 가고……. —〈중략〉— 지난주에 아무 말 없이 상담 시간에 오지 않은 것 죄송해요. 제가 왜 그랬는지 잘 모르겠어요."

① 어머니께서 가출하게 되시면서 어린 미정 씨가 장녀로서 집안 살림을 도

말아 하게 되었군요.

② 상담 시간에 오지 않은 이유를 잘 모르겠다는 것은 자신의 행동의 원인에 대한 인식을 잘할 수 없는 상태라는 말씀인가요?

③ 지난주에 상담 약속을 지키지 않으신 것은 일종의 행동화 현상으로, 폭력적인 아버지에 대한 반항적인 감정을 인식하지 못한 채 저한테 반항적인 행동으로 표출한 것으로 보이네요.

④ 미정 씨께서 지난주에 말없이 상담 약속을 지키지 않으신 것은 전형적인 행동화라고 볼 수 있습니다. 행동화acting out란 내담자가 상담과정에서 자신의 기억이나 태도 또는 갈등을 말보다는 행동으로 표출하는 것을 말합니다.

____ 10 병원 검진 결과, 신체적으로 이상이 없다고 판명된 건강하고 세련되어 보이는 50대 전업주부 여성(혜영)이 힘없는 목소리로 말한다.

> "저는 몸이 너무 약해서 명절 때가 되어도 혼자 사시는 시어머니께 인사드리러 가지도 못해요. 시어머니는 제가 성질이 못돼서 자주 찾아뵙지 않고 애 아빠도 못 가게 한다고 섭섭해하시지만, 저는 진짜 자주 찾아뵙고 싶어요. 몸이 너무 아픈 걸 어떡해요. 얼마 전엔 허리가 너무 아파서 또 병원에 다녀왔거든요."

① 병원에서도 찾아내지 못하는 증상으로 많이 힘들어하시는 것 같은데, 혹시 결혼 전에도 같은 증상을 겪은 적이 있나요?

② 병원 검진으로는 찾아내지 못한 증상 때문에 많이 불편하시겠어요. 현재 호소하는 심인성 증상은 시어머님을 찾아뵙지 않아도 되게 하는 수단으로 기능하고 있지 않나 하는 생각이 언뜻 드는군요.

③ 명백한 신체적 고통이 있는데도 아무런 이상이 없다는 병원 검진 결과에 무척 혼란스러우시겠어요.

④ 명절 때가 되어도 시어머님을 찾아뵐 수 없을 정도로 몸이 몹시 약하시군요.

연습 8-3 해석 연습

❖ 다음에 제시된 내담자의 진술을 읽고, 밑줄 친 부분에 특정 패턴의 원인이 되는 단서를 쓰고, 이를 토대로 해석 반응을 쓰시오.

1 초등학교 4학년 남학생(준하)이 수면 문제로 상담을 받던 중 창백한 표정으로 말한다.

> "몇 달 전에 시골 외할머니댁에 놀러 갔는데, 거기서 처음으로 화롯불을 봤어요. 화롯불을 보니까 어렸을 때부터 아빠가 항상 말씀해 주신 이야기가 떠올랐어요. 이 세상에서 죄를 많이 지은 사람들은 영원히 꺼지지 않는 지옥 불에 떨어져서 영혼까지 불에 타면서 고통을 당한다는 이야기요. 나도 죄를 많이 지어서 죽으면 지옥 불에 떨어질까 봐 무서워요."

- 단서: ______________________________

- 해석: ______________________________

2 고등학교 2학년 남학생(승민)이 곁눈질하며 말한다.

> "전에 다녔던 학교에서도 상담받은 적이 있는데요. 그땐 그냥 상담 쌤이 한번 들르라고 해서 갔었어요. 근데 솔직히 효과가 별로였어요. 상담 쌤이 제가 하고 싶었던 얘기에는 관심이 없었던 것 같았거든요. 아빠처럼 절 혼내듯이 말해서 너무 싫어서, 그 후로는 다시 안 갔어요."

- 단서: ______________________________

- 해석: ______________________________

3 친구와의 갈등 문제를 호소하는 대학교 2학년 남학생(지송)이 목이 잠긴 소리로 장황하게 말한다.

> "네, 걔는 자존심이 강하다고 할까요? 무튼('아무튼'의 줄임말) 진짜 똑똑하고 항상 장학금도 받고, 공부 말고도 잘하는 게 엄청 많은, 괜찮은 애인 것 같아요. 그런데 그러다 보니까 뭐랄까 잘난 체한다고 할까요? 뭐, 자기는 아주 자연스럽게 하는 행동인지 모르겠지만, 제 눈에는 띠꺼워('띠껍다' '아니꼽다'의 은어) 보여서요. 하지만 물론 진정한 친구라면 그런 점이라도 그냥 참아 주고 이해해 주는 것이 좋을 것 같았어요. 뭔가 자꾸 변화시키려는 것보다는 차라리 그냥, 걔한테 맞추는 게 나을 것 같아서요. 그래서 친구가 하자는 대로 해 왔는데, 결국은 참는 데도 한계가 있잖아요. 더 이상은 못 참겠더라구요."

• 단서:

• 해석:

4 상습적인 폭음과 폭언, 그리고 폭력적인 가정에서 자란 대학교 3학년 남학생(서진)이 입에서 술 냄새를 풍기며 분노에 찬 표정으로 말한다.

> "선생님이 아무 말도 하지 않고 있지만, 저를 어떻게 생각하고 있는지 다 알아요! (주먹을 불끈 쥐고 상담자를 노려보며) 제가 병신같고 한심한 짓만 골라서 하고 다닌다고 생각하고 있죠? 다 알아요!"

• 단서:

• 해석:

5 집단 슈퍼비전 시간에 자신이 비판적 · 폭력적인 가정에서 자라났다고 말한 적이 있는 상담심리학 전공 대학원생(유진)이 머뭇거리면서 말을 약간 더듬으며 말한다.

> "전 다른 사람의 의견이나 피드백을 잘 받아들이지 못해요. 물론 저를 위한 것인 줄은 알죠. 그걸 머리로는 잘 아는데, 인정하기가 어려운 거 같아요. 심할 땐 숨이 가빠지고 식은땀도 나고, 온몸에 힘이 하나도 없어질 때도 있어요. –〈중략〉– 또 내담자에게 직면이 필요하다는 생각은 드는데, 직면한다면 내담자가 어떻게 생각할까 염려가 되니까 아예 시도조차 못 하는 거예요. 내가 왜 이러는지 모르겠어요."

• 단서:

• 해석:

6 어린 시절 부모가 이혼하게 되면서 어머니와 단둘이 살아왔고, 이성과 교제를 잘하다가도 관계가 깊어질 무렵이 되면 갑자기 절교를 선언하기를 반복해 온 35세 미혼여성(서영)이 또다시 3년간 사귀어 왔던 남성과 헤어지기로 했다면서 태연하게 말한다.

> "현우 씨도 저를 사랑하고 저도 현우 씨를 사랑하지만, 저는 현우 씨에게 평생 동반자로서는 인연은 아닌 것 같다고 했어요. 음, 저는 저의 직감을 믿어요. 그래서 현우 씨를 계속 만날수록 서로에게 더 큰 고통이 될 것 같아서 헤어지자고 했고, 더 이상 연락하지 말아 달라고 했어요. 그게 전부예요. 그 순간 세상이 끝나는 것 같았지만요. 그렇지만 견뎌야죠."

• 단서:

• 해석:

7 남자 친구와 헤어지면서 우울 증상을 보이며 자살생각을 하는 30대 초반의 직장인 여성(세원)이 나지막한 목소리로 입을 연다.

> "제가 원래 소심하고 말이 별로 없어요. 그래서 어려서부터 변변한 친구가 없었어요. 음, 그랬던 저한테 남자 친구는 좀 과분했죠. 그래서 저는 그저 항상 편안하게 해 주고, 잘해 주고 싶었어요. (말을 멈추었다가) 저 말고도 다른 여자가 있다는 사실을 알기 전까지만 해도요. (체념한 듯한 목소리로) 다 제 잘못이에요."

- 단서:
- 해석:

8 최근 화재로 아내와 두 자녀를 잃은 30대 후반의 남성(민석)이 떨리는 목소리로 말한다.

> "그 일이 있고 난 뒤로는 그 충격에서 벗어날 수가 없어요. 밤에 자려고 누우면, 아내와 아이들 모습이 너무도 선명하게 떠올라서 눈을 붙일 수가 없어요. 다 저 때문이에요. 제가 지켜주었어야 했는데……. 제가 평소에 죄를 많이 져서 저한테 이런 일이 생긴 것 같아요. 직장도 그렇고, 앞으로 어떻게 살아가야 할지 모르겠어요."

- 단서:
- 해석:

9 40대 중반의 여성(동희)이 울먹이면서 말한다.

> "작년에 돌아가신 친정엄마가 요즘 들어서 자꾸 꿈에 나타나세요. 어젯밤 꿈에 오셔서는 내 손을 꼭 잡고는 아무 말씀도 안 하시면서 눈물을 뚝뚝 흘리시는 거예요. 그래서 나도 엄마 손을 꼭 잡고 펑펑 울었어요. 친정엄마도 암으로 돌아가셨거든요."

- 단서:

• 해석:

10 가슴의 통증을 호소하며 병원을 찾았지만, 명확한 원인을 찾지 못해 정신건강의학과로 의뢰된 50대 초반의 여성(여원)이 창백한 표정으로 말한다.

> "어느덧 2년이란 세월이 흘렀는데도 아버지라는 존재를 생각하면, 명치 깊은 곳에 단단히 똬리를 틀고 있는 불덩이가 식을 줄을 모르네요. 평생을 혼자서 네 자녀를 길러낸 아내에게 배움이 짧았다고 '무식한 년'이라고 욕을 하지 않나, 젊은 시절 내내 이 여자 저 여자와 지내고, 노름으로 보내면서 다른 여자와 살림까지 차렸다가 돈 떨어지니까 집으로 들어와 술주정과 행패를 일삼지를 않나. 장성한 자식들과 사위들 앞에서 칠십 바라보는 아내에게 화가 풀릴 때까지 쌍욕을 해 대더니, (눈물을 글썽이며) 이젠 아내가 병으로 죽게 생기니까 암 보험료 타 오라고 호령하는 사람을 내 아버지라고 부를 수 있나요?"

• 단서:

• 해석:

Chapter 09

정보제공

- ▢ 정보제공의 정의
- ▢ 정보제공의 목적
- ▢ 정보제공의 사용 시기
- ▢ 정보제공을 위한 지침
- ▢ 정보제공의 절차
- ▢ 정보제공의 예시
- ■ 연습 9-1. 정보제공 구분 연습
- ■ 연습 9-2. 정보제공 자료 탐색 연습
- ■ 연습 9-3. 정보제공 반응 연습

▶ 학습목표

1. 정보제공이 어떤 상담기술인지 이해한다.
2. 정보제공 기술의 목적과 적용 시기를 이해한다.
3. 정보제공 기술의 형식과 절차를 확인한다.
4. 정보제공 기술의 활용 방법을 익히고, 그 효과를 확인한다.

Chapter 09

정보제공

상담이 진행되는 동안 내담자에 따라서는 사실적인 정보를 필요로 할 때가 있다. 이때 필요한 상담기술이 정보제공이다. 정보제공은 흔히 충고나 조언, 또는 해결책 제시와 혼동되는 기술이다(Cormier & Hackney, 2016). 정보제공은 충고나 해결책 제시와는 다르다. 충고나 해결책 제시는 보통 특정한 해법이나 실행경로를 추천하거나 처방하여 이를 따르도록 하는 것이다. 반면, 정보제공은 내담자의 문제해결 또는 의사결정 등에 필요한 사실적인 정보를 제공하는 것이다. 이 장에서는 실행반응기술의 하나인 정보제공에 관해 알아보고 연습해 보기로 한다.

정보제공의 정의

정보제공information-giving은 경험, 사건, 대안 또는 사람들에 관한 데이터 또는 사실을 내담자에게 구두로 전해 주는 상담기술이다. '교육적 직면educational confrontation' 또는 '심리교육psychodidactics'으로도 불리는 이 기술은 내담자에게 문제 상황에 대한 새로운 조망을 발달시키고, 의사결정을 위한 대안을 제공하며, 사고 또는 행동 변화의 계기를 마련해 준다. 상담자가 제공하는 정보는 내담자가 겪고 있는 문제를 효율적으로 해결 · 관리할 수 있고, 미처 사용하지 않은 기회 발굴에 도움이 되는 특정 사실에 관한 것이다.

정보제공은 특히 정보 부족 또는 잘못된 정보로 문제 상황에 놓이게 된 내담자에게 유용하다. 이 기술은 내담자에게 자신의 행동, 사고, 감정, 경험에 대한 잘못된 생각 또는 자기 패배적 · 파괴적인 사고를 되돌아 볼 수 있게 한다. 정보제공의 효용성은 사실적 정보 자체보다는 내담자가 정보를 인식 · 사용하는 방법에 있다. 정보제공과 이어지는 논의를 통해 내담자는 특정 주제에 관한 요긴한 지식을 얻게 된다. 그렇다면 정보제공과 해결책 제시는 어떻게 다른가?

정보제공 vs. 해결책 제시. 정보제공은 해결책 제시가 아니다. 해결책 제시solution-giving는 문제해결 또는 관심사에 대한 욕구 충족을 위한 대안적 행동을 실행에 옮기도록 권하는 것이다. 이는 무엇을, 어떻게 해야 하는지를 일러 주는 것으로, 상담자의 기대가 수반된다. 해결책 제시는 언뜻 내담자에게 유용한 조력 기술인 것처럼 보인다. 그러나 다음과 같은 점에서 상담자와 내담자를 함정에 빠뜨릴 수 있다.

첫째, 내담자의 문제해결을 가장한 상담자의 우월감 욕구 충족을 위한 수단이 될 수 있다. 해결책 제시는 상담자가 내담자보다 우월하다는 점, 그리고 글상자 9-1에 제시된 것과 같은 내담자의 자율적인 문제해결 능력에 대한 불신의 메시지가 담겨 있다.

글상자 9-1 해결책 제시에 담긴 암묵적 메시지

- "난 당신이 모르는 문제해결 방법을 알고 있어."
- "나는 권위 있는 전문가이니까 당신은 내 말에 따라야 해!"
- "당신은 무지해서 내 도움 없이 이 문제를 스스로 해결할 수 없어!"

따라서 내담자가 해결책을 받아들여 실행에 옮기는 경우, 상담자는 자신의 우월감을 확인할 수 있게 된다. 그러나 만일 내담자가 이를 받아들이지 않거나 실행에 옮기지 않는다면, 상담자는 자신의 권위에 대한 도전으로 받아들여 내담자에 대한 실망 또는 분노감을 갖게 될 수 있다.

둘째, 내담자에게 수용 또는 거절에 대한 부담을 줄 수 있다. 이는 과거 중요한 타인과의 미해결 감정을 자극하여 저항의 원인이 되거나 반대로 의존성을 키울 수 있다. 전자의 경우가 내담자의 저항과 적대감을 다루느라 상담 시간을 허비하게 될 수 있다면, 후자의 경우는 내담자가 스스로 생각하지 않게 할 수 있고 자신의 행동에 대한 책임을 질 수 있는 경험을 박탈하게 된다는 문제가 있다. 해결책 제시의 잠재적 문제점은 글상자 9-2와 같다.

글상자 9-2 해결책 제시의 잠재적 문제점

1. 이미 실행에 옮겨 봤을 수 있고, 그럼에도 불구하고 문제가 해결되지 않아서 상담을 신청했을 수 있음
2. 만족스러운 경우, 상담자를 지나치게 의존하게 될 수 있고 앞으로의 상담회기에서도 더 많은 해결책을 기대하게 될 수 있음

3. 실패하는 경우, 그 책임이 상담자에게 돌려져 상담자를 비난하게 되고 조기 종결의 원인이 될 수 있음
4. 스스로 배우거나 책임을 질 수 있는 내담자의 기회를 박탈함
5. 향후 상담자의 다른 견해를 거절하게 될 수 있음
6. 해결책을 잘못 해석함으로써 상담자의 제안을 따르기 위해 자신 및/또는 타인에게 해를 입힐 수 있음

대화상자 9-1은 '해결책 제시'와 '정보제공' 기술의 이해를 돕기 위해 대화의 예를 비교한 것이다.

대화상자 9-1. 해결책 제시 vs. 정보제공의 예시 비교

[세 살 된 아들에 대한 자녀교육 문제로 상담자를 찾은 내담자가 말한다.]

내담자: 저는 아이가 뭔가를 사 달라고 하면 거절을 못 하겠어요. 아이에게 위험할 수도 있는데, '안 돼!'라는 말을 못 하는 저 자신이 너무 답답하고 한심해서 어떨 때는 너무 화가 나요.

○ **해결책 제시**: "지금부터 당신이 거절하는 데 편안하게 느끼는 일에 대해 하루에 한 번씩 아이에게 안 된다고 말해 보는 게 어떨까요? 그러고 나서 어떤 효과가 있을지 지켜보기로 하지요."

○ **정보제공**: "당신이 현재 상황을 다루고 있는 방식에 영향을 줄 수 있는 것이 두 가지가 있다는 생각이 드네요. 하나는 당신이 '안 돼!'라고 말한다면 어떤 일이 일어날 것 같은 느낌이 드는지에 대해 이야기를 나누는 것이에요. 다른 하나는 당신이 어렸을 때 당신의 가정에서 당신의 요구가 어떻게 다루어졌는지에 대해 탐색해 보는 것이지요. 우리는 흔히 의식하지 못한 상태에서 우리가 양육된 방식대로 자녀 양육을 답습할 수 있거든요."

대화상자 9-1에 제시된 첫 번째 상담자는 성공할 수 있거나 그렇지 않을 수 있는 문제해결 방법을 권하고 있다. 만일 결과가 좋다면, 내담자는 고무된 느낌이 들면서 상담자가 다른 마법적인 해법을 알고 있을 거라고 기대할 수 있을 것이다. 그러나 결과가 좋지 않다면, 내담자는 더욱 낙담하게 되면서 상담이 자신의 문제해결에 도움이 될 수 있을지에 대해 의문을 품게 될 수 있다.

정보제공의 목적

정보제공의 목적은 글상자 9-3과 같다.

글상자 9-3 정보제공의 목적

1. 문제해결의 대안 발굴 · 평가
2. 특정 선택이나 실행계획의 가능한 결과 제공
3. 잘못된 정보 또는 신념을 정확한 내용으로 대체
4. 내담자가 회피해 왔던 핵심 사안들의 검토 · 격려

글상자 9-3에 제시된 정보제공의 목적을 구체적으로 기술하면 다음과 같다.

첫째, 내담자가 자신에게 유익한 대안을 탐색하도록 돕는다. 예를 들어, 원치 않은 임신을 하게 되어 낙태를 유일한 선택이라고 생각하고 있는 내담자에게 정보제공을 통해 현명한 결정을 내릴 수 있도록 돕는 것이다.

둘째, 내담자가 특정 선택이나 실행계획의 가능한 결과를 알려 준다. 정보를 제공한다는 것은 다른 선택과 실행에 대해 평가해 볼 수 있는 기회를 줄 수 있다. 예를 들어, 미성년자여서 낙태를 하려면 부모의 동의가 필요하다는 사실을 모르고 있던 내담자라면, 이에 관한 정보는 향후 선택에 영향을 미칠 수 있다.

셋째, 타당성이 없거나 신뢰가 떨어지는 데이터를 수정하거나 신화를 반박하기 위함이다. 정보제공은 내담자가 특정 사안에 대해 잘못된 정보를 가지고 있는 경우에 필요할 수 있다. 예를 들어, 낙태를 수치심으로 여기거나 산아제한의 수단일 뿐이라는 잘못된 가정에 근거하여 낙태를 꺼리던 원치 않은 임신을 한 여성이 상담자의 정보제공을 통해 낙태에 대한 신념에 변화를 줄 수 있다.

넷째, 내담자가 회피해 온 사안 또는 문제를 검토하도록 돕는다(Egan & Reese, 2018). 예를 들어, 일정 기간 동안 몸이 불편했던 내담자는 다양한 질병들에 대한 치료를 무시하게 되면서 발생할 수 있는 가능한 결과에 관한 정보에 직면하게 되면서 이러한 문제를 탐색하는 계기로 삼을 수 있을 것이다. 그렇다면 상담과정에서 내담자에게 필요하다고 판단되는 정보는 언제 제공되어야 하는가?

정보제공의 사용 시기

정보제공이 필요한 시기는 글상자 9-4와 같다.

글상자 9-4 정보제공의 시기

1. 내담자의 문제해결을 위한 정보와 자료가 필요할 때
2. 내담자의 잘못된 생각이나 신념에 변화를 주고자 할 때
3. 내담자의 의사결정을 위한 대안 모색 및 평가를 돕고자 할 때
4. 내담자가 처한 상황을 다른 시각에서 볼 수 있도록 돕고자 할 때
5. 내담자가 과거에 회피해 왔던 문제점들을 검토해 보도록 돕고자 할 때

적절하면서도 효과적인 정보는 내담자가 꼭 해야 하는 것이 아니라, 깊이 생각해 볼 수 있고 실행에 옮길 수 있는 것으로 제공된다. 또한 반드시 고려해야 할 것이 아니라, 고려해 볼 수 있는 것으로 제시된다. 따라서 해결책을 제시하는 것보다는 내담자가 스스로 문제를 해결할 수 있도록 돕는 것이 바람직하다. 만일 상담과정에서 문제해결 능력을 습득한다면, 내담자는 다른 상황에도 적용함으로써 능히 스스로 문제를 해결해 나갈 수 있을 것이다. 정보제공의 유용성은 언제, 어떤 정보가 어떤 맥락에서 제공되느냐에 따라 다르다.

정보제공을 위한 지침

정보의 전달 시기, 유형, 방법에 따른 정보제공의 지침은 표 9-1과 같다.

표 9-1. 전달 시기, 정보 유형, 전달 방법에 따른 정보제공의 지침

범주	지침
▢ 전달 시기	1. 적절한 시점에서 제공한다. 2. 내담자에게 제공 가능하고 유용한 정보를 확인한다. 3. 내담자가 가지고 있는 정보를 평가한다. 4. 내담자가 받아들일 준비가 되어 있는지 확인한다.
▢ 정보 유형	1. 내담자에게 필요하고 유용한 정보만을 선별한다. 2. 정보의 정확성 · 신뢰성을 확인한 후에 정보를 제공한다. 3. 중요한 정보부터 순차적으로 제공한다. 4. 정보의 문화적 연관성을 확인한다.

□ 전달 방법	1. 간결하고, 전문용어를 피함으로써 정보에 대한 이해를 높인다. 2. 모든 관련된 사실들을 제시한다(부정적인 정보 포함). 3. 제공되는 정보의 양을 부담스럽지 않을 정도로 적당히 제한한다. 4. 종이와 연필을 사용하여 핵심 내용이나 사실을 강조한다. 5. 내담자에게 정보의 요점을 말해 보게 함으로써 반응을 확인한다. 6. 적정한 시점에서 정보제공을 완료하여 실행을 촉진한다.

정보를 사용하고 실행에 옮길 것인지를 결정할 책임은 내담자에게 있다. 따라서 정보제공이 상담자의 가치관을 내담자에게 주입하기 위한 토론회가 아니라, 내담자의 활용을 독려하는 방식으로 이루어져야 한다(Egan & Reese, 2018). 그리고 정보제공 후에는 반드시 내담자의 반응을 탐색 · 논의한다. 정보에 따라서는 내담자에게 정서적 영향을 주기도 한다. 특히, 심리검사 결과와 같은 정보는 내담자에게 오랫동안 다양한 감정을 남길 수 있기 때문이다.

정보제공의 절차

정보제공의 절차는 글상자 9-5와 같다.

글상자 9-5 정보제공의 절차

1. 내담자에게 필요한 정보가 무엇인지 확인한다. (☛ "내담자에게 필요한 정보는 무엇인가?")
2. 내담자의 문화적 배경을 고려하여 정보의 적절성을 결정한다. (☛ "내담자의 문화적 배경을 고려할 때, 이 정보는 적절한가?")
3. 내담자의 이해를 촉진하는 방식으로 정보를 순차적으로 배열한다. (☛ "이 정보를 어떻게 순차적으로 배열할 수 있는가?")
4. 내담자가 쉽게 이해할 수 있는 방식으로 정보전달 방법을 정한다. (☛ "내담자가 이해하기 쉽게 하려면 정보를 어떻게 전달해야 하는가?")
5. 내담자에게 미칠 수 있는 정서적 영향을 고려하여 정보를 제공한다. (☛ "이 정보가 내담자에게 미칠 수 있는 정서적 영향은 무엇인가?")
6. 정보제공의 효과를 평가한다. (☛ "정보제공의 효과는 어떻게 알 수 있는가?")

정보제공의 효과는 제공된 정보에 대한 내담자의 반응과 이후의 상담회기에 내담자가 정보를 어떻게 활용하는지를 확인함으로써 평가할 수 있다. 내담자에 따라서는 제공된 정보를 기억했다가 나중에(심지어 상담이 종결된 이후) 실행에 옮기기도 한다.

정보제공의 예시

정보제공의 예는 글상자 9-6과 같다.

글상자 9-6 정보제공을 위한 사례

내담자는 30대 부부로, 세 살 된 아들에 대한 양육법에 대한 견해차로 갈등을 빚어 왔다. 남편은 유교적 전통을 강조하는 보수적인 가정에서 자란 반면, 아내는 비교적 자유분방한 가정에서 자랐다. 남편은 아들이 너무 버릇이 없어서 매를 대서라도 나쁜 버릇을 고쳐야 한다고 믿고 있는 데 비해, 부인은 이해와 사랑이 최선의 양육법이라고 생각하고 있다.

정보제공의 절차와 절차별 예시는 글상자 9-7과 같다.

글상자 9-7 절차에 따른 정보제공의 예

1. 내담자에게 필요한 정보는 무엇인가? ☛ 효과적인 부모 역할과 양육 기술에 관한 정보
2. 내담자의 문화적 배경을 고려할 때, 이 정보는 적절한가? ☛ 이 부부가 자라난 배경이 두 사람의 부모 역할과 양육방식에 있어서 차이를 가져온 것으로 짐작됨. 이 두 가지 가치체계에 적절한 정보를 찾아야 할 것임 (* 제공해야 할 정보: ① 자녀는 누구나 때로 한계 설정이 요구됨, ② 부모 · 자녀 관계에는 위계가 존재해야 함, ③ 자녀는 부모가 자녀 앞에서 항상 의견의 불일치를 보일 때보다는 함께 노력할 때 더 잘 기능함)
3. 이 정보를 어떻게 순차적으로 배열할 수 있는가? ☛ 세 번째 정보에 대해 논의한 다음, 두 사람의 접근이 어떤 방식으로 각자의 문화적 배경을 반영하고 있는지 확인함. 어떤 접근도 옳고 그름으로 판단할 수 없고 다만 서로 다름을 강조함. 공통적인 일치점을 강조함
4. 내담자가 이해하기 쉽게 하려면 정보를 어떻게 전달해야 하는가? ☛ 부부의 가치관에 합당한 방식으로 정보를 전달함. 엄마는 이해, 지지, 양육을 가치 있게 여기는 반면, 아빠는 권위, 존경, 통제를 가치 있게 여김
5. 이 정보가 내담자에게 미칠 수 있는 정서적 영향은 무엇인가? ☛ 만일 정보를 긍정적인 방식으로 전달한다면, 이 부부에게 호소력이 있을 것으로 기대됨. 한쪽은 안도감을 느끼는 반면, 다른 한쪽은 불안감, 죄책감 또는 자기비하감을 느끼지 않도록 공정한 입장을 유지해야 할 것임
6. 정보제공의 효과는 어떻게 알 수 있는가? ☛ 정보제공에 대한 언어적 · 비언어적 반응과 이후의 상담 회기에서 정보의 사용 여부를 관찰 · 경청함으로써 평가할 것임

정보제공 반응의 예시는 대화상자 9-2와 같다.

대화상자 9-2. 정보제공 반응 예시

상담자: 저는 두 분이 자녀를 무척 사랑하고 있고, 또 훌륭하게 성장해야 한다는 점에 대해서는 이견이 없음을 알 수 있었습니다. 그래서 제가 다음에 말씀드릴 것은 두 분이 자녀에게 최선이 되는 것을 할 수 있는 방법을 모색하고 있다는 생각에 기반을 두고 있습니다. 두 분이 자녀에 대해 어떻게 느끼고 있는지에 대한 논의에 있어서 부모 역할에 대해 의견의 일치를 보는 방식을 찾을 수 있다면 아이가 더 잘할 것이라는 사실을 기억하시기 바랍니다. 두 분이 분투하고 있는 일부분은 부모 역할이 서로 다른 방식으로 간주된 가정 분위기에서 성장한 점이라고 생각합니다. 우선 이러한 차이점에 대해 이야기해 보면 어떨까 하는 생각이 듭니다. 그런 다음, 두 분이 쉽게 동의할 수 있는 영역을 찾아 보기로 하지요.

연습 9-1 정보제공 구분 연습

❖ 다음에 제시된 상담자의 반응을 읽고, 정보제공에 해당하면 밑줄 친 부분에 ○표, 정보제공에 해당하지 않으면 ×표 하시오.

____ 1 "이차감정의 대부분은 분노감이지요. 그런데 분노가 이차감정이라는 사실을 받아들이기는 쉽지 않아요. 왜냐면 그것을 받아들인다는 것은 자신이 화를 낸 데 대해 상대방을 비난하지 않고 자기 자신을 반성해야 한다는 것을 의미하기 때문이지요."

____ 2 "지난 회기에서는 아드님을 마음속 깊이 사랑하신다고 하셨는데, 오늘은 목에 붙은 혹처럼 아주 성가신 존재라고 말씀하시네요."

____ 3 "다른 사람들과 말을 섞기보다는 다소 거리를 두고 자기 내면의 소리에 귀 기울여 보는 것이 좋을 것 같아요."

____ 4 "신경성 폭식증은 과식이나 폭식을 한 후에 부적절한 보상행동을 반복적으로 하는 섭식장애를 말하는데, 이 장애가 있는 사람들은 스스로 구토를 하거나, 하제나 이뇨제를 사용하거나, 기타 약물을 남용하거나, 단식이나 지나친 운동 등으로 폭식에 대한 보상행동을 하는 특징이 있어요. 또 흔히 낮은 자존감과 관련되는 우울증을 동반하는 경향이 있는데, 치료는 보통 인지행동치료와 약물치료를 병행하는 것이 일반적이에요."

____ 5 "엄마 아빠가 자꾸 말다툼 하시는 것이 아빠가 술을 많이 마시고 집에 들어오기 때문이라고 생각하는구나."

____ 6 "경찰에 피해 신고를 하고, 성폭력 피해 상담소에 도움을 요청하면 신고 후의 진행되는 일에 도움을 받을 수 있어요. 그리고 산부인과에 가서 혈액검사를 통해 임신 여부를 신속하게 확인해 봐야 할 것 같아요."

____ 7 "막상 남편과 이혼하게 되니까 그동안 함께 했던 추억이 떠올라서 마음이 많이 아프다고 말씀하셨는데, 환한 미소를 짓고 계시네요."

____ 8 "초등학교 선생님이 되기 위해서는 전국 11개의 교육대학에 진학하거나 이화여대 초등교육과, 한국교원대학교 초등교육과에 진학해서 졸업하면 초등교사 2급 정교사 자격증을 받을 수 있단다. 교사 자격증을 받고 임용고사에 응시해서 합격하면 초등교사가 될 수 있지."

____ 9 "헌중 씨의 사업이 기울게 되면서 친하게 지내던 친구들이 갑자기 헌중 씨 뒤에서 험담하는 것처럼 여겨지는 것은 헌중 씨의 욕구좌절로 인한 일종의 투사처럼 여겨지네요."

____ 10 "체중 조절하는데 밥을 굶게 되면 쉽게 요요현상이 올 수 있어요. 체중조절을 위해서는 식이요법과 운동요법을 병행하는 것이 그 효과를 높일 수 있습니다."

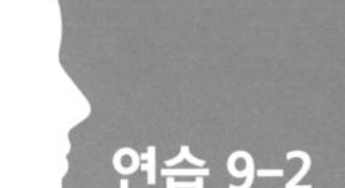

정보제공 자료 탐색 연습

❖ 다음에 제시된 사례를 읽고, 밑줄 친 부분에 내담자에게 필요한 정보를 쓰시오.

1 몇 달 전 살인사건으로 아버지를 잃은 초등학교 1학년 남자 아동의 어머니는 아들이 장난감 총이나 장난감 병사들을 가지고 놀면서 반복적으로 마치 살인사건을 재연하는 것 같은 행동을 보이면서 아빠를 살리기 위해 자신이 무언가를 했어야만 했다는 생각에 집착하는 것 같다고 호소한다.

○ ____________________

○ ____________________

○ ____________________

○ ____________________

2 초등학교 2학년 남자 아동이 같은 반의 여자 아동이 하지 말라고 하는데도, 여자 아동의 옷 위로 가슴과 성기 부분을 두 차례 만졌다. 이 여아를 통해 이 사실을 알게 된 여아의 어머니는 학교에 전화를 걸어 항의하는 동시에 이 문제를 어떻게 처리하면 되는지를 묻는다.

○ ____________________

○ ____________________

○ ____________________

○ ____________________

3 초등학교 3학년 아동의 어머니가 자녀의 성격을 알아보기 위한 심리검사를 받아 보고 싶은데, 어떻게 해야 좋을지 알고 싶어 한다.

○ ____________________

○ ____________________

○

○

4 평소 말을 거의 하지 않는다는 초등학교 5학년 남학생이 수업 시간에 자주 울음을 터뜨리고, 교실과 복도에서 다른 남자아이들에게 큰 소리로 악쓰면서 위협을 가하기도 한다면서 그의 담임교사가 도움을 청한다.

○

○

○

○

5 고등학교 1학년 여학생이 어떻게 하면 중 · 고등학교 교사가 될 수 있는지 궁금해한다.

○

○

○

○

6 고등학교 2학년 여학생이 친구가 남자 친구와 헤어진 이후 우울해하며, 심지어 죽고 싶다는 말까지 했다고 토로한다.

○

○

○

○

7 몇 달 전 가장 친한 친구의 자살 장면을 목격한 고등학교 2학년 여학생이 자신이 어려운 순간을 잘 이겨냈다고 생각했는데, 그렇지 않은 것 같다면서 다음과 같이 말한다. "그 일이 있고 나서 일주일 정도 지났는데, 아무런 이유 없이 눈물이 났어요. TV 드라마를 보거나 길을 걷다가 유모차에 있는 아기를 보고도, 또 친한 친구를 보면 막 흐느껴 울게 되는데 너무 당황스러워요."

○

❍

❍

❍

8 초등학교 시절에 ADHD 진단을 받고 약물치료를 받은 적이 있는 대학교 1학년 남학생이 첫 학기에 공부 시간을 제대로 관리하지 못해 형편없는 학점을 받았다. 반복되는 학사경고로 퇴학당할 것을 걱정하던 이 학생은 지방에 있는 집으로 돌아가 학교를 그만두겠다고 하면서 불면증, 집중력 저하, 전반적인 무망감hopelessness(절망적인 감정)을 호소하였다. 이에 놀란 그의 어머니가 전화를 걸어 도움을 청한다.

❍

❍

❍

❍

9 대학교 2학년 여학생이 눈물을 흘리며 남자 친구와 데이트 하던 중, 그로부터 성폭행을 당했는데, 어떻게 해야 할지 모르겠다면서 도움을 청한다.

❍

❍

❍

❍

10 태어난 지 일주일 된 자신의 아기를 질식시켜 죽였다고 확신하는 28세 여성이 기분이 고양된 상태와 금방이라도 울 것 같은 상태 사이를 급속히 넘나들고, 과잉행동과 동요를 일으키는 등 점차 괴이한 행동을 보인다. 또 말이 빨라지고 핵심이 없고, 자신이 사람들의 눈을 들여다보면 악인을 구별해 낼 수 있다고 말하자, 아내가 이상해졌다고 판단한 남편이 전화를 걸어 도움을 청한다.

❍

❍

❍

❍

연습 9-3 정보제공 반응 연습

❖ 다음에 제시된 내담자의 진술을 읽고, 밑줄 친 부분에 정보제공 반응을 쓰시오.

1 초등학교 4학년 여학생(유민)이 한숨을 내쉬더니 말을 잇는다.

"저는 애들한테 인기가 많았으면 좋겠어요. 그런데 친한 친구가 제 입에서 나는 냄새가 토한 냄새 더하기 하수구 냄새래요. 그래서 요즘에는 양치질도 열심히 하는데, 입 냄새는 왜 나는 거예요?"

○ 정보제공: ______

2 중학교 2학년 여학생(서영)이 쑥스러운 표정으로 조심스럽게 말한다.

"방학하자마자 친구들 네 명하고 리조트에 놀러 갔다가 수영도 했는데요. 샤워하면서 보니까 나만 너무 어린애 같아서 엄청 굴욕적이었어요. 친구들이 대놓고 놀리지는 않았지만, 기분이 정말 별로였어요. 엄마한테 얘기했더니 크면 달라질 거라고는 했는데, 내가 혹시 무슨 병에 걸린 건 아닐까 걱정이 됐어요."

○ 정보제공: ______

3 여드름 때문에 학교 보건실을 찾은 중학교 2학년 남학생(영웅)이 말한다.

"저는 요즘 얼굴에 여드름이 많이 나서 우울해요. 친구들이 자꾸 '멍게'라고 놀려서 진짜 짜증나요. 어떻게 하면 여드름이 없어질 수 있을까요?"

○ 정보제공:

4 중학교 2학년 담임을 맡은 교사가 학생문제로 자문을 구한다.

"저희 반에 결석을 자주 하는 학생이 있는데, 제가 듣기로는 일본에서는 이미 오래전부터 집안에만 틀어박혀 지내는 학생들이 많아서 심각한 사회문제로까지 다루어졌다는 말이 있더라고요. 그게 '히코' 뭐라고 하던데, 혹시 선생님은 이러한 문제에 대해 알고 있으신가요?"

○ 정보제공:

5 고등학교 1학년 남학생(경준)이 두 눈을 반짝이며 말한다.

"어저께 담임쌤이 제가 스트리머streamer를 하면 참 잘 어울리겠다고 하셨는데, '스트리머'라는 게 무슨 일을 하는 직업인가요? 스트리머를 직업으로 택하려면 꼭 가야 하는 학과가 있나요?"

○ 정보제공:

6 고등학교 2학년 여학생(가영)이 얼굴에 미소를 지으며 말한다.

> "제가 어린아이들과 함께하는 것이 너무 좋아서 졸업하면 아이들과 함께 일하는 직업을 갖고 싶은데, 어떤 직업들이 있을까요?"

❍ 정보제공:

7 운동경기 중 다리 골절로 수술을 받은 대학교 1학년 운동 특기생(석정)이 깁스를 한 채, 씩씩하게 말한다.

> "감독님 말씀으로는 제가 평소에 체력훈련을 많이 받았고 회복탄력성이 높으니까 다리 상태는 금방 회복될 것 같다고 하셨어요. 그래서 다리가 회복되는 대로 한 달 정도 재활훈련을 받으면 이번 시즌 시합에 나가는 데 큰 지장은 없을 것 같다고 하시는데, 근데 회복탄력성이란 말의 뜻이 무엇인가요?"

❍ 정보제공:

8 20대 후반의 데이트강간date rape 피해 여성(다정)이 나지막한 목소리로 말한다.

> "엄마는 내가 남자를 너무 믿은 게 잘못이라면서 막 뭐라고 하시는 거예요. 엄마도 속상하니까 그렇게 말할 수밖에 없는 엄마 입장도 이해되지만, (눈물을 글썽이며) 그래도 내가 조금만 더 조심했다면 이런 일은 안 생겼을 거예요. 다 내 잘못이에요. 음, 그런데 제가 참여하게 될 프로그램은 어떤 건가요?"

❍ 정보제공:

9 습관적으로 폭력을 행사하는 남편을 둔 40대 초반의 여성(자연)이 심각한 표정을 지으며 말한다.

"참는 것도 한계가 있어요. 허구한 날 술 마시고 들어와서는 막 소리를 지르면서 아이들을 때리질 않나. 저와 아이들에게 화풀이하는 거예요. 이런 상태로 함께 사는 것은 더 이상 의미가 없는 것 같아요. 이런 경우, 이혼이 가능할까요?"

❍ 정보제공:

10 반려견의 죽음으로 우울과 철수 증상을 나타내는 초등학교 2학년 자녀(동현)의 어머니가 걱정스러운 표정으로 말한다.

"아이가 끔찍이 아끼던 개가 이젠 너무 늙고 암에 걸려서 음식을 먹지 못하고 다 토하고 너무 힘들어해서 수의사와 상의해서 안락사를 시켰어요. 아이가 학교에 가 있을 때 그랬거든요. 그랬더니 아이가 그 사실을 알고 나서는 펑펑 울면서 말도 안 하고 먹지도 않고……. 이럴 때 어떻게 해 줘야 할지 잘 모르겠어요."

❍ 정보제공:

Chapter 10

자기개방

□ 자기개방의 정의

□ 자기개방의 목적

□ 자기개방을 위한 지침

□ 자기개방의 예시

□ 자기개방의 효과

■ 연습 10-1. 자기개방 구분 연습 I

■ 연습 10-2. 자기개방 구분 연습 II

■ 연습 10-3. 자기개방 연습

▶ **학습목표**

1. 자기개방이 어떤 상담기술인지 이해한다.
2. 자기개방 기술의 사용 목적을 이해한다.
3. 자기개방 기술의 활용 방법을 익히고, 그 효과를 확인한다.

Chapter 10
자기개방

상담자가 내담자의 이야기에 대해 경청 반응으로 일관한다면, 내담자는 상담자가 전문가의 가면을 쓰고 자신의 역할에만 치중하는 대상으로 인식하여 거리감을 느끼게 될 수 있다. 이때 필요한 실행반응 기술이 자기개방이다. 이 기술은 내담자에게 혼자가 아니라는 느낌이 들게 하는 한편, 자신의 문제를 새로운 시각에서 조망할 수 있는 기회를 제공한다. 이 장에서는 실행반응 기술의 하나인 상담자의 자기개방에 대해 살펴보기로 한다.

자기개방의 정의

자기개방^self-disclosure^이란 상담자가 치료적 목적으로 내담자에게 자신의 개인적인 경험을 드러내는 것을 말한다('자기노출'이라고도 함). 이는 상담자의 과거 경험을 기꺼이 공개/노출함으로써, 내담자가 새로운 시각으로 문제해결 또는 문제 상황 극복을 위한 행동을 실천할 수 있도록 돕는 치료적 시도다. 이 기술은 내담자에게 "그러한 경험을 한 사람은 당신 혼자가 아니랍니다. 나도 당신과 유사한 경험을 한 적이 있답니다."라는 메시지를 전달하는 것이다. 자기개방은 단순히 언어 행동에 국한되지 않고 의도하지 않을 때조차 비언어적 채널과 행위를 통해 수시로 전달되는 것(Egan & Reese, 2018)으로, 치료적 효과를 전제로 이루어져야 한다는 점에서 '치료적 자기개방^therapeutic self-disclosure^'으로도 불린다.

자기개방의 목적

상담은 내담자의 자기개방을 전제로 이루어지는 치료적 과정이다. 이러한 점에서 상담자의 자기개방은 모델링^modeling^, 즉 내담자에게 시범을 보이는 것과 같다. 자기개방의 목적은 세 가지로 정리할 수 있는데, 그 내용은 글상자 10-1과 같다.

글상자 10-1 자기개방의 목적

1. 내담자에게 상담에서 어떻게 행동해야 하는지를 안내한다.
2. 상담자의 인간적인 모습을 보여 줌으로써, 내담자에게 상담자와 동질감을 느끼게 한다.
3. 내담자에게 변화의 가능성과 도전을 위한 용기를 준다.

자기개방을 위한 지침

상담자의 자기개방을 위한 지침은 다음과 같다.

첫째, 상담주제와 일치 또는 관련된 내용이어야 한다. 상담자의 자기개방은 상담목표 달성에 도움이 되는 범위 내에서 이루어져야 한다. 자기개방은 상담자 자신의 성공담 또는 무용담을 과시하기 위한 것이 아니라, 상담과정의 자연스러운 한 부분으로 활용되어야 한다.

둘째, 타이밍timing, 즉 시의적절해야 한다. 상담자의 자기개방은 상담의 맥락에서 당시의 사정 또는 요구와 맞아야 한다. 그렇지 않고 상담자의 섣부른 자기개방은 내담자의 오해를 사게 되어 역효과를 초래할 수 있다.

셋째, 수준이 적당해야 한다. 내담자들은 자기개방을 거의 하지 않는 상담자에 대해 상담자 역할에만 치중하는 것으로 인식되어 거리감을 느낀다. 반면, 지나칠 정도의 자기개방은 오히려 상담자가 분별력 결여, 신뢰감 하락, 또는 상담이나 심리치료 같은 도움이 필요한 사람으로 보일 수 있다. 따라서 자기개방은 아주 높지도 않고, 아주 낮지도 않은, 적절한 정도가 바람직하다.

넷째, 시간 길이가 적당해야 한다. 상담자의 자기개방을 위한 시간이 지나치게 길면, 내담자의 자기개방을 위한 시간이 줄어든다. 두 사람 중 누군가 자기 자신을 드러낼수록, 상대방은 그만큼 자기개방을 할 수 없게 된다. 이러한 점을 고려한다면, 상담자의 자기개방은 간결한 것이 바람직하다.

다섯째, 유연하게 제공되어야 한다. 내담자들은 매우 다양해서 상담자의 자기개방이 누구에게나 효과적이지 않을 수 있다. 그러므로 상담자는 내담자의 특성과 경험, 그리고 문제 상황에 따라 자기개방 수준을 조절하여 내담자에게 부담을 주지 않아야 한다. 특히, 상담 초기에 내담자와의 신뢰 관계가 형성되지 않은 상태에서의 자기개방은 내담자에게 "내 문제만으로도 벅찬데, 당신의 과거 이야기까지 듣고 있을 여력이 없네요."라는 반응을 야기할 수 있다.

자기개방의 예시

자기개방은 주로 상담자 자신의 개인 정보에 관한 내용으로 구성된다. 대화상자 10-1에는 학교 밖 청소년을 상담하고 있는 상담자의 자기개방 예시다.

대화상자 10-1. 자기개방의 예시

상담자: 내가 중학교 2학년 때 남의 물건에 손을 댔다가 정학을 당한 적이 있었단다. 당시에 우리 집안 식구들 모두 교회에 다니고 있었는데, 내가 학교에서 남의 물건을 훔치다가 처벌을 받았다는 사실 때문에 쥐구멍에라도 들어가고 싶은 심정이었지.

대화상자 10-1에 제시된 예에서 상담자는 청소년 시절에 겪었던 실패 경험을 소개하고 있다. 상담자는 자기개방을 통해 때로 발달과정상에 위기가 찾아올 수 있지만, 어떻게 대처하는지에 따라 위기는 새로운 성장의 발판으로 삼을 수 있다는 메시지를 전달하고 있다. 이 사례에서 상담자의 자기개방은 내담자가 과거에 저지른 일탈행동으로 인한 부정적인 자기상을 끌어안고 있기보다 이 경험을 통해 삶에 대해 새로운 시각을 갖는 결단을 내리는 데 도움을 줄 수 있다.

자기개방의 효과

상담자의 자기개방은 다음과 같은 효과가 있다.

첫째, 내담자에 대한 친밀감의 표출로 작용한다. 친밀감은 개방적이고 촉진적인 상담 분위기로 이어지게 한다. 상담자의 자기개방은 모델링으로 작용하여 내담자의 자기개방과 감정 표현을 촉진한다. 게다가 상담자와 내담자 사이의 역할차를 감소시킴으로써, 내담자의 목표설정과 실행에 필요한 새로운 조망 발달을 촉진한다(Egan & Reese, 2018). 이때 상담자는 자신의 경험을 개방하는 이유를 명확하게 탐색할 필요가 있다.

둘째, 보편성universality, 즉 특정 경험을 한 사람은 내담자 혼자가 아니라는 메시지를 전달한다. 자기개방은 비록 과거의 실패 경험에 관한 것이라 할지라도, 어떻게 극복했는지 또는 이 경험을 통해 얻게 된 기회에 초점을 맞춘다. 그러므로 자기개방은 내담자에게 자신만 겪는 문제가 아니라는 느낌이 들게 하여 행동 변화를 위한 동기를 부여할 수 있다. 여기서 자기개방의 원칙을 알고 있으면, 무엇을, 언제, 어떻게, 얼마만큼 드러낼 것인지 결정하는 데 도움이 될 것이다.

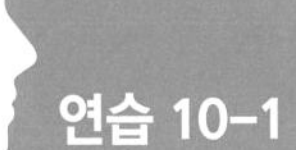

연습 10-1 자기개방 반응 구분 연습 I

❖ 다음에 제시된 상담자의 반응이 자기개방에 해당하면 밑줄 친 부분에 ○표, 자기개방에 해당하지 않으면 ×표 하시오.

____ 1 "나연이의 말을 듣다 보니 나도 초등학교 때부터 어머니께서 좋은 대학에 가려면 열심히 공부해야 한다는 말씀을 들을 때마다 잔소리로 여겨져서 반항도 해 봤던 기억이 나는구나."

____ 2 "자신의 몸과 마음이 스트레스를 받고 있다는 사실을 인식하는 것은 매우 중요하단다. 불안감과 스트레스에 지속적으로 노출되면, 건강상의 문제로 이어질 수 있기 때문이지."

____ 3 "미현이의 경우와는 똑같지는 않지만, 선생님도 중학교 2학년 때 가장 친한 친구와 한 남학생을 좋아했다가 서로 오해가 생기면서 서먹해졌던 경험이 있단다."

____ 4 "내가 잘못 들었는지는 몰라도 준석이가 지금 내린 결정에 대해 마음이 썩 내키지 않는 것 같이 들리는구나."

____ 5 "선생님도 고3 때는 내 성적에 맞는 대학의 이름을 선택할 것인가, 아니면 학과를 선택할 것인가에 대해 무척 고민했고, 결국 내가 관심이 있었던 전공을 했는데, 그렇게 택한 것이 지금 생각해도 참 잘했다는 생각이 든단다."

____ 6 "세영 씨는 남편과 살고 싶다는 생각이 전혀 없다는 말씀을 하시고는 관계 변화를 위한 이렇다 할 조치 없이 여전히 혼인관계를 유지하면서 학대를 당하면서 살고 계시군요."

___ 7 "지금 생각해 보니까 저도 아들이 사춘기를 겪으면서 많이 힘들었던 기억이 나네요. 그땐 정말 '제 아이도 이해해 주지 못하는 사람이 어떻게 다른 사람을 상담해 줄 수 있겠는가?' 라는 생각이 들어서 마음고생 좀 했답니다."

___ 8 "솔비 씨는 현재 남편과 함께 살고 싶은 생각이 없으면서도 남편의 폭력 때문에 이곳에 왔다가 남편께서 용서를 구하면 다시 귀가해서 함께 살곤 하는 패턴이 반복되고 있는 것처럼 보이네요."

___ 9 "제가 지금 이혼숙려제 상담원으로 자원봉사를 하고 있지만, 저도 신혼 때 남편과 갈등을 겪으면서 더 정들기 전에 이혼해야 하나 하고 고민을 많이 했답니다. 그때 고비를 넘기면서 서로 이해하게 되었고, 그 남자와 아들딸 낳고 15년째 잘 살고 있답니다."

___ 10 "그러니까 정은이는 작은 빌라에서 엄마와 단둘이 살고 있는 상황인데, 엄마랑 가깝게 지내고 있는 아저씨가 밤에도 불쑥 찾아오곤 해서 많이 불안하다는 말이구나."

연습 10-2 자기개방 반응 구분 연습 II

❖ 다음에 제시된 내담자의 진술을 읽고, 밑줄 친 부분에 상담자로서 이와 관련된 경험이 있다는 가정하에, 자기개방으로 적절한 반응의 번호를 쓰시오.

____ 1 초등학교 4학년 여학생(지애)이 풀이 죽은 표정으로 말한다.

> "제 고민이 뭐냐면, 자꾸 애들이 별명으로 막 놀리는 거거든요. 근데 그게 어떻게 할 수 있는 게 아니잖아요. 그냥 장난으로 하는 거니깐요. 제 별명이 뭐냐면요. 얼짱이에요. 이거 듣고 헐, 쟤 뭐야? 이렇게 생각하실 수 있는데요. 원래 처음엔 여자애들이 재미있게 하려고 그냥 지은 거거든요. '얼굴 짱귀'라는 뜻으로요. 근데 어떤 남자애가 그걸 듣고 다른 반 애들한테까지 다 퍼뜨리고 다닌 거예요. 그래서 얼굴을 들고 다닐 수가 없어요. 그래서 저만 보면요. 지나가는 언니 오빠들까지 어! 쟤 얼짱이다. 막 이래요."

① 재미있게 하려고 '얼굴 짱귀'라는 별명을 붙여 주었다는 것은 지애의 얼굴이 예쁜 것과 상관없이 별명을 붙여 주었다는 말이니?

② 그냥 애들이 의미 없이 붙여준 별명이지만, 지애는 얼굴이 예쁘다는 '얼짱'의 본래 의미로 받아들여 보면 어떻겠니?

③ 다른 아이들이 지애를 볼 때마다 다른 의미를 가진 '얼짱'이라는 별명을 불러서 지애가 무척 속상한가 보구나.

④ 지애의 말을 듣다 보니, 선생님도 초등학교 시절에 친구들이 지어 준 별명 때문에 학교에 다니고 싶지 않았던 경험이 떠올라서 지애가 얼마나 난처할까 하는 생각이 드는구나.

2 초등학교 6학년 여학생(수빈)이 힘없는 목소리로 말한다.

> "5학년 때 친하게 지냈던 애들이 요즘 절 피하는 것 같아요. 저번 일 때문에 아직 마음이 안 풀렸나 봐요. 애들이랑 같이 가려고 기다리면, 자기들끼리 팔짱 끼고 못 본 척하면서 가 버려요. 이젠 학교 가기도 싫어요."

① 선생님도 초등학교 때 수빈이와 비슷한 경험을 한 적이 있어서 많이 속상해서 울기도 했었는데, 결국 내가 먼저 사과하고, 맛있는 것을 사줬더니 친구들 마음이 풀어졌던 기억이 나는구나.

② 저번 일 때문이라는 것은 이전에 어떤 안 좋은 일이 있었다는 말이니?

③ 그동안 친구들과 다시 친해지기 위해 시도했던 방법 중에 가장 효과적이었던 방법이 무엇이었니?

④ 과거에 친구들이 섭섭했던 어떤 일 때문에 친구들의 마음이 지금까지 안 풀어졌나 보구나.

3 최근에 지방 소도시에서 서울로 전학을 온 중학교 1학년 남학생(민규)이 풀이 죽은 목소리로 말한다.

> "서울 애들은 좀 이기적이고 되게 쌀쌀맞은 것 같아요. 전학을 오니까 아는 애들도 하나도 없고, 친구가 없으니까 되게 심심하고 맨날 혼자만 다녀요. 그리고 애들이 내 말씨가 이상하다고 막 흉내 내고 놀리고 그래서 너무 싫어요."

① 새로운 학교생활에 적응하느라 많이 힘든가 보구나.

② 같은 반 아이들이 네 말씨를 흉내 내는 것을 너와 친해지고 싶다는 마음의 표현이라고 생각을 바꿔 보면 어떻겠니?

③ 선생님도 지방에서 살다가 초등학교 5학년 때 서울로 이사 왔는데, 처음에는 민규처럼 내 말씨 때문에 친구들이 웃고 그래서 많이 당황했었단다. 그때는 학교를 끝까지 다닐 수 있을까 생각했는데, 그 시기를 잘 넘기니까 친구도 많아지더구나.

④ 친구들이 네 말씨를 흉내 내고 놀리는 것은 새로 만난 급우에 대한 일종의 관심 표현이 아닐까? 그러니까 민규 너한테 관심이 있고, 너와 친구가 되고 싶다는.

____ 4 머리가 조금 커 보이는 중학교 1학년 남학생(현준)이 미간을 찌푸리며 말한다.

> "저, 고민이 있는데요. 요즘 막 엄청 고민되는데, 또 공부 시간에도 계속 생각이 나고. 그래서 고민 좀 해결해 주셨으면 좋겠어요. 고민이 뭐냐면요. 음, 얼굴이 너무 큰 거요. 그래서 애들이 자꾸 '얼큰이'라고 놀려서 정말 열 받아요. 제가 봐도 제 얼굴이 너무 커요."

① 외모를 가지고 아이들이 놀려서 현준이가 몹시 속상한가 보구나.
② 나도 현준이처럼 초등학교 때 머리가 크다고 해서 애들이 짱구라고 별명을 부르곤 했는데, 시간이 가면서 내 몸집이 커지니까 상대적으로 얼굴이 작아진 것처럼 보이더구나.
③ 아이들이 네 얼굴이 크다고 놀리니까 현준이 자신도 너의 얼굴이 크다는 생각이 드나 보구나.
④ 만약 마법사가 나타나서 마술 지팡이로 요술을 부려서 현준이의 얼굴 크기를 줄여 준다면, 현준이의 삶이 어떻게 달라질 것 같으니?

____ 5 평소에 조용하고 성실하게 학교생활을 하고 있는 중학교 2학년 여학생(한나)이 울상을 지으며 경직된 상태로 말한다.

> "음, 체육 시간에 내 짝 예원이가 와서 그랬는데요. 애들이 너 싫어한다고, 욕한다고. 내 성격이 맘에 안 든다고 성격 고치라고요."

① 다른 아이들이 한나에 관해 얘기하는 것을 네 짝 예원이가 네게 귀띔해 줬나 보구나.
② 선생님도 성격 때문에 말을 들었던 적이 있었는데, 꽤 불쾌하더구나. 그런데 마음을 진정시키고 상대방이 나의 어떤 점 때문에 불편했을까를 생각해보니 조금 이해가 되더구나.
③ 성격은 개인이 가지고 있는 고유의 성질이나 품성이기 때문에 하루아침에 바꿀 수 있는 것이 아니란다.
④ 다른 아이들이 한나 성격의 어떤 점을 고치라는 거니?

___ 6 고등학교 1학년 여학생(민영)이 미간을 찌푸리며 말한다.

> "나름 열심히 한다고 생각하는데도, 성적이 계속 오르지 않으니까 이젠 공부할 마음이 영 안 생겨요. 선생님은 그런 적 없으셨어요?"

① 열심히 공부하는데도 성적이 자꾸 떨어져서 실망스러운가 보구나.
② 열심히 공부하는데도 성적이 오르지 않아서 공부에 대한 의욕까지 없어지는가 보네.
③ 공부를 열심히 하는데도 성적이 오르지 않는다는 것은 공부 방법에 문제가 있는 게 아닐까?
④ 선생님도 고1 때 공부는 하는데 성적이 오르지 않아서 공부를 포기하고 싶은 생각까지 들었던 때가 있었는데, 담임선생님과 상의해서 공부 방법을 바꿔 보니까 성적이 올랐던 경험이 생각난다.

___ 7 부모, 남동생과 함께 해외여행을 떠났다가 항공기 추락사고로 유일하게 생존해서 철수 증상을 보이다가 상담에 의뢰된 고등학교 2학년 여학생(유빈)이 침묵을 지키다가 가까스로 입을 연다.

> "(나지막하고 작은 목소리로) 음, 사람들은 다른 사람의 고통을 너무 쉽게 생각하는 거 같아요. 이제 그만 좀 생각하라고. 그냥 기억에서 지워 버리고 맘 편히 먹으라고. 이 중에 엄마, 아빠를 한꺼번에 잃은 사람은 없어요. (잠시 말을 멈추었다가) 사고라는 게 꼭 비행기 사고만 나라는 법이 있나요? 자동차 사고도 있고, 열차 사고도 있잖아요. 어떤 것도 안전하지 않다고요!"

① 주변 사람들이 건네는 위로의 말이 이해받는 느낌이 들기보다는 오히려 화가 나나 보구나.
② 선생님이 어렸을 때 집에 불이 나서 정신없이 뛰쳐나왔는데, 동생을 챙기지 않고 나만 살겠다고 한 내 행동 때문에 한동안 죄책감에 시달렸던 기억이 나는구나.
③ 유빈이가 통제할 수 없는 사고에서 겪은 트라우마 때문에 너의 인지적 무력감을 삶의 다른 측면으로 일반화하고 있는 것 같구나.
④ 다른 교통수단들도 사고의 가능성이 있다는 것은 엄마 아빠를 한꺼번에 잃은 사고 때문에 이젠 다른 교통수단을 사용하는 것에 대해서도 불안감이 느껴진다는 말이니?

____ 8 친한 친구의 자살로 충격받은 고등학교 2학년 여학생(수지)이 울먹이면서 나지막한 목소리로 말한다.

> "사람이 죽으면 어떻게 될까요? 공부를 하려고 해도 자꾸만 '인하는 지금 어디서 뭘 하고 있을까?'라는 생각이 나면, 갑자기 '내가 죽으면 난 어디로 갈까? 난 죽고 싶지 않아!' 이런 생각이 들어요. 대학에 가면 인하랑 여행도 가고, 함께 하기로 한 것들이 많았는데……."

① 내 삶에서는 친구가 자살했던 경험은 없었지만, 아주 친했던 친구가 갑자기 서울로 이사하는 바람에 마음의 공백을 채우지 못해서 한동안 아무것에도 집중하지 못했던 기억이 있는데, 수지의 경우는 이에 비할 바가 아니어서 얼마나 힘들까 하는 생각이 드는구나.

② 수지가 친구의 자살로 인한 충격 때문에 외상 후 스트레스 장애(PTSD)의 증상을 겪고 있는 것 같구나. 이 장애는 생명을 위협할 정도의 극심한 스트레스를 경험하고 나서 발생하는 심리적 반응이란다.

③ 사람은 태어나면 누구나 한 번은 죽게 된단다. 인하가 하늘나라에서 친구인 수지가 잘되도록 기도할 거야.

④ 친했던 친구와의 갑작스러운 이별로 인해 공부에 집중하지 못하고 죽음에 대한 생각이 자꾸 떠오르는가 보구나.

____ 9 대학교 1학년 남학생(정인)이 다소 주저하면서 말한다.

> "저는 다른 사람들 앞에서 저의 생각을 표현하는 것이 제일 어려워요. 강의 시간에 중요한 발표를 하고 나면, 교수님과 다른 학생들이 어떻게 생각할까 걱정되기도 하고요."

① 제가 대학에 입학해서 처음으로 발표했던 때가 떠오르네요. 동생을 앞에 놓고 연습도 했는데, 정작 발표 시간에는 머리가 하얘져서 발표를 망쳤지만, 그 후에는 준비를 더 철저하게 하고 여러 번 발표 기회를 가지게 되면서 훨씬 나아졌던 기억이 나네요.

② 정인 씨의 발표에 대해 다른 사람들이 어떻게 생각할까 걱정이 된다는 것은 그들이 정인 씨의 발표에 대해 비판적으로 평가하고 있다는 생각이 든다는 뜻인가요?

③ 발표할 때 불안이 야기되는 것은 정인 씨가 초등학교 4학년 때 담임선생님께서 칠판에 내 준 수학 문제를 제대로 못 풀었다고 선생님께 꾸중 들었던 기억과 어떤 연관이 있지 않나 하는 생각이 언뜻 드네요.

④ 발표 불안을 해소하기 위해 그동안 어떤 시도를 해 보셨나요?

____ 10 40대 초반의 남성이 가슴을 활짝 편 채로 목에 힘주어 말한다.

> "거의 20년 동안 군 복무를 하다가 얼마 전에 전역했습니다. 군에서 제 청춘을 다 보낸 셈이지요. 이제 새로운 직장에서 군인이 아닌 민간인으로서 새로운 삶을 시작하려고 합니다."

① 오랫동안 군 생활을 하시다가 사회에서 새 삶을 시작하게 되어 기대되면서도 염려되시겠군요.

② 직업군인들에게는 행정이나 기술과 같은 업무영역이 있는 것으로 알고 있는데, 군 생활을 하실 때는 주로 어떤 일을 하셨나요?

③ 저도 오랫동안 근무했던 직장을 그만둔 적이 있었는데, 많이 혼란스럽고 우울했던 기억이 나네요.

④ 네, 그러시군요. 우선 구직에 필요한 적성검사부터 받아 보는 것이 좋을 것 같아요.

연습 10-3 자기개방 연습

❖ 다음에 제시된 내담자의 진술을 읽고, 밑줄 친 부분에 내담자와 유사한 경험이 있었다는 가정하에 상담자의 자기개방 반응을 쓰시오.

1 학업중단숙려제 상담을 받고 있는 고등학교 1학년 남학생(준호)이 주먹을 불끈 쥔 채 강한 어조로 말한다.

> "네, 형은 초등학교 때부터 공부도 잘하고 착해서 엄마 아빠 말도 잘 듣는데, 전 안 그래요. 그냥 저 하고 싶은 대로 하거든요. 어젯밤엔 내 방에서 담배 피우다가 아빠한테 걸렸어요. 아빠가 날 노려보시더니 '으이구, 저게 뭐가 되려고 그러는지. 제 형 반만이라도 하면…….'이라고 하시는 거예요. 순간 개빡치더라구요('몹시 화가 난다'의 은어)! 열등감이 올라왔나 봐요."

○ 자기개방: ______________________

____

____

2 우울 증상을 호소하는 대학교 3학년 여학생(예주)이 슬픈 표정으로 말한다.

> "딱히 말로 표현하기는 어려운데, 어떤 상처 같은 느낌이에요. 가끔씩 제 행동에 대해 죄책감 같은 걸 느꼈는데, 어린아이가 울 때, 아빠가 아이에게 '울지 마! 뚝 그쳐!'라고 하는 말이 왠지 예사롭지 않게 들려요. 아이가 마음이 아파서 울고 있는 걸 텐데, 좀 달래 주면 안 될까 하는 생각이 들어서요."

○ 자기개방: ______________________

____

____

3 대학 졸업 후, 취업을 준비 중인 여성(지우)이 조심스럽게 말한다.

> "요즘 대학을 졸업해도 취업하기가 하늘의 별 따기라는데, 외모만 조금 더 받쳐 준다면 취업에 도움이 많이 될 거 같아요. 솔직히 전 외모 콤플렉스가 있거든요. 특히 눈도 너무 작고, 코도 그렇고……. 엄마 아빠는 옛날 세대라 성형수술에 대해 안 좋은 생각을 갖고 있어서 절대 반대하시지만 제 생각은 달라요. 저는 성형수술을 해서 여기저기 필요한 부분들을 고치면 훨씬 취업 경쟁력을 갖출 수 있을 것 같아요."

❍ 자기개방: ______________________________

____

____

4 상담심리학을 전공하는 26세 대학원생(자원)이 심각한 표정으로 말한다.

> "저는 최근 들어 상담자가 되는 것에 대해 회의감 같은 것이 들어요. 대학원생들 중에는 어려운 사람을 돕고 싶다는 좋은 뜻을 가지고 대학원에 들어온 사람들도 있지만, 조금 정신적으로 문제 있는 사람들도 있더라고요. 또 굉장히 권위적이고 비판적이어서 공감이나 수용하고는 거리가 먼 것 같은 교수님도 계시고요."

❍ 자기개방: ______________________________

____

____

5 최근에 3년간 사귀었던 여자 친구와 헤어졌다는 20대 후반의 직장인 남성(유신)이 미간을 찡그리며 말한다.

> "지난 주말에 여자 친구와 굉장히 심하게 다퉜어요. 친구들 얘기가 내가 잘 아는 애를 만나고 다니는 것 같다는 거예요. 그래서 바로 전화했는데, 전화를 안 받는 거예요. 분명히 그 자식을 만나고 있다는 감이 확 왔어요. 그래서 주말에 여자 친구 집에 찾아갔는데, 제가 좀 술을 마셔서 그런지 너무 흥분했었던 거 같아요. 내가 여자 친구에게 사 준 물건을 집어 던지고 그랬거든요. 이젠 다 끝났어요."

❍ 자기개방: ______________________________

____

____

6 직장생활을 하는 30대 초반의 미혼여성(수미)이 어색한 미소를 지으며 작은 목소리로 말한다.

"전 독신주의자는 아니에요. 결혼은 하고 싶은데, 결혼할 남자를 선택하기가 참 힘들어요. 한 가지 조건이 맞으면, 다른 조건이 맞지 않고. 또 그 조건이 맞으면, 또 다른 조건이 안 맞고. 주위 분들이 여러 사람들을 소개해 주기는 하는데, 아직까지 결혼해야겠다는 생각이 드는 남자는 없어요. 그렇다고 제 눈이 높은 것은 결코 아니거든요."

❍ 자기개방: ______

7 두 차례 이혼한 적이 있는 30대 중반의 여성(유선)이 재혼한 지 2년 만에 또다시 이혼을 심각하게 고려하고 있다면서 다음과 같이 말한다.

"왜 영화를 보면 첫눈에 사랑에 빠지는 장면이 나오잖아요. 우리 역시 만나자마자 마치 오래전부터 알아 온 것처럼, 그런 느낌이 들어서 별다른 부담감 없이 결혼에 골인했어요. 근데 사람 마음이 너무 간사해서 처음 느꼈던 열정이 식으면, 결혼의 의미도 사라지는 것 같아요. 저는 서양 사람들이 결혼해서 사랑이 식으면 이혼하는 것이 충분히 이해가 돼요."

❍ 자기개방: ______

8 자녀훈육 문제로 부부간의 갈등을 호소하는 35세 여성(서진)이 차분한 목소리로 말한다.

"아이가 없을 때는 남편과 잘 지냈는데, 아이가 생기니까 아이 양육에 대한 생각이 서로 달라서 그런지, 남편과 사사건건 자꾸 부딪치네요. 특히 아이가 잘못해서 내가 혼 좀 내려고 하면, 남편이 와서는 애가 그렇지, 뭐 그런 걸 가지고 혼을 내냐면서 아이 편을 드는 거에요. 그러니 애가 엄마 말을 듣겠어요. 그러면 꼭 또 말다툼하게 돼요."

❍ 자기개방: ______

9 결혼한 지 3년 된 30대 중반의 여성(우정)이 기가 차다는 듯이 말한다.

"제 시어머님은 자식 사랑이 남달라서 그런지 아들을 아주 떠받드세요. 자식이라고는 아들 하나뿐이거든요. 남편은 그런 분위기에서 커서 그런지 집안일을 하면 아주 큰일 나는 줄 알아요. 결혼한 이래로 자기 손으로 방 청소 한 번 해 본 적이 없고, 손에 물을 묻히면 큰일 나는 줄 알아요, 글쎄!"

○ 자기개방:

10 40대 중반인 남성(주영)이 연신 제스처를 하며 말한다.

"요즘 사는 게 참 팍팍하네요. 직장에 다니면서 대학원 공부를 하다 보니까 회사 일은 회사 일대로 바쁘고, 대학원 공부는 강의 들으랴 과제하랴. 또 전공 내용이 어려워서 교재를 읽고 가지 않으면 강의를 따라가기도 힘들고요. 어디 그뿐인가요? 퇴근해서 집에 가면 집안일도 만만치 않고요."

○ 자기개방:

Chapter 11

즉시성

- ▢ 즉시성의 정의
- ▢ 즉시성의 목적
- ▢ 즉시성의 유형
- ▢ 즉시성의 사용 시기
- ▢ 즉시성의 절차
- ▢ 즉시성의 효과
- ▢ 즉시성을 위한 지침
- ■ 연습 11-1. 즉시성 반응 구분 연습 I
- ■ 연습 11-2. 즉시성 반응 구분 연습 II
- ■ 연습 11-3. 구조화된 즉시성 연습

▶ 학습목표

1. 즉시성이 어떤 상담기술인지 이해한다.
2. 즉시성 기술의 목적과 유형을 이해한다.
3. 즉시성 기술의 사용 시기와 절차를 이해한다.
4. 즉시성 기술의 활용 방법을 익히고, 그 효과를 확인한다.

Chapter 11
즉시성

상담과정에서 내담자는 상담자로부터 내면의 감정을 적극적으로 표현하도록 지지와 격려를 받게 된다. 이를 위해 상담자는 내담자가 신뢰를 바탕으로 안심하고 진솔한 감정을 표현하도록 안전하고 수용적인 분위기를 조성한다. 그러면서도 내담자가 사적인 문제를 탐색하거나 새로운 행동을 시도할 때는 지지와 격려를 아끼지 않아야 한다. 이를 위해 상담자는 구체적이고 명확한 피드백을 제공해 주어야 한다. 이때 필요한 상담기술이 즉시성이다. 자기개방과 마찬가지로, 상담자는 즉시성을 통해 내담자에게 변화를 위한 동기를 높여 줄 수 있다. 이 장에서는 실행반응기술의 하나인 즉시성에 대해 살펴보기로 한다.

즉시성의 정의

즉시성immediacy이란 내담자의 경험, 행동, 사고에 대한 상담자의 경험 또는 감정을 언어적 표현으로 전달하는 것을 말한다. '지금 여기 즉시성here-and-now immediacy'이라고도 불리는 이 기술은 내담자에 대한 온정 표현의 한 방법으로, 상담자가 내담자와의 관계에서 드는 느낌, 또는 경험에 대해 진술하는 것이다. 즉, 지금 여기에서 내담자의 행동이 상담자에게 어떻게 비춰지고 있는지를 말해 주는 것이다. 이러한 점에서 즉시성은 "당신이 나에게 어떻게 하고 있나 보세요."라는 형식으로 상담자가 말해 주는 피드백이다. 상담은 상담자와 내담자가 끊임없이 영향을 주고받는 상호작용 과정이다. 효과적인 즉시성을 위해 상담자가 스스로 탐색해야 할 사항은 글상자 11-1과 같다.

글상자 11-1 즉시성을 위해 상담자가 스스로 탐색해야 할 사항

1. 내담자로부터 어떻게 영향을 받고 있는가?
2. 관계에서 일어난 특정 상황에 의해 어떤 영향을 받았는가?
3. 이러한 문제에 내가 기여한 부분은 없는가?

4. 내담자에 대한 나의 행동과 그 영향은 무엇인가?
5. 내담자에 대해 생기는 직감은 무엇인가?
6. 나에 대한 내담자의 행동에 관해 생기는 직감은 무엇인가?
7. 나 자신과 내담자가 가지고 있는 모순, 왜곡성, 허상은 무엇인가?
8. 내담자의 행동을 기술하고 일어난 일에 대한 나의 직감은 무엇인가?
9. 관계에서 일어나고 있는 것에 대해 내담자가 직접 살펴볼 수 있게 하려면 어떻게 해야 하는가? 관계 발달을 위해 내담자가 관계를 탐색할 수 있도록 도울 것은 무엇인가?

즉시성은 내담자의 관심사뿐 아니라 자원(장점, 강점, 기회)도 발굴해 주는 기술이다. 여기서 자원resource이란 내담자가 발견하지 못했거나 활용하지 않은 기회나 능력('내적 자원') 또는 문제해결이나 기회 탐색에 도움이 되는 사회적 지지('외적 자원')를 말한다. 이것은 마치 내담자의 내면에 묻혀 있는 지하자원과 같다. 이렇게 발굴된 자원은 내담자의 문제해결 또는 문제 상황의 효율적 관리를 위한 동력으로 활용될 수 있다.

즉시성의 목적

즉시성은 다음 세 가지 목적이 있다.

첫째, 직접적으로 표현된 적이 없는 상담자가 자신, 내담자, 또는 관계에 대해 느끼는 점을 표출하기 위함이다. 두 사람의 관계에서 표현되지 않은 감정을 상담자가 인식 · 반응하지 않으면, 진정한 소통을 저해하거나 관계 발달을 저해할 수 있다. 특히, 부적 감정인 경우에는 더욱 중요할 수 있다. 즉시성 반응은 내담자와 상담자의 관계에서 발생할 수 있는 스트레스를 두 사람이 함께 탐색할 수 있는 기회를 제공한다. 이러한 방식으로, 즉시성은 인정받지 못한 중요한 문제 때문에 관계에 그림자를 드리우는 거리감을 줄여 줄 수 있다.

둘째, 논의거리를 창출하거나 관계 또는 상호작용의 특정한 측면에 관한 피드백을 제공하기 위함이다. 이러한 피드백으로는 상담자의 느낌 또는 상호작용 과정에서 상담자가 인식한 것을 구두로 공유하는 것이 포함된다. 즉시성은 상담자의 뇌리에 스치는 모든 느낌들을 묘사하는 것은 아니다. 다만, 상담과정에서 어떤 일이 생기면, 이에 대해 공개적으로 다루는 것이 최우선적으로 필요한 작업이다. 미해결 감정이나 문제에 대한 논의를 시작하는 일은 상담자에게 달려 있다. 즉시성은 이러한 논의를 시작하기 위한 한 가지 방법이 될 수 있다. 만일 적절히 사용된다면, 상담자-내담자

관계를 강화시킬 수 있을 뿐 아니라, 상담자와 내담자가 함께 더 효과적으로 작업할 수 있도록 도울 수 있다.

셋째, 내담자의 자기탐색을 촉진하고 상담자에 대해서보다는 내담자나 관계에 초점을 유지하기 위함이다. 사람들은 흔히 자신의 느낌을 다른 사람들이 잘 알고 있을 거라고 생각하지만, 그 가능성은 매우 낮다. 이러한 점에서 즉시성은 그 진가를 발휘한다. 즉시성은 내담자가 자신의 행동과 사고의 적절성과 생산성을 탐색해 볼 수 있다. 이러한 탐색은 내담자의 부적응적 · 비생산적 · 병리적 신념이나 행동 변화로 이어질 수 있다. 특히, 성격적 병리 현상은 자기 구조 안에 깊이 동화되어 있어서 스스로 의식적으로 자각할 수 없다는 특징이 있다는 점에서, 즉시성은 성격적 병리 증상이 있는 사람들에게 효과적이다.

즉시성의 유형

내담자들은 다양한 방법으로 자신의 감정을 표현한다. 따라서 상담자도 내담자의 감정 상태에 대해 이해한 것을 다양한 방식으로 전달할 수 있다. 즉시성을 제공하는 방법은 다음 세 가지, 즉 시각적, 청각적, 심동적 반응을 언어적으로 표현하는 방법이 있다. 이때 언어적 표현은 일인칭 진술을 기반으로 한다.

시각적 즉시성. 시각적 반응의 즉시성이란 내담자의 행동 중 상담자가 의미 있다고 판단되는 행동을 선별하여 '~하게 보인다' 또는 '~처럼 보인다'라는 형식의 말로 되돌려 주는 기술을 말한다. 시각적 반응의 즉시성에 대한 예를 들면 대화상자 11-1과 같다.

대화상자 11-1. 시각적 즉시성의 예시

내담자: 글쎄요, 어떤 것부터 얘기해야 할지 잘 모르겠네요. (다시 입을 다문다.)
상담자: 많이 힘들어 보이시는데, 무슨 일이 있었는지 말씀해 보시겠어요?

청각적 즉시성. 청각적 반응의 즉시성이란 내담자의 진술 중 상담자가 의미 있게 들리는 소리에 대해 '~하게 들린다' 또는 '~처럼 들린다'라는 형식의 말로 되돌려 주는 기술을 말한다. 청각적 반응의 즉시성에 대한 예를 들면 대화상자 11-2와 같다.

대화상자 11-2. 청각적 즉시성의 예시

내담자: 그때가 제가 초등학교 5학년이었어요. 어머니께서 눈물을 흘리시면서 아버지께서 교통사고로 돌아가셨다는 거예요.
상담자: 어릴 때 아버지께서 갑자기 돌아가셨다는 소식에 충격이 컸겠어요.
내담자: 네. (목이 잠긴 목소리로) 그땐 잘 몰랐었고, 실감도 나지 않았었는데……. 누구나 한 번 태어나면, 갈 때가 있잖아요.
상담자: 아버지께서 돌아가신 상황에 대해 말씀하실 때, 목이 잠긴 것처럼 들리네요.

심동적 즉시성. 내담자의 진술 또는 행동 중 상담자가 의미 있다고 판단되는 부분에 대해 '~하게 느껴진다' 또는 '~한 느낌이 든다'라는 형식의 말로 되돌려 주는 기술을 말한다. 심동적 반응의 즉시성에 대한 예를 들면 대화상자 11-3과 같다.

대화상자 11-3. 심동적 즉시성의 예시

내담자: 아버지가 교통사고로 갑자기 돌아가신 것이 제가 초등학교에 입학하기 전이었어요. 그땐 너무 어려서 뭐가 뭔지 잘 몰랐던 것 같아요.
상담자: 어릴 때 미처 마음의 준비가 되지 않은 상태에서 큰일을 당하셔서 충격이 크겠다는 생각이 들어서 그런지 제 가슴이 뭉클해지네요.

즉시성이란 상담자가 자신의 감정 또는 개인적인 경험을 드러내는 것을 말한다. 개인적인 감정을 드러낸다는 것은 상담자가 내담자의 진술에 대해 자신의 느낌을 말해 주는 것이다.

즉시성의 사용 시기

즉시성은 그 자체가 목적이 아니다. 다만, 상담자와 내담자의 공동작업의 효과를 높이기 위한 수단일 뿐이다. 즉시성 자체를 목표로 삼는다면, 상담에 도움이 되기보다는 오히려 산만해질 수 있다(Egan & Reese, 2018). 상담과정에서 즉시성이 도움이 되는 경우는 글상자 11-2와 같다.

글상자 11-2 즉시성의 사용 시기

1. 내담자로부터 받고 있는 영향을 드러낼 필요가 있을 때: "오늘따라 규진이가 말없이 고개를 숙이고 있으니까 규진이에게 무슨 일이 생긴 것 같아 염려되는구나."

2. 내담자와의 관계에서 특정 감정이 지속적으로 느껴지는 경우: "이미 지난 2주에 걸쳐 상담 시간에 늦으셨는데, 다음 주에는 올 수 없다는 말을 들으니까 당혹스러워지면서 앞으로의 상담이 어떻게 진행될지 염려되네요."
3. 상담자의 행동이 내담자에게 미치는 영향을 탐색할 필요가 있을 때: "현중 씨의 행동에 대해 제 느낌을 말씀드린 이후로 현중 씨께서 말이 없어지고 긴장된 것처럼 보여서 현재 어떤 경험을 하고 있는지 궁금해지네요."
4. 내담자에게 상담자의 직감을 나눌 필요가 있을 때: "아내에 대한 불만을 토로하는 주안 씨의 이야기를 듣다 보니까, 주안 씨께서 아내를 무척 아끼고 있고 또 인정받고 싶어 한다는 생각이 언뜻 스쳐 지나가네요."
5. 내담자에게 상담자와의 관계 탐색 기회를 제공하고자 할 때: "저는 지금 우리 두 사람의 관계가 마치 고장 난 LP 음반 같다는 생각이 드네요. 똑같은 홈을 따라 돌기만 하고 다른 홈으로 건너가지 못하는 답답한 느낌이 드는 상황 말이에요."

즉시성의 절차

즉시성은 복잡한 기술로서, 그 절차는 다음과 같다.

첫째, 실제적인 언어적 반응의 중요한 선행요건인 인식/알아차림[awareness]이 있어야 한다(Egan & Reese, 2018). 이를 위해 상담자는 상호작용의 흐름을 잘 관찰해야 한다. 즉, 상담자 자신, 내담자, 그리고 관계 발달에 있어서 어떤 일이 일어나고 있는지를 주시한다. 알아차림은 또한 이렇다 할 해석의 오류 없이, 그리고 상담자 자신의 편견과 맹점을 상호작용에 투사하는 것 없이 단서를 읽을 수 있음을 암시한다.

둘째, 내담자와의 작업과정에 대한 상담자의 감각 또는 그림을 공유하는 언어적 반응을 개념화한다. 반응의 실질적인 형식은 경우에 따라 다를 수 있고, 경청 반응 또는 실행 반응의 일부가 포함될 수 있다. 형식과 관계없이 즉시성의 중요한 양상은 지금 여기, 즉 현재를 강조하는 것이다. 즉시성을 위한 문장 형식은 글상자 11-3과 같다.

글상자 11-3 즉시성을 위한 문장 형식

○ "당신이 ______________ (내담자의 행동, 사고 또는 감정)하는 것을 볼 때/들을 때/파악할 때, 나는 ______________ (상담자의 사고 또는 감정)합니다."

즉시성은 일반적으로 가장 중요하거나 가장 영향력 있는 감정이나 문제를 대상으로 한다. 그렇다고 해서 내담자에 대한 느낌이나 관찰 결과를 일일이 즉시성 형태로 드러낼 필요는 없다. 즉시성의 예는 대화상자 11-4와 같다.

대화상자 11-4. 즉시성의 예

상담자: 한샘 씨, 우리 이야기를 잠시 멈추고 지금 당신과 나 사이에 어떤 일이 일어나고 있는지에 대해 살펴봤으면 합니다. 한샘 씨는 자신의 삶에서 겪은 고통스러운 경험에 대해 말씀하시면서 몇 차례 미소를 지으려고 애쓰는 모습을 보이셨는데, 그때마다 저는 안타까운 느낌이 들곤 했습니다. 불필요하게 저를 배려하려는 것 같은 인상을 받았기 때문이지요.

즉시성의 효과

즉시성은 상대방의 행동이 용납될 수 없거나 강한 불쾌감을 불러일으키거나 욕구가 좌절되거나 방해받을 때, 상대방에게 이에 관한 정보를 전달함으로써, 인간관계를 공고히 할 수 있는 기술이다. 즉시성을 사용하지 않는 것은 관계에 영향을 끼쳐 온 문제를 회피하는 것이 된다. 상담자에 따라서는 내담자에 의해 직접적으로 제기될 때조차 즉시성 문제에 대한 언급을 회피하기도 한다. 자기상^self-image^에 편안해하지 않거나 삶에서 친밀성 문제로 씨름하고 있는 상담자는 즉시성 기술의 사용에 어려움을 겪을 수 있고, 이는 건강하지 않거나 침체적인 치료관계로 이어질 수 있다. 실행반응기술로서의 즉시성은 단순히 표면적인 행동만이 아니라 공감적 이해를 바탕으로 더 깊은 내면의 경험과 의도를 이해하는 데 집중한다면, 그 진가는 발휘될 것이다. 단, 즉시성은 비판이나 판단하지 않는 방식으로 전달되어야 한다.

즉시성은 암묵적으로 다음 두 가지 의미를 함축하고 있다. 하나는 자신의 내적 상태에 책임을 진다는 것, 즉 자신에 대한 평가를 내담자와 함께 나눌 만큼 솔직해야 할 책임도 지고 있다는 것이다. 다른 하나는 내담자의 행동에 대한 책임을 온전히 내담자에게 맡긴다는 것이다. 만일 다른 사람들과의 관계 형성 과정에서 즉시성을 피한다면, 사람들 사이에 거리감이 느껴지게 되고 냉랭함이 이전에 형성되었던 온정을 빠르게 증발시켜 버릴 것이다. 즉시성이 결여된 경우, 인간관계에 미칠 잠재적인 영향은 글상자 11-4와 같다(Egan & Reese, 2018).

글상자 11-4 즉시성 결여가 인간관계에 미치는 영향

> 사람들은 흔히 서로의 상호작용에 있어서 즉시성의 중요성을 잊고 지낸다. 예를 들어, 남편이 아내의 말에 무시당한 느낌이 들었다고 하자. 남편은 아무 말도 하지 않았고 자신의 느낌을 꿀꺽 삼킨다. 그러나 그는 그 후 며칠 동안 아내로부터 거리감을 느끼게 되면서 말이 없어진다. 얼마 지나지 않아 평소에 무시되곤 했던 사소한 일들이 짜증을 일으키게 된다. 두 사람 사이의 긴장감이 고조되지만, 여전히 두 사람은 어떤 일이 벌어지고 있는지에 대해 직접적으로 대화를 나누지 않는다. 모든 일이 '대소동 게임'으로 막을 내린다. 즉, 아주 사소한 일에 대해 엄청난 언쟁을 벌이게 된다. 일단 서로의 감정을 터뜨리고 나면, 두 사람은 서로의 감정을 해소했다는 점에서 안도감과 다소 유치한 방식으로 감정 해소를 했다는 점에서 죄책감을 느끼게 된다.

내담자들은 대인관계에서 어려움을 겪는 경우가 많다. 내담자의 부적응적인 대처방식과 행동상의 부적응성은 상담자와의 관계에서도 여실히 드러날 수 있다. 예를 들어, 일상생활에서 권위 있는 대상에게 공격적인 태도를 나타내는 사람은 상담자와의 관계에서도 공격적인 성향을 드러낼 것이고, 순종적인 사람은 상담자에게도 순종적인 모습을 보일 가능성이 크다. 따라서 상담자와 내담자의 관계를 보면, 내담자의 대인관계 패턴을 파악할 수 있다.

그러나 다행스러운 점은 이들 사이의 관계, 관계의 의미, 패턴, 특성은 과거 혹은 외부의 영향에 의해 고정된 것이 아니라, 지금 여기 변화가 가능하다는 것이다. 예를 들어, 내담자는 습관적으로 인상을 쓰거나, 남을 비웃거나, 짜증을 내거나, 불평을 하는 등의 행동을 나타낸다는 사실을 상담자의 즉시성을 통해 알게 된다. 이를 통해 내담자는 자신이 의도하지 않은 비언어 행동으로 소통하고 있다는 사실을 깨닫게 된다. 이처럼 자기개방은 내담자의 의도와 다른 사람에게 미치는 영향의 차이에 초점을 맞춤으로써 자기이해의 정도를 한층 높일 수 있다.

즉시성을 위한 지침

즉시성을 효과적으로 사용하기 위한 지침은 다음 세 가지로 정리할 수 있다.

첫째, 보거나, 듣거나, 느껴지는 대로 진술한다. 만일 특정 순간이 한참 지나고 나서나 다음 회기 때까지 기다린다면, 그 효과는 상실되고 만다. 더욱이, 무시된 관계상의 느낌은 축적되어 있다가 결국 더 강렬하고 왜곡된 방식으로 표출될 수 있다. 따라

서 필요한 논의를 시작하기 위한 즉시성 사용을 미루는 상담자는 그만큼 미해결 감정을 축적시킬 위험부담을 감수해야 하거나, 관계를 손상시키는 문제 상황에 놓일 수 있다. 따라서 상담자는 수시로 다음 세 가지 범주, 즉 ① 자신의 사고, 감정, 또는 행동, ② 내담자의 사고, 감정, 또는 행동, ③ 관계적 측면에 대해 성찰해야 한다.

글상자 11-5 즉시성의 세 가지 범주

범주	내용	예시
상담자 즉시성	❍ 상담자가 상담과정에서 순간순간 떠오르는 자신의 사고나 감정을 드러내는 것	☛ "죄송하지만, 이야기의 초점을 맞추기가 어려운데, 다시 검토해 볼까요?"
내담자 즉시성	❍ 내담자의 특정 행동에 관한 피드백 또는 상담과정에서 떠오르는 느낌을 내담자에게 제공해 주는 것	☛ "지금 미소를 짓고 있는 걸 보니 그 일의 결과에 대해 아주 만족스러우신가 봐요."
관계적 즉시성	❍ 내담자와의 관계에서 어떤 경험을 하고 있는지에 대한 느낌 또는 생각을 드러내는 것	☛ "그 점에 대해 저와 이야기를 나눌 수 있어서 기쁘군요."

관계적 즉시성에는 구체적인 '지금 여기'에서의 교류 또는 관계의 전반적인 패턴이나 발달에 대한 근거를 포함할 수 있다(Egan & Reese, 2018). 예를 들어, "제가 지금 다시 말을 하고 있을 때, 고개를 돌리더니 발을 구르면서 손가락을 두드리고 있군요. 저에 대해 참을 수 없는 느낌이 드는지 아니면 제가 말을 너무 많이 하고 있는지 궁금하네요." 관계의 발달과 패턴에 초점을 맞추는 데 사용되는 즉시성의 예는 대화상자 11-5와 같다.

대화상자 11-5. 관계적 즉시성의 예시

상담자: 이번 회기에는 무척 좋은 느낌이 들어요. 몇 달 전, 우리가 상담을 처음 시작했을 때가 기억이 나요. 우리는 둘 다 아주 조심스러워했고, 우리 마음속에 있는 것을 표출하는 데 어려움을 겪고 있었던 것 같아요. 오늘 저는 우리의 말들을 측정하지 않고 있음을 알았어요. 우리 사이가 더욱 편안해진 것 같은 느낌이 들어요.

둘째, 현재형으로 진술하여 '지금 여기'의 경험을 드러내어 준다. 예를 들어, "방금 제 느낌이 불편했습니다."보다는 "지금 마음이 불편하네요."라고 진술한다. 이러한 표현방식은 내담자에 대한 과거 느낌보다는 현재 경험하고 있는 느낌을 이야기하도록 모범을 보이는 효과가 있다. 더욱이 상담자의 감정과 지각을 참조하는 경우, '나' '나를' '나의 것'과 같은 일인칭 대명사를 사용함으로써, 진술 또는 표현을 자기 것으로 여기고 책임을 지도록 할 수 있다. 즉, "당신은 저를 염려하게 만들고 있네요."보다는 "저는 지금 당신을 염려하고 있어요."라고 표현한다. '나'를 주어로 현재 감정을 표현하는 것은 자신의 감정과 관찰 결과에 대해 책임지겠다는 의지를 소통하는 것이다. 이러한 태도는 내담자가 상담자의 즉시성 표현을 받아들일 가능성을 높이는 효과가 있다.

셋째, 다른 모든 반응 기술에서와 마찬가지로, 타이밍[timing]을 고려해야 한다. 상담 초기에 즉시성을 너무 자주 사용하는 것은 내담자에 따라서는 이에 압도당하는 느낌이 들 수 있고, 불안을 유발할 수 있다. 따라서 즉시성을 사용하려면 무엇보다도 탄탄한 관계 형성이 이루어진 다음에 사용하는 것이 바람직하다(Gazda et al., 1995). 만일 상담자가 사용한 즉시성이 내담자에게 위협적으로 작용하거나 두려움을 유발했다는 느낌이 든다면, 상담자는 내담자가 아직 이러한 감정 또는 문제를 다룰 준비가 되어 있지 않다고 판단해야 한다.

연습 11-1 즉시성 반응 구분 연습 I

❖ 다음에 제시된 상담자의 반응이 즉시성에 해당하면 밑줄 친 부분에 ○표, 즉시성에 해당하지 않으면 ×표 하시오.

_____ 1 "예빈이가 새끼 때부터 애지중지하면서 키운 반려견 '꼬마'가 이젠 늙어서 병원에 입원했다는 얘기를 할 때, 예빈이 목소리가 잠긴 것처럼 들리는구나."

_____ 2 "가장 친한 친구에게 생일선물을 받았을 때 기분이 별로였다는 것은 지난번의 갈등이 아직 그 친구와의 관계에 영향을 미치고 있다는 뜻이니?"

_____ 3 "내가 잘못 보았는지는 몰라도, 술 담배를 끊기로 부인과 약속하면서 고개를 가로젓는 걸 보니 약속이행에 대해 자신이 없어 하는 것 같다는 생각이 드네요."

_____ 4 "회사일과 가정일에 균형을 맞추는 것이 쉽지 않다고 하더라도 가장으로서 마땅히 부인에게는 남편으로서, 아이들에게는 아버지로서의 역할을 해야 하지 않을까요?"

_____ 5 "경진 씨가 자기 자신을 믿지 못하게 되고 자신감이 점차 낮아지게 된 것은 자신의 삶에서 원하는 것을 얻기 위한 계획을 실행에 옮기지 않은 것이 그 원인으로 작용한 것 같아요."

_____ 6 "민식 씨가 상담실에 올 때마다 가슴이 답답해진다는 말을 들으니 제가 민식 씨를 충분히 이해하지 못하고 있나 하는 생각이 들어서 안타까운 느낌이 들어요."

____ 7 "어머니의 치매 증세가 심해져서 요양병원에 모시게 된 것에 대해 죄송스러운 마음이 드시나 봐요. 지영 씨 어머니에 관한 얘기를 듣다 보니 3년 전 요양병원에서 돌아가신 저의 어머님 생각이 갑자기 떠오르네요."

____ 8 "여자 친구가 헤어지면서 마지막으로 규현 씨가 이상하다고 한 말은 여자 친구가 규현 씨에게 화가 난다는 말로 들리네요."

____ 9 "한수 씨는 재정적인 어려움을 호소하셨는데, 또다시 은행 대출을 받아서 부동산을 매입하셨군요."

____ 10 "정연 씨가 어머니께서 갑작스럽게 돌아가시게 된 슬픔 때문에 눈물을 흘리는 것을 보니 제 가슴도 뭉클해지네요."

연습 11-2 즉시성 반응 구분 연습 II

❖ 다음에 제시된 내담자의 진술을 읽고, 밑줄 친 부분에 상담자의 즉시성으로 적절한 반응의 번호를 쓰시오.

____ 1 초등학교 5학년 남학생(현민)이 울상을 지으며 말한다.

> "전 특별히 잘하는 게 없어요. 공부도 못하죠. 달리기도 못하죠. 축구도 잘 못 하니까 우리 반 애들이 나랑 같이 놀려고 안 해요. 또 내가 좀 이상하게 생겼다고, '외계인' '화성인'이라고 자꾸 놀려서 학교 오기도 싫어요."

① 현민이는 특별히 잘하는 것이 없다고 말하는데, 목소리가 참 밝게 들리는구나.
② 특별히 잘하는 것이 없다는 생각이 들고, 아이들이 자꾸 별명을 불러서 학교 오기가 싫어지는구나.
③ 애들이 너를 이상하게 본다는 것은 현민이가 특별히 잘하는 것이 없어서 무시한다는 뜻이니?
④ 현민이는 같은 반 아이들과 함께 놀고 운동도 하고 싶은데, 아이들이 별명을 부르면서 함께 놀려고 하지 않아서 속상한가 보구나.

____ 2 재혼가정의 자녀인 중학교 1학년 남학생(시영)이 어깨가 처진 상태에서 기어들어 가는 목소리로 말한다.

> "저는 아빠랑 그리고 아줌마(새엄마)하고 아줌마가 데리고 온 동생 둘과 함께 살고 있는데요. 아빠가 함께 계실 때는 아줌마가 저한테 잘해 주려고 하는데, 아빠가 안 계시면, 동생들만 예뻐하고, 저한테는 큰 소리로 막 뭐라고 할 때도 있어요. 그렇지만 이젠 저도 중학생이니까 제 일은 제가 알아서 해 나가야겠다는 생각을 하게 되었어요."

① 아빠가 재혼하시면서 새엄마와 동생이 둘씩이나 생겼구나.
② 시영이가 아무리 새엄마가 마음에 들지 않더라도 아줌마라고 부르는 건

다시 생각해 봐야 하지 않겠니?

③ 선생님도 어렸을 때 시영이와 비슷한 경험을 해 봐서 시영이가 지금 새 가족들과 잘 지내기 위해 얼마나 노력하고 있는지 조금은 알 것 같구나.

④ 시영이가 새 가족과 함께 살게 되면서 한층 성숙해진 모습을 보면서 참 대견하다는 생각이 드는구나.

___ 3 다른 사람의 오토바이를 훔치다가 붙잡혀서 법원의 의무상담 명령으로 상담에 의뢰된 중학교 3학년 남학생(종빈)이 눈을 내리깔고 나지막한 목소리로 말한다.

> "여기 온 건 내가 원해서 온 것이 아니라고요. 쌤이 어떻게 하든 난 그냥 여기서 아무것도 안 할 거고, 그냥 있다가 갈 거니까 괜히 시간 낭비하지 마세요. 어차피 상담받는다고 달라질 건 없을 테니까요."

① 지금 이 순간 네가 원하는 대로 할 수 있다면, 넌 어떻게 하고 싶으니?

② 잠시 이야기를 멈추고 우리 두 사람 사이에 어떤 일이 일어나고 있는지 살펴보기로 하자. 비록 법원의 명령에 의한 것이기는 하지만 너의 자발적인 의사에 의해 시작된 상담인데, 종빈이한테서 자포자기적인 말을 들으니 당황스럽구나.

③ 종빈이는 상담받는 것을 원치 않는구나.

④ 여기에 온 것이 종빈이가 원해서 온 것이 아니라는 것은 법원에서 서명한 것이 종빈이 의사에 따른 것이 아니라는 말이니?

___ 4 부모에 의해 상담에 의뢰된 16세 학교 밖 청소년(나리)이 첫 회기에 귀와 코에 피어싱한 상태에서 술 냄새를 풍기더니 이번 회기에도 술 냄새를 풍기며 가슴 부분이 깊이 파인 상의와 짧은 하의를 입고 상담자를 노려보며 말한다.

> "다시 한번 분명히 말하지만, 나한테 이런 상담 같은 건 필요 없어요. 아, 진짜 노잼('재미없다'의 은어)이야! 난 이제 어린아이가 아니라고요. 내 인생은 내가 알아서 할 수 있거든요."

① 나리가 지금 내 인내심을 테스트하는 것 같아서 내 마음이 불편해지는구나.

② 이번 주에 올 때는 술을 마시지 않겠다고 했는데, 나리 몸에서 여전히 술 냄새가 나는구나.

③ 나리는 독립적으로 살아갈 수 있다고 하는데, 나리 부모님께서는 네가 도움이 필요하다고 생각하시는구나.

④ 나리 부모님께서 나리가 독립적으로 살아갈 수 있다는 사실을 알 수 있으려면 나리의 어떤 모습을 보시면 될까?

____ 5 과거에도 교우관계의 어려움을 호소하면서 상담실을 찾았던 고등학교 2학년 여학생(세빈)이 이번에도 같은 문제에 대해 한숨을 쉬며 말한다.

> "저는 친한 친구들 하고 되게 진정한 관계? 뭐 이렇게 다 털어놓고 얘기하는 이런 관계를 맺고 싶었는데요. 그냥 뭐, 물론 그런 친구들도 있지만요. 왜 어떤 사람은 남한테 얘기하는 거보다 자기 혼자만 안고 있고, 자기 스스로 해결하는 걸 좋아하는 사람들도 있잖아요. 제 친구들도 그런 애들이 많은 거 같아요. 그래서 이젠 그냥 친구 관계에 신경 쓰지 않고, 그냥 제가 보고 싶으면 만나고, 뭐 만나서 부담 갖지 않고 얘기하고, 또 고민 있으면, 얘기하고, 뭐 딴 사람 얘기하든 말든 너무 피곤하게 생각하지 않기로 했어요. 친구한테서 뭘 바라거나 이런 건 안 하기로 했어요."

① 세빈이가 생각하는 진정한 친구 관계는 어떤 것이니?
② 그러니까 세빈이가 바라는 진정한 친구관계란 서로의 마음속에 있는 얘기를 솔직히 털어놓을 수 있는 관계를 말하는구나.
③ 세빈이가 더 이상 친구 관계에 신경 쓰지 않고 친구에게 기대하지 않겠다고 말하고 있는데, 지난번 상담에서 다뤘던 어려움이 다시 반복되고 있다는 생각이 드는구나.
④ 세빈이는 친구들과의 관계에서 어떤 조건에 얽매이기보다는 좀 더 자유롭고 싶은데, 그렇지 않은 현실 때문에 다소 실망스러운가 보구나.

____ 6 여자 친구와의 갈등으로 상담을 신청한 대학교 2학년 남학생(예준)이 난처한 표정으로 말한다.

> "여자 친구와는 대학 1학년 때부터 사귀었거든요. 근데 얘가 오지랖이 넓어서 그런지, 저 말고도 다른 남자애들하고도 카톡하고 밥도 같이 먹고 하면서 잘 지내요. 처음에는 원래 그런 애니까 하고 이해했는데, 자꾸 신경이 쓰이는 거예요. 그래서 그러지 말라고 조용히 얘기도 해 봤어요. 그러면 알겠다고 할 때도 있지만, 또 어떨 때는 그게 뭐 어떠냐고 하면서 막 성질을 내서 자꾸 싸우게 돼요. -〈중략〉- 제가 초등학교 때 부모님이 이혼하셔서 엄마와 계속 같이 살지 못했는데, 제 여자 친구가 우리 엄마와 많이 닮았어요. 그래서 제가 제 여자 친구를 좋아하나 하는 생각이 들곤 해요."

① 여자 친구가 다른 남학생들과의 관계를 끊고 예준 씨와의 관계에 올인해 주기를 바라는데, 그렇지 않아서 실망스러운가 봐요.

② 여자 친구에게 다른 남학생들을 만나지 말라는 요청은 마치 여자 친구의 성격적 특성을 변화시키려는 노력처럼 보여서 답답한 느낌이 드네요.

③ 그러니까 여자 친구는 그전처럼 다른 남학생들과 폭넓은 관계를 유지하기를 원하고 있는데 반해, 예준 씨는 여자 친구가 예준 씨에게만 집중해 주기를 바라고 있군요.

④ 여자 친구를 믿는다고 하면서도 불안해지는 것은 예준 씨가 어려서 부모님의 이혼으로 인해 겪게 된 해결되지 않은 상실감에 기인하고 있지 않나 하는 생각이 드네요.

7 개인병원에서 시간제 상담사로 일하는 20대 후반의 여성(가연)이 씁쓸한 표정으로 말한다.

"최근 들어 원장선생님이 재정난을 이유로 의료 업무 담당자들만 남겨 놓고 모두 그만두게 할 거라는 말을 간호사 언니한테서 들었어요. 그 언니는 그냥 가만있지 말고 원장님을 미리 찾아뵙고 사정 이야기를 하라는데요. 전 생각이 달라요. 그렇게 하면 오히려 상황을 악화시킬 것 같고, 그냥 저는 환자들을 열심히 상담해 주는 것이 최선이라고 생각해요. 만일 절 그만두게 한다면, 의사들의 비열함은 그 자체가 그들에 대한 형벌이 될 테니까요."

① 만일 병원 원장님이 가연 씨를 해고한다면, 의사들의 비열함이 그들에 대한 형벌이 된다는 것은 가연 씨를 해고하려는 의사들이 벌을 받기를 바란다는 뜻인가요?

② 그러니까 가연 씨는 원장님을 직접 만나서 해고와 관련된 문제에 대해 협의하기보다는 그저 상담업무에 최선을 다하고 싶으시군요.

③ 가연 씨가 위기 상황에서도 자기중심적인 태도로 대처하고자 하는 것은 일종의 부인이라는 방어기제를 사용하고 있다는 생각이 드는군요.

④ 가연 씨는 잠재적으로 해고당할 수 있는 상황에 있음에도 불구하고 자기주장적이기보다 의사들의 처분만 기다리는 것 같아서 안타까운 느낌이 드는군요.

___ 8 지난 몇 회기 동안 상담료가 다소 비싸다고 넌지시 내비치곤 한 34세 여성(동미)이 말한다.

> "음, 그런데 상담이 사람들에게 도움이 된다는 것은 인정하는데……, 글쎄요, 제 생각에는 상담자들이 하는 것에 비해서 상담료가 조금 과하지 않나 하는 생각이 자꾸 들어서요."

① 우리 잠시 멈추고 지금 동미 씨와 나 사이에 어떤 일이 일어나고 있는지 살펴보기로 하죠. 저는 비용에 관한 문제가 이미 정리되었다고 생각했는데, 동미 씨가 이 시점에서 상담료에 대해 다시 의문을 제기하는 것에 대해 다소 혼란스러워요.
② 동미 씨에게는 여전히 상담료가 상담에 집중하는 데에 방해요인으로 작용하는가 봐요.
③ 상담료에 대한 생각이 여전히 정리되지 않아서 혼란스러운가 봐요.
④ 저는 동미 씨와 심리게임을 하고 싶은 생각이 없습니다. 비용에 관한 문제가 해결이 된 다음에 다시 찾아오시기 바랍니다.

___ 9 30대 후반의 고등학교 교사가 화가 난 표정을 짓고 가끔 한숨을 쉬며 말한다.

> "아니, 무슨 일만 생기면 공문이 책 한 권이에요. 줄어드는 일은 없는데, 다른 학교에서 학생들과 관련된 사건만 터지면 교사에게 죽어라 일만 시키고. 이번 건만 해도 그래요. 안전사고가 누구 때문에 나는 건데요. 사회구조적인 문제 아니겠어요? 그게 교사 개인의 책임일까요? 무조건 무슨 일만 생기면 서류화하기 바빠서, 안전 관련으로 오는 공문이 산더미예요. 제출하라는 것, 보고하라는 것, 하라는 것이 어찌나 많은지 짜증이 나요. 교재 교구를 연구할 시간은 전혀 주지 않으면서 수업을 잘하는 교사가 되어야 한다고 난리예요. 교사는 퇴근도 하지 말고 일만 하라는 건가요?"

① 행정적인 공문을 처리하느라 교재 교구를 연구할 시간을 많이 빼앗기나 봐요.
② 학생들 가르치는 것보다 행정적인 공문을 처리하는 일에 더 많은 시간과 노력을 해야 해서 교직에 대해 불만스러우신가 보군요.
③ 교사로서 학생들 가르치는 일보다 행정적인 공문처리에 많은 시간을 보내야 한다는 말씀을 들으니 제 가슴이 답답해지는군요.
④ 선생님 말씀을 듣다 보니 제가 고등학교에서 근무할 때가 생각나네요. 그 당시에도 학생들 가르치는 일보다 행정적인 업무를 처리하느라 시간을 많이 빼앗겼던 기억이 나는데, 별로 달라지지 않았나 보군요.

____ **10** 동거 청소년(가출팸)의 폭력으로 쉼터에 드나들기를 반복하고 있는 10대 후반의 여자 청소년(상미)이 주먹을 불끈 쥔 상태에서 눈물을 글썽이며 말한다.

> "그래도 저는 오빠가 도와줘서 고마우니깐, 성격이 좀 나빠도 그냥 있으려고 했어요. 뭔가 오빠를 바꾸려고 하는 것보다는 차라리 그냥 오빠한테 저를, 그냥 제가 참고 오빠한테 맞춰 주는 것이 낫다고 생각하고 제가 노력했어요. 그러면 조금 괜찮은 것 같다가, 결국 자기 맘대로 안 되니까 술 먹고 행패 부리고, 막 그러는 거예요."

① 오빠와의 관계를 개선하기 위해 지금까지 상미는 어떤 노력을 시도해 봤니?

② 오빠에 대한 불만을 참으면서 오빠에게 맞추려고 노력하면 오빠가 조금 나아지는 것 같다가도 결국 또다시 상미에게 폭력을 휘두르는 일이 반복되는 것 같구나.

③ 상미는 나름 오빠에 대한 불만을 참으면서 오빠에게 맞추려고 노력하는데, 오빠는 결국 또 다시 상미에게 폭력을 휘두르게 돼서 오빠가 몹시 실망스럽겠구나.

④ 지난번에도 말했듯이, 폭력이 반복되는 이런 악순환은 상미가 결단을 내려서 오빠와의 관계를 끊는 것이 최선의 선택인 것 같구나.

연습 11-3 구조화된 즉시성 연습

❖ 다음에 제시된 내담자의 진술을 읽고, 밑줄 친 부분에 상담자의 즉시성 반응을 쓰시오.

1 대학 졸업 후, 대학원에서 상담을 전공하고 싶다는 대학교 2학년 여학생(미주)이 미소를 지으며 말한다.

> "저 스스로 상담을 받아 보고 싶다고 생각했고, 그래서 상담을 신청해서 저 스스로 이 자리에 오게 됐고, 선생님을 만나서 제가 평소에 잘 얘기하지 않는 사적인 이야기를 털어놓게 돼서 저 자신에 대해 좀 더 이해할 수 있었던 것이 너무 기뻐요."

○ 단서: ______________________

____

○ 즉시성: ______________________

____

2 두 차례의 학사경고를 받고 비자발적 상담을 받게 된 대학교 2학년 남학생(선영)이 상담자의 자격에 관한 질문에 대해 답변을 해 주었음에도 이번 회기에도 같은 내용에 대해 질문을 반복한다.

○ 단서: ______________________

____

○ 즉시성: ______________________

____

3 대학교 3학년 남학생(기주)과 여러 면에서 공통점이 많고, 서로 마음도 잘 맞아서 상담에도 꽤 진척이 있었다고 생각하던 중에 불현듯 대화의 방향이 상담목표에서 벗어나 서로의 삶에 대한 이야기를 주고받는 데에 초점을 맞추고 있다는 생각이 상담자에게 불현듯 든다.

○ 단서:

○ 즉시성:

4 여자 친구와 동거 중인 20대 후반 여성(지수)이 눈물을 글썽이며 말한다.

"죽어야겠다. 딱히 살면서 자살을 생각하거나 그런 적은 없었어요. 그냥 사람들은 다 이렇게 살기 싫잖아요? 근데 정말 이번엔 너무 힘든 거예요. 그런데 인간관계를 놓고 봤을 때 제 주변에 학교 때부터 지내 오던 친구들이랑은 사소한 다툼이라도 한 적이 없어요. 근데 어떻게 보면 이것도 이렇게 나누기는 웃기기는 하지만 여자를 사귀는 애들이 소수일 것 아니에요. 그러다 보니까 저희끼리 이렇게 뭉치게 되는 건데. 그냥 그런 생각을 하다 보면. 이러는 성격……. 제가 문제인 거예요."

○ 단서:

○ 즉시성:

5 우울 증상으로 직장을 그만두게 되었고, 이로 인해 상담받았던 30대 초반의 '싱글맘(지예)'이 상담을 통해 다시 몸과 마음이 건강한 '워킹맘'이 되었다면서 그동안 진심으로 상담 서비스를 제공해 준 것에 대한 감사의 인사를 한다.

○ 단서:

○ 즉시성:

6 자신에게 동성애자 같은 기질이 있음을 토로하는 30대 초반의 남성(한석)이 힘없이 말한다.

> "현재 사귀고 있는 여자 친구는 저랑 나이 차이가 좀 나요. 그렇지만 서로 마음도 맞고 대화도 잘 돼서 잘 어울려 다녔어요. 여자 친구가 저를 여러 번 뭔가 원하고 있는 것 같은 제스처를 보냈는데……. 음, 어느 정도까지는, 그렇지만 성관계는 한 번도 한 적은 없었어요. 그러면서 저한테 이상한 사람이라고 하더라고요. 그때 여자 친구가 내가 동성애자 같다는 생각을 한 것 같아요."

○ 단서: ______________________

○ 즉시성: ______________________

7 이혼 후의 충격에서 벗어나고 싶어서 상담을 신청했다는 30대 중반의 남성(수환)이 중얼거리듯이 말한다.

> "상담이 이런 건 줄 미처 몰랐네요. 벌써 다섯 번째 오고 있는 것 같은데, 그냥 저 혼자만 이야기하는 것 같고, 성과도 별로 없는 것 같아서 좀 시간이 아깝다고나 할까요?"

○ 단서: ______________________

○ 즉시성: ______________________

8 음주 문제로 부인에 의해 상담에 의뢰된 40대 초반의 남성(주오)이 담담한 어조로 입을 연다.

> "제가 뭐 정신적으로 큰 문제가 있어서 여기 온 것은 아니에요. 그냥 뭐 창피한 얘기지만, 아내가 상담을 안 받으면 이혼하겠다고 해서 할 수 없이 온 것뿐이에요. 근데 심리적인 도움을 받는다는 게 뭔지 신경이 좀 쓰여서 나도 모르게 상담에 대해 조금 삐딱한 소리를 한 것 같은데, 예기치 않게 내 기분을 잘 이해해 주시는 것 같아서 저도 모르게 많은 이야기를 한 것 같아요."

○ 단서: ______________________

❍ 즉시성:

9 불안증 때문에 외출하기도 힘들다고 하는 40대 중반의 여성(다희)이 상담자의 지속적인 노력에도 불구하고 첫 회기부터 3회기에 걸쳐 자신의 감정보다는 사실적인 내용을 중심으로 장황하게 이야기를 늘어놓고 있어서 상담이 진척되고 있다는 느낌이 들지 않는다.

❍ 단서:

❍ 즉시성:

10 고3 아들이 밤늦게 학원 수업을 마치고 귀가하다가 음주운전 차량에 치여 목숨을 잃게 되어 보험회사로부터 보상을 받게 된 40대 후반의 아버지가 힘없는 목소리로 말한다.

"아들이 사고로 세상을 떠나고 나서 보상금을 조금 받았는데, 그게 이렇게 우리 내외를 힘들게 할 거라고 누가 알았겠어요. 아들을 먼저 떠나보낸 것만 해도 힘든데……. 장 보러 나가도 그렇고, 옷을 사도 그렇고, 동네 사람들 눈에는 우리가 마치 아들의 목숨을 팔아서 받은 돈으로 사치스럽게 사는 것처럼 보이나 봐요. 아내는 지금 우울증으로 정신과 약을 먹으면서 드러누워 있다시피 하고요. 저는 저대로 이젠 더 이상 살고 싶은 생각이 하나도 없어요."

❍ 단서:

❍ 즉시성:

ANSWERS & EXPLANATIONS

정답 · 해설

Chapter 01 상담기술의 기초

연습 1-1 / 경청의 걸림돌 구분 연습

번호	정답	해설
1	⑧	☛상담자의 안타까운 심정을 전하는 질문으로 보이지만, 내담자를 추궁하는 것 같은 뉘앙스를 풍기고 있는 반응이다.
2	③	☛부모님의 이혼 사실을 친구들에게 알리지 않은 것은 그들을 속이는 것으로 볼 수 없다는 논리에 근거한 판단을 강의 형식으로 전달하고 있다는 점에서 논리적 의견 제시에 해당한다.
3	⑦	☛내담자에게 어려운 상황을 잘 극복한 것에 대해 칭찬과 격려의 말로 들릴 수 있지만, 이러한 동정과 위로의 반응은 마치 이혼가정의 자녀들은 성적이 좋지 않고, 성격이 밝고 활달해서는 안 된다는 메시지를 암묵적으로 전달할 가능성이 있어서 상담 관계에 부정적인 영향을 미칠 수 있다.
4	⑥	☛내담자가 친구들에게 엄마의 이혼 사실을 말하지 않은 것은 굳이 부담을 가질 필요가 없는 것임에도, 마치 친구들을 속이는 것 같다는 생각이 든다는 것에 대해 상담자는 정상에서 벗어난 병리적 성향이라고 단정 짓고 있다는 점에서 진단 · 분석의 반응에 해당한다.
5	②	☛불편한 마음의 해소방안으로 친구들에게 모든 사실을 털어놓는 것, 즉 해결책을 제시하고 있다는 점에서 충고 · 해결책 제시에 해당한다.

6	⑤	☛내담자의 행동을 유치하다고 조롱하는 것 같은 반응과 사람이 살다 보면 실수도 할 수 있고, 그렇게 살다가 가는 것이 인생이라는 반응은 효과적인 소통을 가로막는 상투적인 반응에 해당한다.
7	①	☛정직이 최선의 정책이라는 격언을 소개하는 것은 정직하게 살아야 한다는 도덕적 훈계 또는 의무를 부과하는 반응으로, 평가적인 상담 분위기를 조성하게 되어 내담자의 진솔한 자기 탐색을 가로막을 수 있다는 문제가 있다.
8	③	☛친구들을 속이는 것 같은 마음에서부터 성적 하락에 이르기까지의 과정을 논리적으로 설명하고 있다는 점에서 논리적 의견 제시에 해당한다.
9	⑥	☛내담자가 부모님의 이혼 사실을 자신의 약점으로 여기는 것 같다는 진술은 치료적 효과를 고려하기보다는 단순히 아마추어적인 독심술을 과시하는 것 같은 인상을 준다는 점에서 진단 · 분석 반응에 해당한다.
10	④	☛전형적인 '너 진술you-message'로, 신경 쓰지 않아도 될 일을 걱정하니까 성적까지 떨어지게 되었다는 판단 · 비판 · 평가 · 비난성 진술이라는 점에서 판단 · 비판 · 평가 · 비난의 반응에 해당한다.

연습 1-2 / 핵심메시지 확인 연습

번호	핵심메시지
1	• 하지 말라고 했음에도 정현이라는 아이가 계속 괴롭혀서 결국 받아쓰기 시험에 부정적인 영향을 주었음
2	• 싸움이 일어난 것은 상대 학생이 먼저 시비를 걸어서 시작되었고, 그 학생이 평소에 약한 학생들을 괴롭힌다고 생각함
3	• 이성 교제가 연상의 이성 상대의 접근에 의해 수동적으로 이루어지고 있는 것에 대해 회의적인 생각이 듦
4	• 이성, 특히 연상의 남학생들과 마음이 잘 맞아서 지금까지 여러 명과 사귀어 봤음
5	• 부모님이 자신의 흡연 사실을 모르고 있고, 또 알게 된다면 충격적으로 받아들이게 될 거라고 믿고 있음
6	• 세 차례의 시도 끝에 목표로 했던 대학에 합격하자 갑자기 방향감각을 상실함
7	• 대학에 와서 다른 사람들과의 관계 형성에 어려움이 있고, 이로 인한 스트레스가 학업과 취업준비에도 부정적인 영향을 주고 있다고 생각함
8	• 군입대 이후 여자 친구의 달라진 태도와 변심의 가능성으로 인해 세상이 불공평하다는 생각이 들게 됨

9	• 다른 사람들과 자신의 예상과는 달리 아기 양육에 대해 보람을 느낌
10	• 꿈에 천사들을 만나는 영적 체험을 했고, 예수님께서 주신 소명의 일환으로 상담자를 전도하고자 함

연습 1-3 / 정서 탐색

번호	정답	해설
1	⑤	☛ 돈과 권력을 쥐고 있는 사람들에 대한 '역겨움'
2	④	☛ 소심하다고 여겨지는 자신이 낯선 나라로 이민 가는 것에 대한 '두려움'
3	③	☛ 자신의 취향에 대해 계속되는 부정적 견해로 인한 '분노'
4	②	☛ 아빠를 상실하게 된 것에 대한 '슬픔'
5	①	☛ 잃었던 아이를 되찾게 된 것에 대한 '기쁨'
6	⑥	☛ 위협적인 상황 발생으로 인해 생명을 잃을 뻔한 상황에 대한 '놀람'
7	④	☛ 취업이 안 된 상태에서 졸업을 하게 된 상황에 대한 '두려움'
8	⑤	☛ 돈 자랑을 해대는 사람의 행동에 대한 '역겨움'
9	①	☛ 원하던 회사에 취직하게 된 상황에 대한 '기쁨'
10	②	☛ 집 근처의 교육환경이 좋은 학교의 진학기회를 상실하게 된 것에 대한 '슬픔'

연습 1-4 / 감정 구분 연습

번호	정답	해설
1	③	☛ 유독 자기만 나무라는 교사의 행동에 대한 '억울함'
2	①	☛ 체중감소 시도의 연속적인 실패에 의한 학습된 무기력으로 인한 '우울감'
3	④	☛ 집안일로 인해 목표로 하는 고교에 진학하지 못할 것에 대한 '불안감'
4	①	☛ 홀로 신생아를 양육해야 하는 상황에 대한 '불안감'
5	③	☛ 원하던 회사에 취업하게 된 것에 대한 '기쁨'
6	①	☛ 공정하지 않은 책임 전가에 대한 '억울함'
7	①	☛ 꼭 하고 싶었던 일을 시작하게 될 것에 대한 '희망감'
8	②	☛ 세 자녀를 두는 것에 대한 '부담감'
9	④	☛ 시어머니의 계속적인 지적과 잔소리, 남편의 무관심으로 인한 '분노감'
10	③	☛ 주먹을 쥐고, 굳은 표정으로 무슨 말부터 해야 할지 모르겠다는 말은 '분노감'을 느끼고 있음을 짐작할 수 있음

연습 1-5 / 일차감정 vs. 이차감정 구분 연습

번호	일차감정
1	• (남편의 안전에 문제가 있을 수 있음에 대한) 두려움
2	• (잃어버린 아이를 되찾은 것에 대한) 기쁨
3	• (노력조차 하지 않으려는 아이의 미래에 대한) 두려움
4	• (목표 성취의 실패와 학생들의 긍정적인 반응 기대 상실로 인한) 슬픔
5	• (아버지의 죽음, 대학진학 포기 등의 상실로 인한) 슬픔
6	• (부모의 부도덕한 행동에 대한) 역겨움
7	• (자신과는 다른 배경의 학생이 자신을 무능한 교사로 보이게 할 것 같은) 두려움
8	• (아버지로 인한 경제적 곤란, 아버지의 무기력, 모처럼 번 돈을 선물구입에 지출한 것에 대해 기쁨으로 받아들일 수 없는 상황에 대한) 슬픔
9	• (풍족한 배경을 가진 지원자의 자기소개에 대한) 역겨움
10	• (아들의 실수로 고가의 그림액자를 상실할 뻔한 상황에 대한) 두려움

연습 1-6 / 핵심내용 · 핵심감정 파악 연습

번호	구분	반응
1	핵심내용	• 엄마의 격려와 신뢰에도 불구하고 생각과는 달리 공부에 집중하기보다 웹툰을 즐겨 읽게 됨
	핵심감정	• 죄책감
2	핵심내용	• 6학년이 되면서 얼굴에 난 여드름 때문에 외출 의욕이 떨어짐
	핵심감정	• 우울감
3	핵심내용	• 연이은 성적 부진과 어머니의 비난으로 스트레스가 고조됨
	핵심감정	• 분노감
4	핵심내용	• 준수라는 아이로 인해 새로 산 스마트폰 액정이 깨지는 피해를 입었으나, 오히려 교사의 꾸중을 듣고 벌점까지 받게 됨
	핵심감정	• 분노감
5	핵심내용	• 과도한 인터넷 게임과 TV 시청으로 학업에 지장을 초래하여 원하는 대학 진학을 못할 것 같음
	핵심감정	• 두려움/불안감
6	핵심내용	• 한국 생활에의 적응에 있어서 언어, 차별, 따돌림 등의 어려움을 겪고 있음
	핵심감정	• 좌절감

7	핵심내용	• 맞벌이 부부로서 가사 분담이 제대로 되지 않는 것에 대해 불공평하다고 생각함
	핵심감정	• 분노감/실망감
8	핵심내용	• 군 입대 후 헤어진 여자 친구가 SNS에 올려놓은 남자 친구와 찍은 사진을 봄. 그가 군대를 면제받았다는 사실을 알게 됨
	핵심감정	• 역겨움
9	핵심내용	• 팀의 운명을 결정지을 수 있는 시합을 앞둔 상황에서 선수로서의 역량에 문제가 생김
	핵심감정	• 두려움/불안감
10	핵심내용	• 자신만이 알고 있는 비밀을 상담자에게 말하는 것에 대해 고려 중임
	핵심감정	• 불신감

연습 1-7 / 비언어 행동에 따른 감정 확인 연습 I

번호	정답	해설
1	④	☛죽음에 대한 '두려움'
2	②	☛전형적인 이혼가정 자녀의 감정으로, 자신 때문에 부모가 이혼했다는 생각으로 인한 '죄책감'
3	③	☛남자 친구의 민족 차별적 행동에 따른 '분노감'
4	③	☛팔짱을 끼고 노려보는 행동은 전형적인 '거부감'을 나타냄
5	④	☛경제적 여건상 목표 좌절에 따른 '실망감'
6	①	☛목표 달성에 따른 '기쁨'
7	③	☛성별에 따른 차별로 인한 '분노감'
8	①	☛예상치 않은 소견서 내용에 동공확대 및 진전은 '놀람'으로 짐작됨
9	①	☛자신의 결혼목적을 물질적인 이유 때문인 것으로만 간주하는 시어머니의 주장에 대한 '역겨움'
10	③	☛갑작스런 모친상에서 비롯된 상실로 인한 '슬픔'

연습 1-8 / 비언어 행동에 따른 감정 확인 연습 II

번호	구분	반응
1	단서	• 갑자기 말을 멈춤. 입을 다문 채 한숨을 내쉼. 창밖으로 시선을 돌림
	감정상태	• 분노감

2	단서	• 지방으로 학교를 옮김. 전학 전에는 적극적이고 친구들로부터 인기가 많았음. 전학 이후, 말이 없어지고 소극적으로 변함. 활력이 없고 어깨가 처진 상태로 팔짱을 끼고 있음
	감정상태	• 슬픔, 분노, 무기력감
3	단서	• 반려견의 죽음. 등교거부. 비자발적 상담. 고개를 숙인 채 말없이 눈물을 흘림
	감정상태	• 슬픔, 상실감
4	단서	• 상담교사의 존재 가치를 부정함. 상담받기를 거부하다가 상담에 의뢰됨. 손을 뺨에 얹은 채 턱을 괴고 응시함
	감정상태	• 분노, 회의감, 평가적 태도
5	단서	• 어머니가 치명적인 질병에 걸림. 가정형편이 어려움. 대학에 진학하고 싶어 함. 고개를 숙이고, 손으로 입을 가림
	감정상태	• 슬픔, 죄책감
6	단서	• 흡연과 음주로 학업 관련 스트레스를 해소하고자 함. 눈치를 보면서 고개를 가로저음
	감정상태	• 거부감
7	단서	• 아내의 통제에 대해 불만을 토로하면서 주먹을 꽉 쥠. 의자 끝에 앉아서 눈 깜짝하지 않고 정면을 응시함
	감정상태	• 분노감
8	단서	• 진지한 표정. 상담자와 시선접촉 유지. 연신 고개를 끄덕임
	감정상태	• 동의, 경청, 긍정적 관심
9	단서	• 비자발적 상담. 불성실한 상담 참여에 따른 법원 처분에 관한 설명을 들으며 두 눈을 깜빡임. 천장을 응시함
	감정상태	• 불신감. 동의하지 않음
10	단서	• 나이에 걸맞지 않은 옷차림과 용모. 가슴을 활짝 편 상태에서 두 팔이 열려 있음. 정면을 응시함
	감정상태	• 자신감

Chapter 02 재진술

연습 2-1 / 재진술 반응 구분 연습 I

번호	정답	해설
1	×	☛'제안'에 가까운 반응임
2	○	☛상황을 나타내는 '재진술'임
3	×	☛다이어트에 관한 '정보제공'임
4	○	☛상황을 나타내는 '재진술'임
5	×	☛상담회기 종결에 따른 '요약'임
6	×	☛간접질문
7	○	☛상황을 나타내는 '재진술'임
8	○	☛상황을 나타내는 '재진술'임
9	×	☛동정 또는 위로에 가까운 소통의 장애요소임
10	○	☛생각을 나타내는 '재진술'임

연습 2-2 / 재진술 반응 구분 연습 II

번호	정답	해설
1	④	☛① 분석적 진단 같은 반응, ② 폐쇄질문, ③ 반영
2	①	☛② 개방질문, ③ 반영, ④ 명료화
3	④	☛① 해석, ② 개방질문, ③ 반영
4	②	☛① 간접질문, ③ 반영, ④ 정보제공
5	②	☛① 반영, ③ 상담자의 주관적 견해, ④ 명료화
6	①	☛② 진단 · 분석적 반응, ③ 간접질문, ④ 반영
7	④	☛① 개방질문, ② 반영, ③ 해석
8	③	☛① 반영, ② 제안, ④ 정보제공
9	②	☛① 폐쇄질문, ③ 즉시성, ④ 명료화
10	③	☛① 상투적인 말에 이은 조언, ② 반영, ④ 동조/동정하는 반응

연습 2-3 / 앵무새 말하기 vs. 재진술 연습

번호	구분	반응
1	앵무새	• 너는 역사 시간이 있는 날에는 기분이 좋구나.
	재진술	• 너는 역사 과목을 좋아하는구나.

2	앵무새	• 나름 공부를 하고 있는데 성적은 항상 제자리인가 보구나.
	재진술	• 노력하는 만큼 성적이 향상되지 않나 봐요.
3	앵무새	• 상담을 통해 그동안 당신을 괴롭혀 온 열등감을 극복하고 싶군요.
	재진술	• 그동안 열등감으로 인해 상담을 신청하게 되셨군요.
4	앵무새	• 당신은 채식을 좋아하는데, 부인은 육식을 좋아하시는군요.
	재진술	• 두 분의 식성이 다르군요.
5	앵무새	• 시골에 계신 어머니께서 많이 편찮으신데 일이 바빠서 내려가실 수가 없군요.
	재진술	• 병환 중인 어머니를 찾아뵙고 싶지만, 많이 바빠서 실행에 옮기지 못하는 상황이군요.
6	앵무새	• 몇 달 전에 아파트에 도둑이 들었는데, 그때부터 불안증이 악화돼서 지금은 집에 혼자 있기도 무서우시군요.
	재진술	• 도둑을 맞았던 경험이 불안증 악화의 원인이 되고 있군요.
7	앵무새	• 아드님이 초등학교에 다닐 때만 하더라도 공부도 잘하고 아주 착했군요.
	재진술	• 어머니 보시기에 아드님이 초등학교 때에 비해 많이 달라졌다는 생각이 드시나 봐요.
8	앵무새	• 이번 달 직원들 인건비를 어떻게 마련해야 할지 막막하시군요.
	재진술	• 회사가 경영난을 겪고 있나 봐요.
9	앵무새	• 남편 회사가 부도나기 전까지만 해도 집안 형편이 꽤 괜찮았군요.
	재진술	• 남편 회사의 경영난이 가정에도 영향을 미쳤나 보군요.
10	앵무새	• 올봄에 전조증상이 있었는데도 차일피일 미루면서 바로 병원에 가지 않았군요.
	재진술	• 전조증상이 있었는데도 제때에 확인하지 않으셨군요.

연습 2-4 / 핵심내용 탐색을 통한 재진술 연습

번호	구분	반응
1	핵심내용	• 체중을 줄이려고 나름 노력하고 있지만, 별 효과가 없음. 체중에 관한 이야기가 열등감을 자극함
	재진술	• 체중을 줄이려고 나름 노력하고 있지만 효과적인 방법을 찾지 못했구나. 또 체중에 관한 얘기에 민감한 상태에 있고 말이야.

2	핵심내용	• 독립적인 삶을 가치로 내세움. 식구들의 도움을 기대함. 식구들이 내담자의 삶에 간섭은 하지 않음
	재진술	• 가족들의 도움을 받으면, 많은 힘이 될 것 같은 생각이 드는군요.
3	핵심내용	• 취업을 최대 현안으로 보고 있음. 부모님께서 대학 등록금을 대 주셨음. 취업에 어려움을 겪고 있고 부모님 신세를 지는 것을 부담스러워 함
	재진술	• 현재로서는 취업을 해야 부모님의 신세를 지지 않을 수 있고, 또 재정적으로 독립할 수 있다고 생각하고 있군요.
4	핵심내용	• 학사경고 2회를 받은 상태여서 이번 학기에 평점이 1.7 이상을 받아야 학적유지가 가능하나, 차선책으로 낮은 수준의 대학을 알아보고 있음
	재진술	• 학사경고를 2회 받은 상태여서 차선책으로 학업을 좀 더 용이하게 할 수 있는 대학을 알아보고 있군요.
5	핵심내용	• 직장 상사의 부당한 지시를 따를 것인지 순응할 것인지 사이에서 갈등함
	재진술	• 직장 상사의 부당한 지시를 따름으로써 양심의 저촉을 받을 것인지, 아니면 거부함으로써 팀원들로부터 따돌림당하는 것을 택해야 할지 갈등이군요.
6	핵심내용	• 직장업무 누적으로 인한 압박감으로 스트레스가 증가함
	재진술	• 직장업무로 인한 스트레스 때문에 삶의 통제력을 상실한 것 같은 생각이 드시나 보군요.
7	핵심내용	• 일에 대한 흥미와 집중으로 결혼 지연. 여성에 대한 데이트 신청이 익숙하지 않음
	재진술	• 지금까지 결혼하지 않게 된 것은 일에 집중했기 때문만이 아니라 데이트 신청이 익숙하지 않았던 것이 원인이었군요.
8	핵심내용	• 남편의 잦은 전근과 이로 인한 잦은 이사로 자녀의 학교생활 적응 곤란을 초래함
	재진술	• 남편의 잦은 전근과 이사가 자녀의 학교생활 적응에 어려움을 초래하고 있다는 생각이 들었나 봐요.
9	핵심내용	• 좋은 날씨가 여행에 대한 욕구를 자극함. 새로운 곳, 사람, 음식에 대한 욕구가 있음
	재진술	• 좋은 날씨가 지민 씨께서 그동안 잊고 지냈던 여행에 대한 욕구를 자극했나 보군요.
10	핵심내용	• 부인과 사별한 이후, 사회적 관심 저하, 식욕 및 수면 곤란, 체중 감소를 호소함
	재진술	• 부인과 사별한 이후의 생활 적응에 어려움이 있나 보군요.

Chapter 03 반영

연습 3-1 / 반영 반응 구분 연습 I

번호	정답	해설
1	○	☛딸의 대학 졸업 후 대기업 취업으로 인한 기쁨을 반영해 줌
2	×	☛간접질문
3	×	☛명료화
4	×	☛정보제공
5	×	☛자기개방
6	×	☛즉시성에 이은 개방질문
7	×	☛개방질문
8	○	☛딸이 세계적인 콩쿠르에서 입상한 것에 대한 보람을 반영해 줌
9	○	☛학생에 대한 실망감을 반영해 줌
10	○	☛가사 분담 요청을 무시하는 남편의 태도에 속상해하는 감정을 반영해 줌

연습 3-2 / 반영 반응 구분 연습 II

번호	정답	해설
1	③	☛① 바람을 나타내는 재진술, ② 상담자의 기원을 나타내는 진술, ④ 폐쇄질문
2	③	☛① 명료화, ② 재진술, ④ 개방질문
3	①	☛② 분석적 반응, ③ 일종의 왜 질문, ④ 강의/논리적 의견
4	②	☛① 재진술, ③ 명료화, ④ 도덕적 훈계/설득
5	④	☛① 재진술, ② 명료화, ③ (희망유발에 사용되는 해결중심) 간접질문
6	④	☛① 개방질문, ② 재진술, ③ 자기개방
7	③	☛① 개방질문, ② 재진술, ④ 명료화
8	①	☛② 재진술, ③ 개방질문, ④ 위로, 동정의 반응
9	②	☛① 폐쇄질문, ③ 해석, ④ 해석적 정보제공
10	④	☛① (희망유발에 사용되는 해결중심) 개방질문, ② 재진술, ③ 제안

연습 3-3 / 공식에 의한 반영 반응 연습

번호	구분	반응
1	핵심감정	• 분노, 슬픔, 속상함
	공식반응	• 아이들이 아토피 피부병이 있다고 놀리기 때문에 속상한 느낌이 드는구나.
	자유반응	• 학교 아이들이 너한테 아토피 피부병이 있다고 놀려서 속상한가 보구나.
2	핵심감정	• 억울함
	공식반응	• 선생님께서 공정하게 대해 주지 않는 것 같아서 속상한 느낌이 드는구나.
	자유반응	• 선생님께서 너를 공정하게 대해 주지 않는 것 같아서 속상한가 보구나.
3	핵심감정	• 두려움
	공식반응	• 너희 반 짝이 시험 답안지를 보여 달라고 하기 때문에 두려운 느낌이 드는구나.
	자유반응	• 너희 반 짝이 시험 답안지를 보여 달라고 해서 두려운가 보구나.
4	핵심감정	• 분노감, 속상함, 실망감
	공식반응	• 형이 석빈이를 무시하는 것 같은 행동을 하기 때문에 화나는 느낌이 드는구나.
	자유반응	• 형이 석빈이를 무시하는 것 같은 행동을 하는 경우에 화가 나는구나.
5	핵심감정	• 불안감, 초조감, 긴장감
	공식반응	• 어떤 이야기를 할 때 다른 사람들이 집중을 해 주지 않기 때문에 속상한 느낌이 드는구나.
	자유반응	• 어떤 이야기를 할 때 다른 사람들이 집중해 주지 않을 때 속상한가 보구나.
6	핵심감정	• 슬픔, 분노, 답답함, 불안감, 답답함
	공식반응	• 아직 새로운 환경에 적응이 안 되기 때문에 답답한 느낌이 드는군요.
	자유반응	• 아직 새로운 환경에 적응이 안 돼서 답답한가 봐요.
7	핵심감정	• 지루함, 무기력감
	공식반응	• 여자 친구와 헤어지기도 했고 또 군 복무 기간이 아직 많이 남아 있다고 생각하기 때문에 군 생활이 지루한 느낌이 드는군요.
	자유반응	• 여자 친구와 헤어지기도 했고 또 군 복무 기간이 아직 많이 남아 있다는 생각이 들어서 군 생활이 지루하게 느껴지나 봐요.

8	핵심감정	• 당혹감, 속상함, 실망감
	공식반응	• 전과는 달리 여러 사람들 앞에서의 발표가 원하는 만큼 이루어지지 않기 때문에 당혹스러운 느낌이 드는군요.
	자유반응	• 전과는 달리 여러 사람들 앞에서의 발표가 원하는 만큼 이루어지지 않아서 당혹스러우신가 봐요.
9	핵심감정	• 답답함, 막막함
	공식반응	• 출소를 앞두고 사회에 나가서 무슨 일을 하면서 생활해야 할지 구체적인 계획이 없기 때문에 막막한 느낌이 드는군요.
	자유반응	• 출소를 앞두고 사회에 나가서 무슨 일을 하면서 생활해야 할지 구체적인 계획이 없어서 막막하신가 봐요.
10	핵심감정	• 슬픔, 상실감
	공식반응	• 한 가족과도 같았던 죽은 애견이 자꾸 꿈에 나타나기 때문에 슬픈 느낌이 드는군요.
	자유반응	• 한 가족처럼 살다가 세상을 떠난 토비가 꿈에 나타나서 슬프신가 봐요.

연습 3-4 / 반영적 경청 연습

번호	수준	반응
1	1	• '꿈은 이루어진다'는 말이 있듯이, 세라도 커서 훌륭한 사람이 되겠다는 꿈을 꾸어 보면 어떨까?
	2	• 얼굴도 예쁘고 피부색도 하얀 수지라는 친구와 가장 친하게 지내나 보구나.
	3	• 얼굴도 예쁘고 피부색도 하얀 수지라는 친구와 가장 친하게 지내서 기쁜가 보구나.
	4	• 얼굴도 예쁘고 피부색도 하얀 수지라는 친구와 가장 친하게 지내서 기쁜가 보구나. 세라도 수지 못지 않게 예뻤으면 하구.
	5	• 얼굴도 예쁘고 피부색도 하얀 수지라는 친구와 가장 친하게 지내서 기쁜가 보구나. 세라도 수지 못지 않게 예뻤으면 하구. 세라도 세라 나름의 꿈을 가지고 있을 것 같구나.
2	1	• 아무리 화가 난다고 해도 일단 선생님 말씀에 순종해야 되지 않을까?
	2	• 수업 시간에 화장실에 다녀오겠다고 했는데, 담임선생님이 안 된다고 하셨구나.

	3	• 수업 시간에 화장실에 다녀오겠다고 했는데, 담임선생님이 안 된다고 해서 화가 났구나.
	4	• 수업 시간에 화장실에 다녀오겠다고 했는데, 담임선생님이 안 된다고 해서 화가 났구나. 너는 화장실을 급하게 다녀오고 싶었는가 본데.
	5	• 수업 시간에 화장실에 다녀오겠다고 했는데, 담임선생님이 안 된다고 해서 화가 났구나. 너는 화장실을 급하게 다녀오고 싶었는가 본데. 쉬는 시간에 용변을 볼 수 있도록 사전에 마음의 준비가 필요하겠구나.
3	1	• 승현이도 친구 동철이처럼 공부에 집중한다면 동철이보다 못할 것도 없지 않을까?
	2	• 동철이라는 친구가 의상을 통해 다른 사람의 관심을 끌려고 하더니 2학년이 되면서는 학업성적을 통해 관심을 집중시켰구나.
	3	• 동철이라는 친구가 의상을 통해 다른 사람의 관심을 끌려고 하더니 2학년이 되면서는 학업성적을 통해 관심을 집중시키고 있는 것이 부러운가 보구나.
	4	• 동철이라는 친구가 의상을 통해 다른 사람의 관심을 끌려고 하더니 2학년이 되면서는 학업성적을 통해 관심을 집중시키고 있는 것이 부러운가 보구나. 승현이 역시 공부에 집중해서 성적을 향상시키고 싶은가 본데.
	5	• 동철이라는 친구가 의상을 통해 다른 사람의 관심을 끌려고 하더니 2학년이 되면서는 학업성적을 통해 관심을 집중시키고 있는 것이 부러운가 보구나. 승현이 역시 공부에 집중해서 성적을 향상시키고 싶은가 본데. 성적 향상을 위해서는 공부의 효율성을 극대화할 수 있는 방법을 검토해 보는 것도 좋을 것 같구나.
4	1	• 걱정한다고 능사는 아니죠. 모름지기 불안할수록 호흡을 가다듬고 몸을 편안하게 해 보세요.
	2	• 사람들 앞에서 발표할 때 긴장을 많이 하시나 봐요.
	3	• 사람들 앞에서 발표할 때 긴장을 많이 해서 속상하신가 봐요.
	4	• 사람들 앞에서 발표할 때 긴장을 많이 해서 속상하신가 봐요. 준비한 대로 발표를 편안하고 만족스럽게 하고 싶으신가 본데.
	5	• 사람들 앞에서 발표할 때 긴장을 많이 해서 속상하신가 봐요. 준비한 대로 발표를 편안하고 만족스럽게 하고 싶으신가 본데. 인지행동치료 기법의 하나인 자기교수법을 활용해 보는 것이 좋을 것 같네요.

5	1	• 확인할 수 없는 것까지 신경 쓸 필요는 없지 않을까요? 그 친구가 실제로는 시연 씨에 관한 험담을 하지 않을 수도 있으니까요.
	2	• 모처럼 만난 친구가 다른 친구들에 대해 험담하는 것을 듣게 돼서 그 친구가 다른 친구들에게 시연 씨에 대한 험담을 할 수도 있겠구나 하는 생각이 들었군요.
	3	• 모처럼 만난 친구가 다른 친구들에 대해 험담하는 것을 듣게 돼서 그 친구가 다른 친구들에게 시연 씨에 대한 험담을 할 수도 있겠구나 하는 생각이 들어서 갑자기 두려운 느낌이 들었나 보군요.
	4	• 모처럼 만난 친구가 다른 친구들에 대해 험담하는 것을 듣게 돼서 그 친구가 다른 친구들에게 시연 씨에 대한 험담을 할 수도 있겠구나 하는 생각이 들어서 갑자기 두려운 느낌이 들었나 보군요. 시연 씨는 친구들과 즐거운 시간을 갖고 싶으신데.
	5	• 모처럼 만난 친구가 다른 친구들에 대해 험담하는 것을 듣게 돼서 그 친구가 다른 친구들에게 시연 씨에 대한 험담을 할 수도 있겠구나 하는 생각이 들어서 갑자기 두려운 느낌이 들었나 보군요. 시연 씨는 그 자리에 없는 친구들에 대해 험담하는 것을 원치 않으신데. 추후에라도 시연 씨의 귀에 거슬리는 뒷담화를 듣게 된다면, 그 이야기를 듣고 싶지 않다고 정중하게 요청을 해 보면 어떨까요?
6	1	• 돈 버는 것도 중요하지만, 딸아이의 장래를 생각해서라도 남편과 화해하기 위한 좋은 방안을 진지하게 강구해 봐야 하지 않을까요?
	2	• 하루속히 재정적으로 자립해서 따님과 윤택하게 살고 싶으신가 보군요.
	3	• 하루속히 재정적으로 자립해서 따님과 윤택하게 살고 싶다는 생각으로 희망적인 느낌이 드시나 봐요.
	4	• 하루속히 재정적으로 자립해서 따님과 윤택하게 살고 싶다는 생각으로 희망적인 느낌이 드시나 봐요. 따님과 함께 여행도 다니고 교육도 잘 시키고 싶으시고.
	5	• 하루속히 재정적으로 자립해서 따님과 윤택하게 살고 싶다는 생각으로 희망적인 느낌이 드시나 봐요. 따님과 함께 여행도 다니고 교육도 잘 시키고 싶으시고. 이를 위해서는 어떤 결단과 구체적인 계획이 필요하겠군요.
7	1	• 지금 경찰들이 범인을 잡기 위해 총력을 기울이고 있으니까 곧 잡힐 겁니다. 그러니까 안심하시고, 평소대로 생업에 종사하시면 됩니다.

	2	• 범인들이 다시 나타날 것 같은 생각이 드시나 봐요.
	3	• 범인들이 다시 나타날 것 같은 생각이 들어서 불안하신가 봐요.
	4	• 범인들이 다시 나타날 것 같은 생각이 들어서 불안하신가 봐요. 범인들이 하루속히 잡혀서 안심하고 생활할 수 있기를 원하실 텐데.
	5	• 범인들이 다시 나타날 것 같은 생각이 들어서 불안하신가 봐요. 범인들이 하루속히 잡혀서 안심하고 생활할 수 있기를 원하실 텐데. 범인 체포는 경찰들에게 맡기시고, 다시 안정을 찾기 위해 편안한 마음을 가지려고 노력하는 것은 지애 씨 몫일 것 같습니다.
8	1	• 너무 걱정마세요! 인명은 재천이라는 말이 있잖아요. 서린 씨가 걱정한다고 달라질 건 없으니까, 그저 의사 선생님을 믿고 반드시 치료될 거라는 믿음으로 기다리는 것이 좋을 것 같네요.
	2	• 어머님께서 유방암으로 이미 일차 항암치료를 받으셨는데, 어머님의 몸이 치료를 감당하기 힘든 상황이시군요.
	3	• 어머님께서 유방암 세포 제거를 위한 항암치료를 받으셨는데, 많이 힘들어하셔서 마음이 짠하신가 봐요.
	4	• 어머님께서 유방암 세포 제거를 위한 항암치료를 받으셨는데, 많이 힘들어하셔서 마음이 짠하신가 봐요. 어머님께서 치료를 잘 견디셔서 하루속히 완쾌되시기를 원하실 텐데.
	5	• 어머님께서 유방암 세포 제거를 위한 항암치료를 받으셨는데, 많이 힘들어하셔서 마음이 짠하신가 봐요. 어머님께서 치료를 잘 견디셔서 하루속히 완쾌되시기를 원하실 텐데. 의사 선생님과 대안적인 치료 방법에 대해 상의해 보셔야 할 것 같군요.
9	1	• 미연 씨 남편께서는 주말에 주로 스마트폰 게임으로 스트레스를 푸시는가 본데, 남편께서 주중에 열심히 업무에 집중하려면 충분한 휴식을 취할 수 있도록 해 주는 것이 필요하지 않을까요?
	2	• 주말이 되면 미연 씨는 주로 집안일을 하시는 데 비해 남편께서는 스마트폰 게임을 하면서 휴식을 취하시는군요.
	3	• 미연 씨가 집안일을 도맡아 하시는 데 비해 남편께서는 거의 도와주시지 않는 상황을 참다 보니까 분노가 끓어오르시나 봐요.
	4	• 미연 씨가 집안일을 도맡아 하시는 데 비해 남편께서는 거의 도와주시지 않는 상황을 참다 보니까 분노가 끓어오르시나 봐요. 미연 씨는 남편이 좀 분담해 주기를 원하시는데.

	5	• 미연 씨가 집안일을 도맡아 하시는 데 비해 남편께서는 거의 도와주시지 않는 상황을 참다 보니까 분노가 끓어오르시나 봐요. 미연 씨는 남편이 좀 분담해 주기를 원하시는데. 남편에게 정중하게 집안일 분담을 요청해 보시면 어떨까요? 예를 들면, 세탁기 돌리는 일을 부탁하는 거죠.
10	1	• 다 지난 일이고 어렸을 때의 일이니까 이젠 기억에서 지워 버리시고, 현재 가족들과 행복하게 사실 방안을 모색해 보는 일만 남은 것 같네요.
	2	• 어렸을 때 아버지께서 어머니에게 폭력을 휘두르던 광경이 여전히 기억에 남아 있나 봐요.
	3	• 어렸을 때 아버지께서 어머니에게 폭력을 휘두르던 광경이 떠오를 때마다 두려운 느낌이 드나 봐요.
	4	• 어렸을 때 아버지께서 어머니에게 폭력을 휘두르던 광경이 떠오를 때마다 두려운 느낌이 드나 봐요. 이젠 그 아픈 기억을 지우고 싶으실 텐데.
	5	• 어렸을 때 아버지께서 어머니에게 폭력을 휘두르던 광경이 떠오를 때마다 두려운 느낌이 드나 봐요. 이젠 그 아픈 기억을 지우고 싶으실 텐데. 그 어린 나이에 두렵고 무서웠던 기억에 대해 아버지께 직접 표현해 보면 어떨까요?

연습 3-5 / 재진술 vs. 반영 연습

번호	구분	반응
1	핵심내용	• 잠자리에 들면, 엄마가 책 읽어 주고 노래도 불러 줬던 생각이 떠오름
	재진술	• 밤에 자려고 할 때, 엄마가 책 읽어 주고 노래도 불러 줬던 생각이 떠오르나 보구나.
	핵심감정	• 그리움
	반영	• 밤에 자려고 할 때, 엄마가 책 읽어 주고 노래도 불러 줬던 생각이 떠올라서 엄마가 보고 싶어지나 보구나.
2	핵심내용	• 부모님이 다투실 때 받는 영향이 친구들과 놀거나 공부에도 영향을 미침
	재진술	• 부모님이 다투실 때 받는 영향이 친구들과 놀거나 공부하는 데에도 미치는가 보구나.
	핵심감정	• 답답함, 분노감
	반영	• 부모님이 다투실 때 가슴이 답답해지는 증상이 친구들과 놀거나 공부하는 데에도 영향을 미치는가 보구나.

3	핵심내용	• 지난밤 친한 친구가 괴롭힘을 당하는 광경을 보고 도와줘야겠다는 생각은 들었으나, 실행에 옮기지 못함
	재진술	• 지난밤 친한 친구가 괴롭힘을 당하는 광경을 보고 도와줘야겠다는 생각은 들었지만 실행에 옮기지 못했구나.
	핵심감정	• 죄책감, 자책감, 두려움, 후회, 자신에 대한 분노감
	반영	• 지난밤 친한 친구가 괴롭힘을 당하는 광경을 보고 도와줘야겠다는 생각은 들었지만 실행에 옮기지 못해서 죄책감이 드는가 보구나.
4	핵심내용	• 어렸을 때와는 달리 대학 진학 외에 다양한 진로가 있음을 깨닫게 되어 다른 길을 택하고자 함. 부모는 내담자의 대학 진학을 원하고 있음
	재진술	• 동현이는 대학 진학과는 다른 길을 택하고 싶은데, 부모님은 동현이의 대학 진학을 원하고 있는 갈등 상황에 있구나.
	핵심감정	• 당혹감, 혼란감
	반영	• 동현이는 대학 진학과는 다른 길을 택하고 싶은데, 부모님은 동현이의 대학 진학을 원하고 있어서 당혹스럽겠구나.
5	핵심내용	• 여자 친구가 잘해 준 것은 관계 유지의 요인으로 작용했지만, 성격적 특성은 관계 유지의 부정적인 요인으로 작용해서 결국 헤어지게 된 원인이 됨
	재진술	• 여자 친구가 잘해 준 것은 두 사람의 관계 유지의 요인으로 작용했지만, 삐치거나 갑자기 화를 내는 성격적 특성은 하윤 씨가 헤어지기로 마음먹게 된 중요한 요인으로 작용했군요.
	핵심감정	• 슬픔, 미안함, 죄책감, 후회감
	반영	• 여자 친구가 평소에는 잘해 주었지만, 결국 삐치거나 폭발적인 성격 때문에 헤어지게 된 것에 대해 약간의 미안함 같은 감정이 남아 있나 봐요.
6	핵심내용	• 현재 하고 있는 일이 힘들어서 다른 직장을 찾아볼까 하는 생각이 있음
	재진술	• 현재 하고 있는 일이 너무 힘들어서 다른 직장을 찾아볼까 하는 생각을 가지고 있나 보군요.
	핵심감정	• 슬픔, 분노감, 역겨움, 혼란감
	반영	• 취업난 때문에 현재 하는 일을 하고 있지만, 너무 힘들어서 과연 올바른 선택을 한 것인지 혼란스러운가 봐요.

7	핵심내용	• 다른 직원들에 비해 업무 면에서 탁월하지는 않을 수 있지만, 맡은 일을 완수함으로써 회사에 기여해 왔다고 생각함
	재진술	• 다른 직원들에 비해 업무 면에서 탁월하지는 않을 수 있지만, 맡은 일을 완수함으로써 회사에 기여해 왔다고 생각하는데, 재차 승진 대상에서 탈락하게 되었군요.
	핵심감정	• 좌절감, 분노감, 혼란감, 속상함, 당혹감
	반영	• 맡은 일을 완수함으로써 회사에 기여해 왔다고 생각하는데, 재차 승진 대상에서 탈락하게 돼서 많이 속상하신가 봐요.
8	핵심내용	• 사업 실패와 이혼으로 인해 대인관계가 위축되었고, 그 범위가 축소되어 왔다고 보고함. 경제적인 상황이 나아지기를 원함
	재진술	• 그동안 일련의 일들로 인해 대인관계와 경제적인 상황이 함께 위축된 상황에 있나 봐요.
	핵심감정	• 좌절감, 무력감, 무기력
	반영	• 그동안 일련의 일들로 인해 대인관계와 경제적인 상황이 함께 위축된 상황에 처하게 돼서 무력감이 드나 봐요.
9	핵심내용	• 결혼 7년 만에 딸을 낳음. 모유를 먹임. 밤에 잠을 깨서 젖을 먹여야 하기 때문에 피로감을 호소함
	재진술	• 귀하게 얻은 딸이지만, 아기 양육에 에너지가 많이 소모되어 직장 일에도 부담을 주고 있는 상황이군요.
	핵심감정	• 피로감, 미안함, 죄책감
	반영	• 귀하게 얻은 딸이지만, 아기 양육에 에너지가 많이 소모되어 많이 지치게 되어 학생들에게 미안한 느낌이 드나 보군요.
10	핵심내용	• 스스로 완벽을 추구하지만, 실제 업무성과는 만족스럽지 못함을 호소함
	재진술	• 지환 씨는 완벽을 추구하고 있고, 실제 업무성과에 만족스러워하지 않는군요.
	핵심감정	• 속상함, 불만, 분노감
	반영	• 지환 씨는 완벽, 즉 자신에 대한 목표 수준을 극대화함으로써 자신의 업무성과에 만족스럽지 않아서 속상해하고 있군요.

Chapter 04 명료화

연습 4-1 / 명료화 구분 연습 I

번호	정답	해설
1	○	☛청소년 은어의 의미를 확인하기 위한 질문 형태의 반응이므로 '명료화'임
2	×	☛내담자의 생각에 대한 반응이므로, '재진술'임
3	×	☛'예' '아니오'로 대답할 수 있는 질문이므로 폐쇄질문임
4	○	☛모호한 진술의 명확한 의미를 확인하기 위한 질문 형태의 반응이므로 명료화임
5	×	☛내담자의 감정을 되돌려 주기 위한 반응이므로 '반영'임
6	×	☛행동의 원인에 대한 잠정적인 반응이므로 '해석'임
7	○	☛모호한 진술의 의미를 확인하기 위한 질문 형태의 반응이므로 '명료화'임
8	×	☛상담자의 '자기개방'임
9	×	☛내담자의 생각에 대한 반응이므로, '재진술'임
10	○	☛'집안의 이방인'이라는 은유적 표현의 의미를 확인하기 위한 질문 형태의 반응이므로 '명료화'임

연습 4-2 / 명료화 구분 연습 II

번호	정답	해설
1	④	☛① 지지/격려 반응, ② 재진술, ③ (해결중심) 개방질문
2	③	☛① 일종의 도전, ② 재진술, ④ 도덕적 훈계/의무 부여
3	③	☛① 논리적 의견 제시, ② 반영, ④ 재진술
4	①	☛② 조언의 성격을 띤 일종의 정보제공, ③ 자기개방, ④ 직면의 성격을 띤 제안
5	②	☛① 정보제공, ③ 반영, ④ 즉시성+진단 · 분석적 반응
6	④	☛① 재진술, ② 반영, ③ 개방질문
7	①	☛② 지지/격려 반응, ③ 재진술, ④ 반영
8	④	☛① 재진술, ② (언행의 불일치에 대한) 직면, ③ 반영
9	②	☛① 반영, ③ 폐쇄질문, ④ 정보제공을 통한 지지
10	④	☛① 반영, ② (상황을 나타내는) 재진술, ③ 논리적 의견을 동반한 제안

연습 4-3 / 공식에 의한 명료화 연습

번호	공식에 의한 명료화 반응
1	• 엄마가 노잼, 병맛 우주인 같다는 것은 엄마가 너를 잘 이해하지 못하시는 재미없는 존재로 느껴진다는 뜻이니?
2	• 자신이 그렇게 착하기만 한 것은 아니라는 것은 너의 내면에 네가 맘에 들지 않는 것들이 진행되고 있다는 뜻이니?
3	• 오늘 만난 교생 선생님이 완전 졸귀라는 것은 매우 귀엽다는 뜻이니?
4	• 대학이 인생의 전부가 아니라는 것은 대학교육이 네 삶에 중요한 부분을 차지하고 있지는 않다는 뜻이니?
5	• 자신에게 바람기가 있지 않나 하는 생각이 든다는 것은 남성이 좋아하는 표현을 하면 이를 받아들이곤 했다는 뜻인가요?
6	• 상담자가 되는 것에 회의감이 든다는 것은 상담전공 교수님의 권위적이고 비판적인 태도에 대한 반감 때문이라는 말씀이신가요?
7	• 한쪽 다리를 못 쓰는 사람이 무슨 일을 하겠느냐는 말은 부상으로 인해 무기력감이 느껴진다는 말인가요?
8	• 아이를 체벌한 것은 아버지의 사랑의 표현이라는 뜻인가요?
9	• 법적 이혼이 그렇게 만족스러운 것만은 아니라는 것은 이혼이 예상했던 것과는 다른 느낌이 든다는 뜻인가요?
10	• 며느님께서 어떤 일을 하더라도 만족스럽지 않다는 것은 돈 때문에 결혼을 했다는 생각이 들기 때문이라는 뜻인가요?

연습 4-4 / 재진술 · 반영 · 명료화 연습

번호	구분	반응
1	재진술	• 집안의 경제적인 어려움이 현영 양이 꿈을 실현하는 데 있어서 걸림돌이 된다고 생각하는군요.
	반영	• 집안의 경제적인 어려움이 현영 양이 꿈을 실현하는 데 있어서 걸림돌이 된다는 생각이 들 때면 슬퍼지는군요.
	명료화	• 집안의 경제적인 어려움이 현영 양이 꿈을 실현하는 데 있어서 걸림돌이 된다는 뜻인가요?
2	재진술	• 강의 시간에 발표할 때 과도한 긴장감이 드는 이유가 어린 시절의 트라우마 때문이라는 생각이 드나 보군요.
	반영	• 강의 시간에 발표할 때 과도한 긴장감이 들어서 많이 불편하겠어요.

	명료화	• 강의 시간에 발표할 때 과도한 긴장감이 드는 이유가 어린 시절의 트라우마 때문이라는 것은 이 트라우마가 수줍어하는 성격 형성에 영향을 미쳤다는 뜻인가요?
3	재진술	• 어머니께서는 선아 씨에게는 선아 씨가 대학에 진학한 것이 자랑스럽다고 하고, 오빠와 새언니에게는 선아 씨가 철이 들지 않아서 그런다고 비난하는 것 같은 말씀을 하신다고 생각하시는군요.
	반영	• 어머니께서 선아 씨와 오빠 내외에게 각각 서로 다른 말씀을 하신다는 생각 때문에 혼란스러우신가 봐요.
	명료화	• 어머니도 맘대로 하고 싶으신 것이 있을 거라는 말은 어머니께서 선아 씨 학비를 대 주시는 것에 대해 죄책감이 느껴진다는 말씀이신가요?
4	재진술	• 어려서부터 훌륭한 사업가가 되기 위한 꿈을 실현하기 위해 경영학 전공을 선택했는데, 정작 경영학 전공이 적성에 맞지 않음을 알게 되었군요.
	반영	• 어려서부터 훌륭한 사업가가 되기 위해 선택한 경영학 전공이 적성에 맞지 않는 것 같아서 당혹스러운가 보군요.
	명료화	• 훌륭한 사업가가 되기 위해 경영학 전공을 택했다는 것은 훌륭한 사업가가 되려면 반드시 경영학만 전공해야만 한다는 말인가요?
5	재진술	• 남자 친구와 좋은 관계를 유지하고 있지만, 언젠간 헤어질 수도 있다는 생각이 드는군요.
	반영	• 남자 친구와 좋은 관계를 유지하고 있지만, 언젠간 헤어질 수도 있다는 생각이 들어서 불안하신가 봐요.
	명료화	• 남자 친구가 배신하기 전에 관계가 깊어지지 않는 게 낫겠다는 것은 두 사람의 관계가 언젠가는 깨질까 봐 두렵다는 뜻인가요?
6	재진술	• 대인관계에서 감정보다는 이성에 의지해서 상호작용하는 것을 선호하시는군요.
	반영	• 다른 사람들과의 관계에서 상대방이 감정을 드러내는 경우에 상당히 불편한 느낌이 드나 봐요.
	명료화	• 대인관계에서 감정을 드러내는 것을 좋아하지 않는다는 것은 서로 감정을 보이지 않음으로써 상대방과 일정한 거리를 유지할 수 있어서 좋다는 뜻인가요?
7	재진술	• 전문 직업이 있는 여성과 결혼하기를 원하는데, 교제 중인 여성이 결혼과 동시에 직장을 그만두겠다는 말에 결혼을 해야 할지 말아야 할지 갈등 상황에 있군요.

	반영	• 전문 직업이 있는 여성과 결혼하기를 원하는데, 교제 중인 여성이 결혼과 동시에 직장을 그만두겠다는 말에 결혼계획에 대해 혼란스런 느낌이 드나 보군요.
	명료화	• 재정적인 능력이 있는 여성과 결혼하고 싶었다는 말은 배우자의 경제력이 결혼에 있어서 중요한 조건이라는 말인가요?
8	재진술	• 아버님께서는 치료를 위해 병원을 전전하시다가 결국 기도원에서 숨을 거두셨군요.
	반영	• 아버님께서 철조망이 쳐져 있는 기도원에서 돌아가셨다는 소식을 들으니까 복합적인 감정이 들었나 보군요.
	명료화	• 아버님께서 돌아가셨다는 소식에 마음이 편해졌다는 것은 그동안 아빠에게 미해결 감정이 남아있었다는 뜻인가요?
9	재진술	• 우울증이 일상생활의 발목을 잡고 있군요.
	반영	• 우울증이 일상생활의 발목을 잡고 있어서 무력감이 드나 봐요.
	명료화	• 우울증 때문에 아무일도 할 수 없다는 말은 우울증이 일상생활의 발목을 잡고 있다는 뜻인가요?
10	재진술	• 이젠 일을 그만하고 쉬고 싶지만, 자녀 뒷바라지를 위해 일을 더 해야 하나 하는 갈등 상황에 놓여 있군요.
	반영	• 이젠 일을 그만하고 쉬고 싶지만, 자녀 뒷바라지를 위해 일을 더 해야 하는 상황이어서 아쉬우신가 봐요.
	명료화	• 이젠 일을 그만하고 쉬고 싶지만, 자녀 뒷바라지를 위해 일을 더 해야 한다는 것은 아드님이 경제적인 능력이 없다는 말씀이신가요?

Chapter 05 요약

연습 5-1 / 요약 구분 연습

번호	정답	해설
1	×	☛ 내용, 즉 상황에 대해 반응해 주는 '재진술'
2	×	☛ 별명으로 놀림 당한 경험에 대한 '자기개방'
3	○	☛ 한 회기를 종결하면서 내담자에게 제공하는 '요약'
4	○	☛ 한 회기를 종결하면서 내담자에게 제공하는 '요약'
5	×	☛ 진로 관련 '정보제공'

6	○	☛한 회기를 종결하면서 내담자에게 제공하는 '요약'
7	×	☛'명료화'
8	×	☛욕구/바람에 대해 반응해 주는 '청각적 즉시성'
9	×	☛비합리적 신념에 대한 논박/도전
10	×	☛합리적인 의사결정을 위한 '제안'

연습 5-2 / 요점 정리 연습

번호	구분	반응
1	요점	• 친구 집을 방문했을 때, 조금 다른 생김새와 피부색으로 인한 오해 때문에 마음에 상처를 입음 • 주벽이 있는 아버지가 폭력적인 행동을 나타내면, 자기 방으로 피신함 • 아빠가 자신을 닮은 언니를 편애해서 생일선물로 구두를 사 준 반면, 내담자의 생일은 기억도 못했다고 믿고 있음
	요약 반응	• 그러니까 지금까지 나눈 이야기를 정리해 보면, 세 가지로 요약해 볼 수 있겠구나. 하나는 주벽이 있는 아버지가 술을 마시고 들어오시면 자주 폭력적이 되셔서 두려워진다고 했고, 또 하나는 미아가 친구 집을 방문했을 때, 생김새와 피부색으로 인해 친구 가족들로부터 오해를 받아서 마음이 많이 아팠다는 것, 그리고 아빠가 자신을 닮은 언니를 편애해서 생일을 잘 챙겨 주는 데 비해 미아의 생일은 기억도 못 하셔서 많이 섭섭했다는 얘기를 나눴구나.
2	요점	• 엄마의 잔소리 때문에 신경이 쓰임 • 축구를 좋아하고, 체육대회에 반 대표선수로 출전하기 위해 연습하게 돼서 다소 피곤함 • 중간고사 준비를 위해 새벽까지 공부하려 했으나, 중도에 잠이 들어서 자신에게 실망함
	요약 반응	• 자, 우리가 나눈 이야기를 정리해 보자. 영하는 엄마의 말씀이 잔소리처럼 들려서 신경이 쓰이고, 또 축구를 좋아하는데, 이번 체육대회에 반 대표선수로 출전하게 돼서 틈틈이 연습하느라 몸이 조금 피곤해져서 중간고사 준비를 위해 새벽까지 공부하려 했지만, 잠이 들어 버려서 영하 자신에게 실망스러웠다는 이야기를 했구나. 혹시 빠진 건 없니?

3	요점	• 연극반에 가입했는데, 선배들의 강압적인 행동으로 위협을 느끼고 실망함 • 연극반에서의 불편한 경험으로 학교생활에 대해 부정적인 이미지를 갖게 됨 • 연극반 교사로부터 연극에 대해 배우는 것은 즐겁지만, 대학입시 준비에 대한 부담으로 연극반 탈퇴/잔류에 대해 갈등 중임
	요약 반응	• 지금까지 나눈 이야기를 잠시 정리해 볼까? 제니가 어려서부터 관심이 있었던 연극반에 가입했는데, 선배들의 강압적인 행동으로 위협을 느끼고 실망하게 되었고, 그 불편한 경험 때문에 학교생활에 대해 부정적으로 인식하게 되었지만, 그 후에 연극반 담당 선생님으로부터 연극에 대해 배울 수 있게 돼서 기뻤는데, 대학입시 준비에 대한 부담으로 연극반에 남아 있을 것인가 아니면 탈퇴할 것인가 사이에서 갈등하고 있는 상태구나.
4	요점	• 공부 열심히 해서 최소한 인서울 대학에 진학하고 싶은데, 집중력이 떨어져서 실망스러움 • 1년 휴학하면서 성격변화와 대인관계 기술을 익히고 싶음 • 휴학이라는 대안은 부모님의 반응과 학교생활에의 적응, 그리고 예상치 못한 불이익이 염려됨
	요약 반응	• 그러니까 잠시 정리해 보면, 주노는 공부 열심히 해서 최소한 인서울 대학에 진학하고 싶은데, 집중력이 떨어져서 실망스러운 상태이고, 대안으로 휴학해서 성격도 바꿔 보고 대인관계 기술도 익히고 싶지만, 부모님께서 어떻게 나오실지도 모르겠고, 후배들과 공부해야 하는 상황, 그리고 대입전형에서 불이익을 당할 수 있다는 생각이 들어서 망설이는 상황이구나.
5	요점	• 삶에 대해 허무함이 느껴지면서 어린 시절이 그리워짐 • 삶에 대한 후회감 때문에 존재감을 느끼지 못하고 있음 • 인생의 의미와 죽음에 대한 생각에 빠짐
	요약 반응	• 지금까지 지원 씨와 제가 나눈 이야기를 정리해 보죠. 지원 씨가 삶에 대해 허무함이 느껴지면서 어린 시절이 그리워졌고, 삶에 대한 후회감이 들어서 이 세상에 살고 있다는 느낌조차 들지 않고 있고, 삶과 죽음의 의미에 대해 깊이 생각하게 된다는 것에 대해 이야기를 나눴네요.

<table>
<tr><td rowspan="2">6</td><td>요점</td><td>• 같은 과에 맘에 드는 남학생과 진정한 친구로 친해지고 싶은데, 대화가 잘 통하지 않는 것 같아서 친해지기 어려움
• 축제 때 곁에서 위로해 준 것에 대해 더욱 호감을 느끼게 됨
• 중간고사 성적을 만회하기 위해 기말고사 준비를 했어야 하지만, 동아리 행사 준비하느라 감기에 걸려 준비를 제대로 하지 못했음</td></tr>
<tr><td>요약 반응</td><td>• 자, 잠시 우리가 나눈 이야기를 정리하고 넘어갈까요? 같은 과에 맘에 드는 남학생과 진정한 친구가 되기를 원하는데, 대화가 잘 통하지 않는 어려움이 있다는 것과 축제 때 곁에서 위로해 준 것에 대해 더욱 호감을 갖게 되었다는 것. 동아리 행사 준비와 감기에 걸려서 기말고사 공부를 제대로 못해서 염려된다는 것에 대해 이야기를 나눴네요.</td></tr>
<tr><td rowspan="2">7</td><td>요점</td><td>• 상담 신청 동기가 학업 부진으로 인한 지도교수의 추천에 의한 것임
• 아버지의 말에 의하면, 할아버지가 극단적인 수단으로 학업의 중요성을 강조한 것이 내담자의 학업에 대한 아버지의 신념과 태도에 영향을 준 것으로 보임
• 내담자는 또래 남학생들이 여학생에 대한 호감을 느끼는 최고의 기준이 미모라고 믿고 있음</td></tr>
<tr><td>요약 반응</td><td>• 그러면 오늘 우리가 나눈 이야기를 요약해 보지요. 하연 씨가 학사경고를 받게 되어 지도교수님의 권유로 상담을 신청하게 되었고, 하연 씨 아버님이 어렸을 때, 할아버지께서 극단적인 방법으로 학업의 중요성을 강조한 것이 하연 씨의 학업에 대한 아버님의 신념과 태도에 영향을 준 것 같다는 것, 그리고 하연 씨는 또래 남학생들이 여학생에 대한 호감을 느끼는 최고의 기준이 미모라고 생각하고 있다는 것까지 이야기 한 것 같아요. 혹시 추가할 것이 있나요?</td></tr>
<tr><td rowspan="2">8</td><td>요점</td><td>• 남녀공학보다는 여학생들만 다니는 학교를 선호함
• 외모를 가장 가치 있게 여김
• 대학에 가면 성형수술을 통해 얼굴을 더욱 예쁘게 만들어서 잘생긴 남성을 만나고 싶음</td></tr>
<tr><td>요약 반응</td><td>• 자, 그럼 우리가 지금까지 이야기한 것을 잠시 정리해 볼까? 유진이는 남녀공학보다는 여학생들만 있는 학교가 더 편안하고, 다른 어떤 것보다 외모를 중시하고 있어서 대학에 가면 성형수술을 해서라도 더 예뻐져서 외모가 되는 남성을 만나고 싶다는 유진이의 바람에 대해 이야기를 들어 봤구나.</td></tr>
</table>

9	요점	• 이상한 행동을 해서 병원에 입원했으나, 기억하지 못함 • 기독교 영성훈련 참가를 통해 영적으로 특별한 경험을 했다고 보고함 • 정신병의 필수기준에 속하는 환촉으로 추정되는 경험을 함
	요약 반응	• 하은 씨, 여기서 잠시 우리가 나눈 이야기를 요약해 보고 더 이야기를 나눌까요? 하은 씨가 이상한 행동을 해서 타인에 의해 입원한 일이 있었지만 기억이 나지 않았고, 기독교 영성훈련에 참여해서 영적으로 특별한 경험을 하게 되면서 세상 사람들에게 연민을 갖게 되었고, 일종의 환촉 같은 경험을 했다는 이야기까지 나눈 것 같아요. 혹시 제가 놓치고 있는 것이 있나요?
10	요점	• 경청의 의미를 처음 경험했다고 보고함 • 술을 끊지 않으면 이혼하겠다고 위협하는 부인의 태도와 술을 좋아하고 있고, 음주가 사회생활의 필수요건이라고 믿고 있는 신념 사이에서 갈등하고 있음 • 음주에 대한 강한 신념으로 인해 상담의 성과에 대한 기대치가 낮다고 보고함
	요약 반응	• 지석 씨와 나눈 이야기를 잠시 정리해 보면, 세 가지로 요약할 수 있겠군요. 하나는 상담을 통해 경청의 중요성을 처음 경험하게 되었고, 다른 하나는 지석 씨는 술을 좋아하고 사회생활의 필수요소라고 생각하고 있는 반면, 부인께서는 술을 끊지 않으면 이혼도 불사하고 있는 갈등상황에 있는데, 지석 씨는 단주의 가능성을 희박하게 보고 계신다는 것에 대해 이야기했네요.

연습 5-3 / 요약 연습

번호	요약
1	• 자, 오늘 경빈이와 나눈 얘기를 정리해 보자. 경빈이가 중학교에 들어와서 처음으로 본 수학시험에서 너무 긴장해서 공부했던 문제를 풀지 못해서 무척 당황했다는 것, 또 이번 시험성적 때문에 수준이 낮은 반으로 가면 아이들이 무시할 것이 염려가 된다는 것, 그리고 수준별 학급 운영으로 인해 고통받는 학생들이 생길 것에 대해 염려된다는 것에 대해 이야기를 했지. 혹시 선생님이 빠뜨린 것은 없니?
2	• 지금까지 우리가 나눈 이야기를 요약해 보면, 민국이가 어렸을 때 고집을 부리다가 아빠에게 자주 혼났고, 엄마가 죽고 싶다거나 함께 죽자는 등, 죽음에 관해 이야기하게 되면서 죽음에 대해 생각을 하게 되었다는 것. 그리고 이러한 경험들이 영향을 미쳤는지는 알 수 없지만, 초등학교 때는 거의 혼자 지냈고, 중학교에 와서는 긴장된 태도로 인해 별명까지 얻게 되었다는 것에 대해 이야기를 나눴구나.

3	• 솔비야, 오늘 상담을 마치기 전에 지금까지 나눴던 얘기를 정리해 볼까? 솔비는 자신이 속마음을 잘 드러내지 않는 성격이라고 생각하고 있고, 애들 앞에서는 가능하면 억지로라도 웃어 보이려고 하지만 썩 마음에 들지는 않는구나. 그러다 보니까 자신이 이중인격의 소유자가 아닐까 하는 생각도 들게 되었고. 또 공부도 잘하고 엄마에게 순종적인 오빠와 비교되는 것이 싫어서 예기치 않은 행동을 하게 되었고, 심지어 가출까지 생각하게 된다는 것에 대해 이야기를 나눴구나.
4	• 지금까지 우리가 함께 나눈 이야기를 잠시 요약해 보자. 희진이가 같은 학교에 다니는 상급 학년 학생에게 오해받게 되었고, 위협적인 글도 받게 되면서 그 학생이 보복할까 두려워서 이 사실을 부모님이나 선생님께 알리지 못하는 상황이구나.
5	• 지금까지 나눈 이야기를 요약해 보면, 다섯 가지 정도로 요약해 볼 수 있을 것 같아요. 첫째, 지석 씨가 중학교 내내 반장을 맡을 정도로 활발한 성격이었다는 것, 두 번째, 시험 부정행위 시비가 걸리면서 선생님의 오해와 폭력으로 지석 씨가 충격을 받았고, 그로 인해 등교를 기피하게 되었다는 것, 세 번째, 그때 충격으로 인한 충동 때문에 결국 정신과 약물을 복용하게 되었다는 것, 끝으로는 처방약물 부작용으로 몸이 붓고, 건강하다는 생각이 들지 않는다는 것에 대해 이야기를 나눴네요.
6	• 우리 잠시 지금까지 나눈 이야기를 정리하고 다음 이야기로 넘어갈까요? 미나 씨는 현재 연하의 남성과 3년째 사귀고 있는데, 아직 하고 싶은 일이 많아서 곧 결혼할 생각은 없는데, 상대 남성은 다른 생각을 하고 있어서 결국 갈등의 원인으로 작용하게 되었군요. 또 고3 때 어머니께서 돌아가셨는데, 그리 슬퍼하지 않은 것에 대해 어머니께 죄송함이 느껴지고, 재혼 이후에 아버지의 변화된 태도에 대해 당황스러웠다는 것에 대해 이야기를 나누었네요.
7	• 잠시 여기서 우리가 나눈 이야기를 정리해 보기로 하죠. 소미 씨는 어려서 몸이 약했던 경험 때문에 비슷한 상황에 있는 사람들을 도우면서 살아가겠다고 결심을 하게 되었고, 이러한 결심을 실행하기 위해 대학에서 간호학을 전공하고 계획대로 간호사로 일하게 되었는데, 오히려 혼자만 너무 편안하게 잘살고 있는 것은 아닌가 하는 생각이 들어서 죄책감이 드는 상황이군요.
8	• 상담을 마치기 전에 오늘 나눈 이야기를 정리해 볼까요? 오늘 나눈 이야기는 세 가지로 정리할 수 있겠네요. 전남편과 헤어지고 나서는 싱글인 남성과 교제하고 있지만, 아직 결혼까지는 생각하지 않고 있다는 것, 또 따님과의 삶도 의미가 있지만, 최근 들어 삶의 목적과 방향에 대해 많은 생각을 하고 있다는 것, 그리고 어려서 어머니의 남동생에 대한 편애 때문에 가슴 아파했다는 것에 대해 이야기를 나눴네요.

9	• 오늘 우리가 나눈 이야기를 정리해 보면, 두 가지로 요약할 수 있겠군요. 하나는 회사의 주문량이 급증하면서 수입이 늘어서 좋기는 한데, 부인께서는 가족과 함께 하는 시간이 줄게 된 것에 대해 불만스러워하는 갈등 상황이고요. 다른 하나는 어머니와 부인과의 갈등으로 인해 난처한 상황에 있으시군요.
10	• 지금까지 나눈 이야기를 정리해 보면 세 가지로 압축할 수 있을 것 같아요. 하나는 부인과 함께 더 많은 시간을 함께하고자 했는데 예기치 않게 돌아가셔서 계획을 이루지 못하셨다는 것, 다른 하나는 여전히 부인께서 곁에 없다는 현실을 받아들이기 어려우신 상태이고요. 또 하나는 두 아드님 가족들과 잘 지내고 있지만, 부인께서 더 이상 곁에 안 계셔서 그전만큼은 편안하지 않다는 말씀을 나누었어요.

Chapter 06 질문

연습 6-1 / 질문 유형 구분 연습

번호	정답	번호	정답	번호	정답	번호	정답	번호	정답
1	☛개	2	☛폐	3	☛개	4	☛간	5	☛폐
6	☛양	7	☛이	8	☛왜	9	☛개	10	☛간

연습 6-2 / 질문 형태 변환 연습

번호	구분	반응
1	개방질문	• 다른 사람들보다 더 잘하는 것이 뭐라고 생각하세요?
	간접질문	• 다른 사람들보다 더 잘하는 것이 뭐라고 생각하시는지 궁금하군요.
2	개방질문	• 학교 공부 외에 어떤 활동에 흥미를 느끼고 있나요?
	간접질문	• 학교 공부 외에 어떤 활동에 흥미를 느끼고 있는지 궁금하네요.
3	개방질문	• 지금까지의 삶에서 성공적이었던 때는 언제였나요?
	간접질문	• 지금까지의 삶에서 성공적이었던 때는 언제였는지 궁금해요.
4	개방질문	• 지금까지의 삶에서 다른 사람들로부터 칭찬받았던 것은 어떤 상황인가요?
	간접질문	• 지금까지의 삶에서 다른 사람들로부터 칭찬받았던 것은 어떤 상황이었는지 궁금하군요.
5	개방질문	• 약물치료가 문제해결에 도움이 될 거라고 제안해 준 사람이 누군가요?
	간접질문	• 약물치료가 문제해결에 도움이 될 거라고 제안해 준 분이 누군지 궁금합니다.

6	개방질문	• 현재 겪고 있는 문제를 해결하기 위해 어떤 방안을 모색해 보셨나요?
	간접질문	• 현재 겪고 있는 문제해결을 위해 어떤 방안을 모색해 보셨는지 궁금해요.
7	개방질문	• 오늘 상담에서 얻고 싶었지만 얻지 못한 것은 무엇인가요?
	간접질문	• 오늘 상담에서 얻고 싶었지만 얻지 못한 것은 무엇인지 궁금해요.
8	개방질문	• 이 문제를 겪고 있는 동안에도 희망을 갖게 한 것은 무엇인가요?
	간접질문	• 이 문제를 겪고 있는 동안에도 희망을 갖게 한 것은 무엇인지 궁금하네요.
9	개방질문	• 자살생각을 하지 않았던 적은 언제였나요?
	간접질문	• 자살생각을 하지 않았던 적이 있었을 텐데.
10	개방질문	• 당신 자신은 어떻게 변하고 싶나요?
	간접질문	• 당신 자신은 어떻게 변하고 싶은지 궁금하네요.

연습 6-3 / 개방질문 vs. 폐쇄질문 연습

번호	구분	반응
1	개방질문	• 만약 형들에게 담배를 구해 주지 않으면 어떻게 되니?
	폐쇄질문	• 만약 형들에게 담배를 구해 주지 않으면 네가 많이 곤란해지니?
2	개방질문	• 친구들이 맘에 드는 부분은 무엇이니?
	폐쇄질문	• 친구들에게 맘에 드는 점을 얘기해 본 적은 있니?
3	개방질문	• 손님들과 사장님이 아직 모르고 있는 너의 강점/장점은 무엇이니? • 함께 알바하는 애의 성격 중에서 손님들과 사장님이 좋아한다고 생각되는 점은 무엇이니? • 네가 어떻게 해야 손님들이 널 좋아하고 사장님께도 인정을 받을 수 있다고 생각하니?
	폐쇄질문	• 너는 같이 일하는 여자애와는 달리 외모도 안 되고 성격도 좋지 않아서 사장님께 꾸중을 듣는다고 생각하니?
4	개방질문	• 여성을 만나게 되면, 무슨 말을 해야 할지 잘 몰라서 악순환으로 이어진다고 하셨는데, 이를 극복하기 위해 그동안 어떤 시도를 해 보셨나요?
	폐쇄질문	• 여성을 만나게 되면, 무슨 말을 해야 할지 잘 몰라서 악순환으로 이어진다고 하셨는데, 미리 하고 싶은 이야기를 준비해서 실행해 옮겨 본 적은 있었나요?
5	개방질문	• 정해진 시간에 퇴근할 수 있게 된다면, 생활이 어떻게 달라질 것 같나요? • 정해진 시간에 퇴근할 수 있도록 하기 위해 어떤 시도를 해 보셨나요?
	폐쇄질문	• 정해진 시간에 퇴근하는 것에 대해 회사에 건의해 본 적이 있나요?

6	개방질문	• 로봇 과학자가 되기 위해 어떤 시도를 해 봤니?
	폐쇄질문	• 로봇 과학자가 되기 위해 어떤 시도를 해 본 적이 있니?
7	개방질문	• 지금보다 경제적으로 더 풍족해지기 위해 어떤 시도를 하고 있나요?
	폐쇄질문	• 지금보다 경제적으로 더 풍족해지기 위한 시도를 하고 있나요?
8	개방질문	• (결혼한 이후에) 사진작가가 되기 위해 어떤 시도를 해 보셨나요?
	폐쇄질문	• (결혼한 이후에) 사진작가가 되기 위한 시도를 해 보신 적은 있나요?
9	개방질문	• 이 문제를 해결하기 위해 어떤 시도를 해 보셨나요?
	폐쇄질문	• 이 문제를 해결하기 위해 시도를 해 보신 적이 있나요?
10	개방질문	• 지석 씨가 생각하는 결혼의 조건은 무엇인가요?
	폐쇄질문	• 지석 씨가 생각하는 결혼의 조건이 있나요?

Chapter 07 직면

연습 7-1 / 직면 구분 연습 I

번호	정답	해설
1	○	☛ 언어 행동과 비언어 행동의 불일치에 대한 '직면'
2	×	☛ 금연에 대한 '정보제공' 또는 '제안'처럼 보이는 '해결책 제시'
3	○	☛ 언어 행동과 실제 행동의 불일치에 대한 '직면'
4	×	☛ '명료화'
5	×	☛ '제안' 또는 '해결책 제시'
6	○	☛ 특정 공간에서의 감정과 다른 공간에서의 감정의 불일치에 대한 '직면'
7	×	☛ 제안 형식의 '설득'
8	○	☛ 사고와 행동의 불일치에 대한 '직면'
9	×	☛ 내담자의 행동이 상담자에게 미치는 영향에 대한 '즉시성'
10	○	☛ 사고와 행동의 불일치에 대한 '직면'

연습 7-2 / 직면 구분 연습 II

번호	정답	해설
1	②	• ① (욕구에 대한) 재진술, ② (언어 행동과 실제 행동의 불일치에 대한) 직면, ③ 간접질문, ④ 반영

2	②	• ① 반영, ② (언어 행동과 실제 행동의 불일치에 대한) 직면, ③ 명료화, ④ 정보제공
3	①	• ① (언어 행동과 실제 행동의 불일치에 대한) 직면, ② 재진술, ③ 명료화, ④ 폐쇄질문
4	②	• ① 즉시성, ② (언어 행동과 실제 행동의 불일치에 대한) 직면, ③ 명료화, ④ 제안
5	③	• ① 반영, ② 재진술, ④ (불평하는 내담자에게 사용하는 해결중심) 개방질문
6	④	• ① 명료화, ② 즉시성, ③ 반영, ④ 언어 행동과 실제 행동의 불일치에 대한) 직면
7	③	• ① 재진술, ② 재진술, ③ 언어 행동과 실제 행동의 불일치에 대한) 직면, ④ 즉시성
8	②	• ① 재진술, ② 언어 행동과 실제 행동의 불일치에 대한) 직면, ③ 제안, ④ 반영
9	②	• ① (생각에 대한) 재진술, ② (사고와 행동의 불일치에 대한) 직면, ③ 반영, ④ 폐쇄질문
10	③	• ① 반영, ② 재진술, ③ (언어 행동과 실제 행동의 불일치에 대한) 직면, ④ 해석

연습 7-3 / 직면 연습

번호	구분	반응
1	단서	• 엄마 말을 잘 듣고 자랑스러운 딸이 되고 싶다고 말함. 자신은 패션모델이 되고 싶어 하지만, 엄마는 전통적인 전문직을 갖기를 바라서 갈등이 생김
	직면	• 엄마에게 순종하고 자랑스러운 딸이 되고 싶다고 했는데, 장래 직업에 있어서는 네가 원하는 직업을 택하고 싶다고 말하고 있구나.
2	단서	• 친구들에게 뭔가를 기대하지 않고 마음이 가서 선물을 했다고 말함. 내담자에게 관심을 가져 주기를 기대함
	직면	• 친구들에게 뭔가를 기대하지 않고 순수한 마음으로 선물한다고 했는데, 정작 너에 대해 관심을 가져 주었으면 하고 기대하게 되나 보구나.
3	단서	• 어린애 취급을 하는 것에 대해 분개함. 희망 직업에 대한 질문에는 어른 취급을 하는 것으로 받아들임

	직면	• 아빠가 너의 행동을 통제하면 어린애 취급을 하는 것 같아 화가 난다고 했는데, 직업과 관련된 질문을 하니까 너무 일찍 어른 취급을 하는 것 같은 생각이 드는구나.
4	단서	• 자신의 성격이 무난하고 잘 화를 내지 않고 스트레스를 잘 받지 않는다고 함. 피해 학생이 자기를 보고 웃었다고 화가 나서 폭력을 행사함
	직면	• 너는 네 성격이 무난해서 잘 화를 내지 않는다고 하면서도 그 학생이 널 쳐다봐서 갑자기 화가 났고 주먹을 휘둘렀구나.
5	단서	• 경직되고 긴장된 태도를 나타냄. 상담자가 내담자의 부족한 점을 지적해 줘서 맘이 편하다고 말함
	직면	• 서영이가 부족한 점을 지적해 줘서 맘이 편하다고 하는데, 서영이의 몸은 경직되고 긴장된 것처럼 보이는구나.
6	단서	• 눈물을 글썽이며 남자 친구와 헤어지게 된 것에 대해 미안함, 죄책감이 든다고 함. 이후에 관계를 청산하게 돼서 마음이 홀가분하다고 함
	직면	• 남자 친구와 헤어지게 되어 죄책감이 든다고 했는데, 지금은 미소를 지으며 마음이 홀가분하다고 하시네요.
7	단서	• 자신이 못나서 남성들이 자신을 좋아하지 않는다고 믿고 있음. 친구들처럼 '어디에 내놔도 부끄럽지 않은' 남성과 교제하고 싶다고 말함
	직면	• 지영 씨 자신은 못나서 남성들이 좋아하지 않을 거라고 말하면서 다른 친구들처럼 모든 것을 갖춘 남성과 사귀기를 원하시는군요.
8	단서	• 죽음에 대해 두려워하지 않을 거라고 말함. 미래에 대해 불안해함. 죽을병에 걸릴 것에 대해 무서워함. 사후세계의 존재에 대해 궁금함
	직면	• 죽는 것에 대해 두려워하지 않을 거라고 했는데 죽을병에 걸릴까 봐 무섭다고 하시는군요.
9	단서	• 가족을 최고의 가치로 여김. 가족들과 함께 많은 시간을 함께하고 즐거운 시간을 함께 보내고 싶음. 실제로 그렇게 하는 것에 대해 회의적임
	직면	• 희원 씨는 가족을 최고의 가치로 여기고 있고, 가족들과 함께 즐거운 시간을 보내고 싶다고 하면서 이를 실천하는 것에 대해서는 회의적으로 말씀하시는군요.
10	단서	• 다른 사람에게 지시하는 것을 싫어한다고 말함. 며느리에게 개를 키우지 말라고 지시함
	직면	• 다른 사람에게 지시하는 것을 싫어한다고 하셨는데, 아들 며느님한테는 개를 키우지 말라고 하셨군요.

Chapter 08 해석

연습 8-1 / 해석 반응 구분 연습 I

번호	정답	해설
1	○	☛ 치료불순종의 원인에 대한 '해석'
2	○	☛ 일종의 망상 증상의 원인에 대한 '해석'
3	×	☛ 욕구에 대한 '재진술'
4	×	☛ 감정과 행동의 불일치에 대한 '직면'
5	○	☛ 특정 상황에서의 행동의 원인에 대한 '해석'
6	×	☛ 모호한 진술에 대한 '명료화'
7	○	☛ 우울의 원인에 대한 '해석'
8	×	☛ 행동의 원인에 대해 내담자의 생각을 묻는 '폐쇄질문'
9	×	☛ 어머니의 죽음에 대한 '자기개방'을 통한 '즉시성'
10	○	☛ 자살행동의 원인에 대한 '해석'

연습 8-2 / 해석 반응 구분 연습 II

번호	정답	해설
1	③	☛ ① 반영, ② 재진술, ④ 명료화
2	①	☛ ② 반영, ③ 명료화, ④ (정신분석에서 꿈의 의미에 대한) 정보제공
3	③	☛ ① 개방질문, ② 재진술, ④ 명료화
4	②	☛ ① 반영, ③ 개방질문, ④ 재진술
5	①	☛ ② 반영, ③ 재진술, ④ 개방질문
6	③	☛ ① 재진술, ② 명료화, ④ (전환장애에 대한) 정보제공
7	④	☛ ① 개방질문, ② 재진술, ③ 명료화
8	④	☛ ① 재진술, ② 반영, ③ (부정 또는 부인이라는 방어기제에 대한) 정보제공
9	③	☛ ① 재진술, ② 명료화, ④ (행동화에 대한) 정보제공
10	②	☛ ① 폐쇄질문, ③ 반영, ④ 재진술

연습 8-3 / 해석 연습

번호	구분	반응
1	단서	• 죄를 지으면 사후에 지옥 불에 던져져서 영원히 고통을 당한다고 믿고 있음. 죄로 인해 영혼이 지옥에서 불타는 것을 연상하게 됨. 이는 자신의 죄에 대한 처벌의 두려움으로 잠 못 이루는 것으로 해석할 수 있음
	해석	• 이 세상에서 죄를 지어서 나중에 지옥 불에 던져질 것 같은 걱정 때문에 밤에 잠들기가 어려운 것 같구나.
2	단서	• 이전에 받은 상담은 상담교사의 호출에 의해 이루어졌을 뿐, 구체적인 목적이 없었음. 기대했던 것만큼 효과가 없었다고 생각하고, 꾸중하는 것 같은 말씨가 싫어서 중도 포기함
	해석	• 승민이가 이전에 다니던 학교에서 받았던 상담 효과를 거론하는 것은 현재 승민이에게 관심을 가져 줄 누군가를 원하고 있고, 승민이의 문제를 진지하게 받아들이지 않으면, 상담을 그만둘 수도 있다는 경고의 메시지로 이해할 수 있겠구나.
3	단서	• 다재다능한 친구와의 관계를 유지하기 위해 참아 주고 이해해 주려고 노력해 왔으나 누적되어 온 감정이 한계에 다다름
	해석	• 똑똑하고 자존심이 강한 친구와의 관계를 유지해 나가기 위해 지송 씨가 자신의 감정을 억압하면서 친구가 하자는 대로 맞춰 준 것이 종국에 가서는 누적된 감정이 폭발해서 관계에 부정적인 영향을 미치게 된 것 같네요.
4	단서	• 상담자가 아무 말을 하지 않았음에도 불구하고 내담자 자신에 대한 부정적인 이미지를 언급함
	해석	• 서진 씨는 어렸을 때 서진 씨에게 폭력을 휘두르며 폭언을 일삼던 아버지의 모습을 저에게 일종의 투사적 동일시를 하고 있는 것 같군요. 그러니까 상상을 통해 저에 대한 적개심을 통해 서진 씨를 방어하고, 저의 행동을 통제함으로써 서진 씨의 영향력을 확대하려는 거죠.
5	단서	• 다른 사람의 의견이나 피드백에 대해 필요 이상의 심각한 정도의 불안 또는 공포 증상으로 반응하지만, 그 이유를 잘 모름
	해석	• 유진 씨가 다른 사람의 의견이나 피드백을 두려워하는 것은 어려서 비판적인 가정 분위기에서 기인된 것은 아닐까 하는 생각이 드는군요. 이러한 경험이 평범한 의견이나 피드백조차도 자동적으로 비난처럼 느껴지게 하는 것일 수 있죠.

6	단서	• 서로 사랑하지만 지속적인 만남이나 결혼은 서로에게 큰 고통이 될 거라고 생각함
	해석	• 교제해 오던 남성과 결혼을 생각할 정도로 가까워지게 되면 헤어지는 선택을 반복하는 서영 씨의 이성 관계 패턴은 어린 시절 부모님의 이혼으로 인한 충격이 서영 씨의 삶에서 이혼이 일어나지 않도록 하기 위해 무의식적으로 결혼을 회피하고 있는 것으로 볼 수 있을 것 같군요.
7	단서	• 과분하게 여겼던 남자 친구에게 항상 편안하고 잘해 주고 싶었으나, 결국 내담자 외에 다른 여성과 교제하고 있다는 사실을 알게 되었음에도 불구하고 자신의 잘못으로 간주함
	해석	• 세원 씨가 자살생각을 하는 것은 헤어진 남자 친구의 잘못된 행위가 드러나게 함으로써, 남자 친구에게 모욕을 주거나 죄책감을 불러일으키게 하기 위한 시도로 볼 수도 있겠군요.
8	단서	• 밤에 세상을 떠난 가족들의 모습이 너무도 선명하게 떠올라서 잠을 잘 수 없음(플래시백). 죄책감을 느낌
	해석	• 현재 민석 씨께서 겪고 있는 어려움은 졸지에 가족들을 잃은 충격과 이로 인한 트라우마로 인해 전형적인 외상후 스트레스 장애에 해당하는 증상이 그 원인으로 작용하고 있는 것 같네요.
9	단서	• 친정어머니가 꿈에 나타남. 눈물을 흘림
	해석	• 친정어머니께서 꿈에 나타나시는 것은 동희 씨의 애도과정이 아직 끝나지 않았다는 것, 즉 좀 더 슬픔을 해소할 필요가 있음을 반증하는 것이 아닐까 하는 생각이 드네요.
10	단서	• 아버지가 어머니에게 가한 일련의 문제행동들로 충격을 받아 옴
	해석	• 어린 시절부터 아버지와의 관계에서 참으로 감내하기 힘든 고통을 겪어 오셨군요. 여원 씨께서 호소하는 흉부통증은 아버지가 어머니께 행한, 여원 씨께서 이해하거나 용납하기 힘든 행위들을 목격하면서 생긴 원망, 분노와 같은 감정들이 표출되기보다는 내면에 쌓이게 되면서 심인성 증상으로 나타난 것으로 보이네요.

Chapter 09 정보제공

연습 9-1 / 정보제공 구분 연습

번호	정답	해설
1	○	☛(이차감정인 분노에 관한) 정보제공
2	×	☛(동일인에 대한 언어 행동의 불일치에 대한) 직면
3	×	☛제안
4	○	☛(신경성 폭식증의 특징에 대한) 정보제공
5	×	☛(사고에 대한) 재진술
6	○	☛(성폭력 피해의 사후 처치에 대한) 정보제공
7	×	☛(감정과 행동의 불일치에 대한) 직면
8	○	☛(초등학교 교사가 되기 위한 절차에 대한) 정보제공
9	×	☛해석
10	○	☛(체중감소 방법에 관한) 정보제공

연습 9-2 / 정보제공 자료 탐색 연습

번호	제공할 정보
1	• 아동에게 현실에 근거해서 상실을 설명해 주고, 아동의 적응적 방어기제의 적용을 존중해 줄 필요가 있다는 점에 대한 교육 • 외상 후 스트레스 장애(PTSD)의 주요 증상인 침습적 사고와 심상의 행동 형태, 자기비난에 관한 자료를 제공함으로써 죽음을 처벌로 개념화하지 않도록 도움
2	• 성추행의 정의 • 가해 아동 부모와의 합의 조정 절차 • 초등학교에서의 성추행 사건 처리 절차 • 학교폭력대책위원회의 절차
3	• 발달단계에 적합한 성격검사의 종류 • 검사 서비스를 받을 수 있는 기관(예 교육청과 연계한 Wee센터, 지역정신보건센터 등) • 검사 서비스를 받는 데 필요한 경비
4	• 자폐스펙트럼장애의 가능성과 진단적 특징 • 전문가의 보다 정확한 진단에 따른 처치방법

5	• 전국의 사범대학, 교직과정이 설치되어 있는 4년제 대학, 교원양성 인가를 받은 교육대학원에 관한 정보 • 이들 대학과 교육대학원의 전형 절차 • 중등교사 직무의 특성 • 중등교사 임용절차
6	• 우울증의 정의 및 증상 • 청소년 자살예방을 위해 설립된 기관 목록 및 추천 • 친구의 자살예방을 위한 지침
7	• 외상 후 스트레스 장애(PTSD)의 주요 증상 • PTSD 주요 증상 중의 하나인 정서적 불안정성에 관한 상세 설명 • PTSD의 지연된 반응에 관한 설명 • PTSD 전문상담 또는 치료 서비스 기관 목록
8	• 주의력결핍 과잉행동장애(ADHD), 주의력결핍 우세형의 재발 가능성과 진단적 특징 • 특정학습장애의 가능성 및 진단적 특징
9	• (데이트) 성폭행 사건의 처리 절차 • 원치 않는 임신 예방을 위한 의료 서비스 안내
10	• 제I형 양극성장애의 가능성과 진단적 특징 • 상담전문가 또는 전문의의 조속한 진단 및 의료 서비스의 필요성

연습 9-3 / 정보제공 반응 연습

번호	정보제공 반응
1	• 입에서 나는 냄새가 친구관계에 영향을 주나 보구나. 입에서 냄새가 나는 원인은 세 가지로 구분할 수 있는데, 구강 내의 문제 때문에 나는 냄새, 숨을 내쉴 때 호흡기에서 나오는 냄새, 식도나 위장에서 올라오는 냄새로 구분할 수 있단다. 대개는 입안의 문제로 냄새가 나는데, 입안에 정상적으로 존재하는 세균이 음식물 찌꺼기로 냄새 물질을 만들고, 이것이 치아 사이에 끼어 있어서 냄새가 나는 거란다. 입안을 깨끗이 하려면, 하루에 3회 이상 식사 후 각각 3분 이상씩 양치질을 해서, 이와 잇몸 사이와 이와 이 사이의 세균막을 제거해야 한단다. 입안이 건조해도 입 냄새가 나니까 무설탕 껌을 씹어 침을 만들어 주는 것도 도움이 되겠지? 양치질을 할 수 없는 경우에는 식사 후 단순히 물로 입안을 헹구기만 해도 냄새 제거에 도움이 된단다.

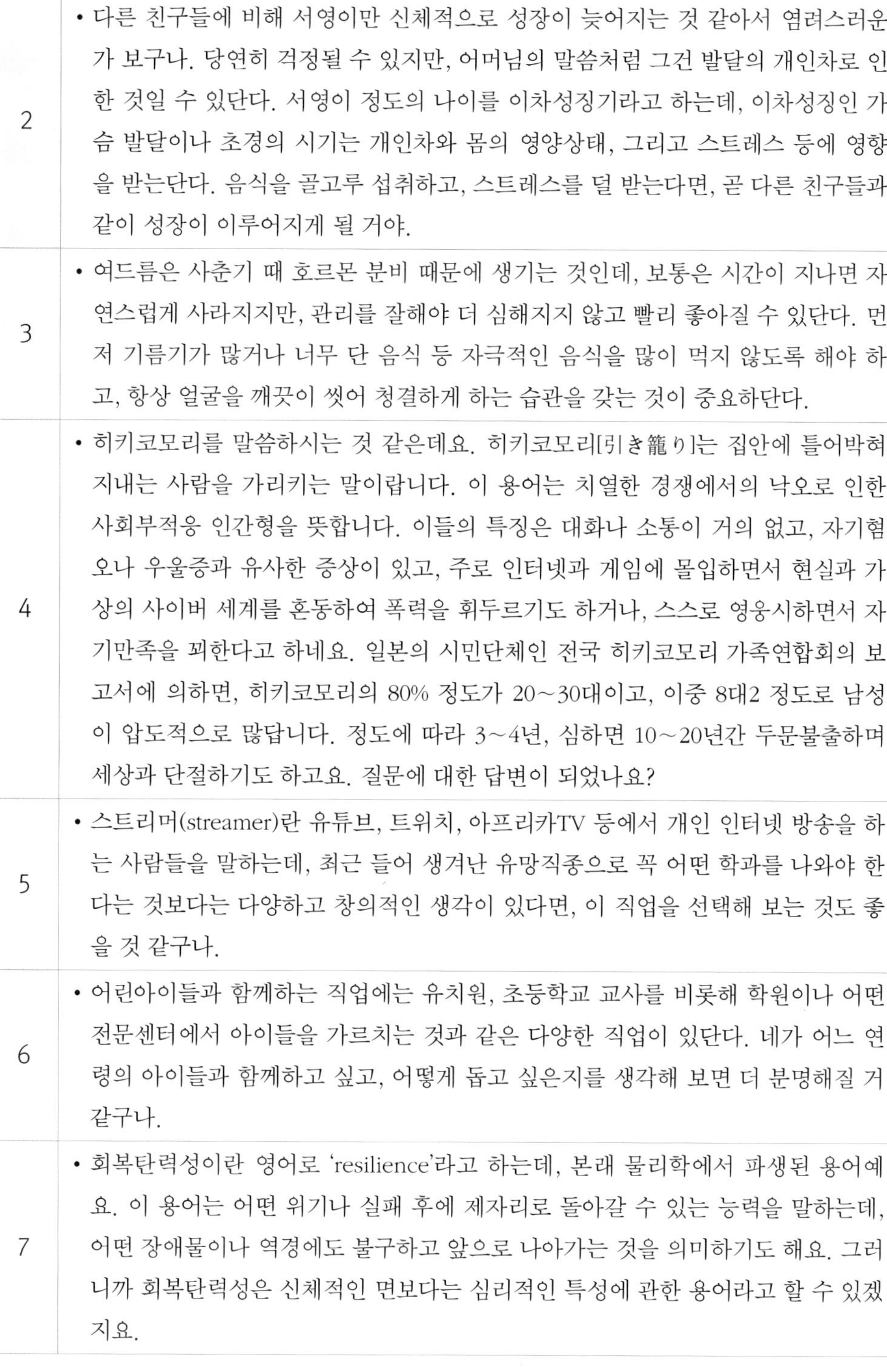

2	• 다른 친구들에 비해 서영이만 신체적으로 성장이 늦어지는 것 같아서 염려스러운가 보구나. 당연히 걱정될 수 있지만, 어머님의 말씀처럼 그건 발달의 개인차로 인한 것일 수 있단다. 서영이 정도의 나이를 이차성징기라고 하는데, 이차성징인 가슴 발달이나 초경의 시기는 개인차와 몸의 영양상태, 그리고 스트레스 등에 영향을 받는단다. 음식을 골고루 섭취하고, 스트레스를 덜 받는다면, 곧 다른 친구들과 같이 성장이 이루어지게 될 거야.
3	• 여드름은 사춘기 때 호르몬 분비 때문에 생기는 것인데, 보통은 시간이 지나면 자연스럽게 사라지지만, 관리를 잘해야 더 심해지지 않고 빨리 좋아질 수 있단다. 먼저 기름기가 많거나 너무 단 음식 등 자극적인 음식을 많이 먹지 않도록 해야 하고, 항상 얼굴을 깨끗이 씻어 청결하게 하는 습관을 갖는 것이 중요하단다.
4	• 히키코모리를 말씀하시는 것 같은데요. 히키코모리[引き籠り]는 집안에 틀어박혀 지내는 사람을 가리키는 말이랍니다. 이 용어는 치열한 경쟁에서의 낙오로 인한 사회부적응 인간형을 뜻합니다. 이들의 특징은 대화나 소통이 거의 없고, 자기혐오나 우울증과 유사한 증상이 있고, 주로 인터넷과 게임에 몰입하면서 현실과 가상의 사이버 세계를 혼동하여 폭력을 휘두르기도 하거나, 스스로 영웅시하면서 자기만족을 꾀한다고 하네요. 일본의 시민단체인 전국 히키코모리 가족연합회의 보고서에 의하면, 히키코모리의 80% 정도가 20~30대이고, 이중 8대2 정도로 남성이 압도적으로 많답니다. 정도에 따라 3~4년, 심하면 10~20년간 두문불출하며 세상과 단절하기도 하고요. 질문에 대한 답변이 되었나요?
5	• 스트리머(streamer)란 유튜브, 트위치, 아프리카TV 등에서 개인 인터넷 방송을 하는 사람들을 말하는데, 최근 들어 생겨난 유망직종으로 꼭 어떤 학과를 나와야 한다는 것보다는 다양하고 창의적인 생각이 있다면, 이 직업을 선택해 보는 것도 좋을 것 같구나.
6	• 어린아이들과 함께하는 직업에는 유치원, 초등학교 교사를 비롯해 학원이나 어떤 전문센터에서 아이들을 가르치는 것과 같은 다양한 직업이 있단다. 네가 어느 연령의 아이들과 함께하고 싶고, 어떻게 돕고 싶은지를 생각해 보면 더 분명해질 거 같구나.
7	• 회복탄력성이란 영어로 'resilience'라고 하는데, 본래 물리학에서 파생된 용어예요. 이 용어는 어떤 위기나 실패 후에 제자리로 돌아갈 수 있는 능력을 말하는데, 어떤 장애물이나 역경에도 불구하고 앞으로 나아가는 것을 의미하기도 해요. 그러니까 회복탄력성은 신체적인 면보다는 심리적인 특성에 관한 용어라고 할 수 있겠지요.

8	• 성폭력 피해를 당한 분이 가장 힘들어하는 것이 가장 가까운 사람에게 추궁당할 때입니다. 그래서 이 일이 일어난 것에 대해 수치스러워하거나 사건에 대한 책임의 일부를 자신에게 돌리며 자기를 비난하기도 하죠. 여기서 제공되는 프로그램은 스트레스 예방훈련[stress inoculation training](SIT)인데, 두 단계로 나뉩니다. 첫 번째는 교육단계로, 성폭행 관련 증상과 스트레스 반응의 효과적인 치료 프로그램에 포함된 행동적 · 심리생리학적 근거를 설명해 드릴 겁니다. 두 번째 단계는 대처기술의 실질적인 훈련이 이루어질 겁니다.
9	• 가정폭력은 법률상 이혼사유에 해당됩니다. 협의이혼이 안 되는 경우에는 법원에 소송을 통해 이혼을 할 수 있다고 알고 있어요. 그렇지만 자세한 절차와 내용에 대해서는 법률자문을 받아 보시는 것이 좋을 것 같네요.
10	• 동현이가 슬픔에서 헤어 나오지 못해서 어머니께서 마음이 많이 쓰이시나 봐요. 상실을 경험한 후에는 슬픔을 인식하고 표출할 필요가 있는데요. 동현이는 현재 애지중지하던 반려견으로부터 분리되어 상실에 적응해 가는 과정에 있다고 보이네요. 이 과정에서는 보통 네 가지 과제가 필요한데요. 먼저, 무엇이 상실을 야기했고, 상실이 왜 일어났는지 이해하고, 상실로 인한 고통스러운 감정을 경험할 수 있어야 합니다. 또 세상을 떠난 애완견을 기억하고 확인해 나갈 수 있도록 해 줌으로써, 다른 우정을 발전시키고, 학교에 출석하고, 놀고, 일상생활을 하면서 애완견을 떠올리고, 그와 내적인 관계를 유지할 수 있도록 돕는 일이죠.

Chapter 10 자기개방

연습 10-1 / 자기개방 반응 구분 연습 I

번호	정답	해설
1	○	☛(초등학교 때의 어머니와의 관계에 대한 상담자의) 자기개방
2	×	☛(스트레스와 건강에 관한) 정보제공
3	○	☛(중학교 때 교우관계와 이성관계에 대한 상담자의) 자기개방
4	×	☛(내담자의 행동에 대한 상담자의) 즉시성
5	○	☛(대학의 학과 선택에 대한 상담자의) 자기개방
6	×	☛(특정인에 대한 감정과 실제 행동의 불일치에 대한) 직면
7	○	☛(사춘기 자녀와의 관계에 관한 상담자의) 자기개방
8	×	☛(부부관계의 악순환 패턴에 관한) 즉시성

9	○	☛ (부부관계에 대한 상담자의) 자기개방
10	×	☛ (감정에 대한) 반영

연습 10-2 / 자기개방 반응 구분 연습 II

번호	정답	해설
1	④	☛ ① 명료화, ② 제안, ③ 반영
2	①	☛ ② 명료화, ③ 개방질문, ④ 재진술
3	③	☛ ① 반영, ② 제안, ④ (아마추어적인) 분석적 반응
4	②	☛ ① 반영, ③ 재진술, ④ (해결중심적) 개방질문
5	②	☛ ① 재진술, ③ 정보제공, ④ 개방질문
6	④	☛ ① 반영, ② 재진술, ③ (추측성) 폐쇄질문
7	②	☛ ① 반영, ③ 해석, ④ 명료화
8	①	☛ ② (PTSD에 관한) 정보제공, ③ 상투적인 위로 또는 동정, ④ 재진술
9	①	☛ ② 명료화, ③ 해석, ④ 개방질문
10	③	☛ ① 반영, ② 개방질문, ④ 제안

연습 10-3 / 자기개방 연습

번호	자기개방
1	• 준호의 말을 들으니까 내가 어렸을 때 나도 공부 잘했던 누이와 비교될 때 무척 속상했었는데, 준호도 많이 속상했겠다는 생각이 드네.
2	• 저도 어렸을 때 속상해서 울라치면 아버지께서 꾸중하시곤 해서 울음에 대해 어떤 죄의식 같은 느낌이 들었던 것 같아요. 상담을 공부한 덕분에 감정을 알아주는 것이 얼마나 중요한지 알게 되었지만요.
3	• 저도 한때는 취업을 준비하면서 외모에 대해 정말 심각하게 고민했던 적이 있었는데, 제 경우에는 외모보다는 흔히 철학이라고 하는, 삶에 대한 제 태도와 전문가로서의 실력을 갖추는 데 집중한 것이 제가 원하는 일을 할 수 있게 하는 데 실질적으로 도움이 되었던 것 같아요.
4	• 저 역시 상담을 공부하는 과정에서 전공에 대해 잠시 회의적이었을 때가 있었는데, 저는 주변 사람들을 보기보다는 상담을 통해 다른 사람들을 돕고 싶었던 꿈을 떠올리면서 극복했던 것 같아요.

5	• 여자 친구에 대해 의심이 들면서 심한 갈등을 빚게 되었군요. 저도 한때 누군가가 나를 속이고 있다는 생각이 들어서 자초지종에 대해 듣지도 않고, 감정을 쏟아 놓았던 적이 있었는데, 결과적으로 내가 좀 더 마음의 여유를 가지고 상대방의 이야기를 들었다면 소중한 사람을 잃지 않았을 것이고, 오히려 그 일을 통해 상대를 더 잘 이해할 수 있게 되지 않았을까 하는 아쉬움이 남았던 기억이 나네요.
6	• 수미 씨 말씀을 들으니 결혼하기 전의 제 모습이 떠오르네요. 저는 배우자의 조건 세 가지만 맞으면 결혼하겠다고 마음을 먹었었는데, 현재의 남편이 그 조건에 맞는 것 같아서 그냥 믿고 결혼했거든요. 지금 생각하면 무모해 보이기도 하지만, 서로 이해하면서 함께한 것이 벌써 10년이나 되었네요.
7	• 제 경우에도 첫눈에 사랑에 빠져 결혼을 했다가 사랑이 식은 것 같아서 새로운 선택을 해야 하지 않을까 하면서 고민했던 적이 있었는데, 결국 부부관계에서 사랑은 선택이라는 사실을 깨닫게 되면서 마음이 편안해졌고 부부관계의 안정도 되찾게 되었던 기억이 나네요.
8	• 서진 씨 말씀을 듣다 보니까 우리 아이 어렸을 때가 생각나네요. 우리 부부도 아이가 태어나면서 자녀 양육 때문에 갈등이 많았는데, 아이가 잘못해서 한 사람이 꾸중하게 되는 경우에는 그 사람 편을 들어주거나 그 자리를 잠시 피해 주기로 의견의 일치를 봐서 지금까지 이 원칙을 고수하고 있답니다.
9	• 어떻게 들리실지 모르겠지만, 제 남편도 결혼 초에는 집안일에 손 하나 까딱하지 않았는데, 제가 구체적으로 도와달라고 부탁을 하니까 조금씩 도와주기 시작하더니 요즘은 훨씬 더 많은 일을 도와주고 있답니다.
10	• 주영 씨 말씀을 듣다 보니 제가 박사과정을 밟던 시절이 떠오르네요. 일주일에 20시간 일을 하고, 한 학기에 9학점에 해당하는 강의를 듣고, 강의가 없는 시간에는 예습, 복습하고, 숙제하면서 보냈던 것 같네요. 어쨌든 시간을 아껴 가면서 학위를 받고 나서는 꿈에 그리던 상담센터를 오픈할 수 있었네요.

Chapter 11 즉시성

연습 11-1 / 즉시성 반응 구분 연습 I

번호	정답	해설
1	○	☛ 청각적 즉시성
2	×	☛ 명료화

3	○	☛시각적 즉시성
4	×	☛(가장의 역할에 대한) 도덕적 훈계 또는 의무 부여
5	×	☛(자기 신뢰감과 자신감 하락의 원인에 대한) 해석
6	○	☛심동적 즉시성
7	×	☛반영에 이은 자기개방
8	○	☛관계적 즉시성
9	×	☛(언어 행동과 실제 행동의 불일치에 대한) 직면
10	○	☛심동적 즉시성

연습 11-2 / 즉시성 반응 구분 연습 II

번호	정답	해설
1	①	☛② 재진술, ③ 명료화, ④ 반영
2	④	☛① 재진술, ② 도덕적 훈계 또는 충고, ③ 자기개방
3	②	☛① 개방질문, ③ 재진술, ④ 명료화
4	①	☛② (언어 행동과 실제 행동의 불일치에 대한) 직면, ③ 재진술, ④ (해결중심적) 개방질문
5	③	☛① 개방질문, ② 재진술, ④ 반영
6	②	☛① 반영, ③ 재진술, ④ 해석
7	④	☛① 명료화, ② 재진술, ③ 해석
8	①	☛② 재진술, ③ 반영, ④ 제안
9	③	☛① 재진술, ② 반영, ④ 자기개방
10	②	☛① 개방질문, ③ 반영, ④ 제안 또는 해결책 제시

연습 11-3 / 구조화된 즉시성 연습

번호	구분	반응
1	단서	• 스스로 상담에 대한 욕구를 인식했고, 행동으로 실천했고, 개인적인 이야기를 통해 자기이해를 하게 된 것에 대해 기뻐함
	즉시성	• 자율적으로 선택한 상담 기회를 통해 자신에 대해 예기치 않게 가치 있는 경험을 하게 되었다는 말을 들으니 저도 뿌듯한 느낌이 드네요.

2	단서	• 지난 회기에 이미 답변해 준 상담자의 자격에 대한 질문을 재차 반복함
	즉시성	• 지난 회기에 저의 자격에 관한 질문에 이미 설명해 드린 것 같은데, 오늘도 재차 동일한 질문을 하시니까 이전의 상담에서 상담자의 역량이 미흡해서 부정적인 경험을 했나 하는 의구심이 드네요.
3	단서	• 내담자와의 동질성이라는 상담의 촉진요소로 인해 상담에 진척이 있다고 생각함. 대화의 방향이 상담목표에서 벗어나서 일상적인 대화처럼 변질되고 있다는 인식을 하게 됨
	즉시성	• 기주 씨와 공통점도 많고 대화가 잘 돼서 상담에도 진척이 있다고 생각했는데, 우리의 대화 방향이 다소 상담의 목표에서 벗어나고 있다는 생각이 들어서 갑자기 노란색 경고등이 반짝이는 것 같은 느낌이 드네요.
4	단서	• 동거 중인 여자 친구와 종전과는 다른 수준의 갈등으로 인해 혼란스런 상태에서 두 사람의 관계문제의 원인을 자신의 성격에서 찾고 있음
	즉시성	• 여자 친구와 잘 지내다가 최근 들어 친밀했던 관계에 갈등이 생겨 지수 씨가 몹시 혼란스러워하며 문제의 원인을 자신에게서 찾는 모습을 보니 마음이 짠하기도 하면서 한편 고무적인 느낌이 드네요.
5	단서	• 상담을 통해 우울 증상이 호전되어 다시 직장을 구하게 됨. 상담의 성과에 대해 감사를 표함
	즉시성	• 상담을 통해 몸과 마음의 건강을 회복해서 직장생활을 다시 하게 되었다니 저도 말할 수 없이 기쁩니다.
6	단서	• 여러모로 마음에 드는 여성과 교제하고 있음. 여자 친구가 성관계를 원하는 것을 암시했지만, 성관계에 응하지 않자 내담자에게 이상하다고 말함. 내담자는 그 이유를 여자 친구가 자신이 동성애자임을 알게 되었기 때문이라고 생각함
	즉시성	• 여자 친구가 한석 씨에게 이상하다고 한 것은 한석 씨가 동성애자라는 사실을 눈치 채서 그런 것이 아니라 한석 씨를 자극하려고 몇 차례 시도했지만, 반응이 없으니까 그것에 대한 반응으로 한 말이 아닐까 하는 생각이 드네요.
7	단서	• 5회기 동안 상담을 받았으나, 혼자만 이야기하는 것 같은 느낌이 듦. 기대한 만큼의 성과가 없다고 생각함
	즉시성	• 5회기 동안의 상담에서 기대한 만큼의 성과가 없다는 생각이 든다는 말씀을 들으니 안타까운 느낌이 드네요. 상담을 통해 얻고자 하는데, 아직 얻지 못한 것이 무엇인지 궁금하네요.

8	단서	• 상담에 대한 저항감이 있었지만, 상담자의 공감적 이해가 자기개방의 촉진요소로 작용했다고 보고함
	즉시성	• 처음에는 아내의 권유로 상담을 받게 돼서 상담에 대해 저항감이 들었지만, 예상과는 달리 개인적인 이야기를 편안하게 털어놓을 수 있었다는 말씀을 들으니 제가 뭔가 도움이 된 것 같아서 뿌듯한 느낌이 드네요.
9	단서	• 상담자의 노력에도 불구하고 내담자는 3회기 동안 감정보다는 정리되지 않은 사실 중심의 이야기를 계속함. 상담이 진척되고 있다는 느낌이 들지 않음
	즉시성	• 상담을 시작한 이래 감정보다는 사실 중심의 이야기에 초점을 맞춤으로써 상담이 진척되지 않고 공전되는 것 같아서 다소 답답한 느낌이 드네요.
10	단서	• 아들이 갑작스런 사고로 세상을 떠남. 보상금을 받았으나, 이로 인해 주위 사람들로부터 따가운 시선을 의식하게 되면서 부부의 정신상태가 피폐한 상태가 됨
	즉시성	• 아드님을 갑작스럽게 잃은 것만 해도 감당하기 어려우실 텐데, 사사건건 주위 사람들의 따가운 시선을 받게 되었다는 말씀을 들으니 안타깝네요.

REFERENCE

참고문헌

강진령. (2008). 상담심리용어사전. 양서원.

강진령. (2017). 상담심리학. 학지사.

강진령. (2021). 상담과 심리치료 이론과 실제. 학지사.

강진령. (2022). 심리학개론. 마인드포럼.

Beutler, L. F., & Berren, M. R. (1995). *Integrative assessment of adult personality*. Guilford.

Birdwhistell, R. (1970). *Kinesics and context: Essays on body motion communication (Conduct and communication)*. University of Pennsylvania Press.

Blakeslee, S., & Blakeslee, M. (2008). *The body has a mind of its own body maps in your brain help you do (almost) everything better*. Harper Collins Publishers.

Brammer, I. M., & MacDonald, G. (2002). *The helping relationship: Process and skills* (8th ed.). Prentice Hall.

Brammer, L. M., Shostrom, E. L., & Abrego, P. J. (1989). *Therapeutic psychology* (5th ed.). Prentice Hall.

Brems, C. (2000). *Basic skills in psychotherapy and counseling: Skills, techniques, and process*. Brooks/Cole, Cengage Learning.

Carkhuff, R. R., & Pierce, R. M. (1975). *The art of helping: An introduction to life skills (A trainer's guide for developing the helping skills of parents, teachers, and counselors).*

Human Resource Development Press.

Corey, G. (2020). *The theory and practice of group counseling* (10th ed.). Cengage Learning.

Cormier S., & Hackney, H. L. (2016). *Counseling strategies and interventions for professional helpers, Global Edition* (9th ed.). Pearson Education Limited.

Egan, G., & Reese, R. J. (2018). *The skilled helper: A problem-management and opportunity-development approach to helping* (11th ed.). Cengage Learning.

Ellis, A. (1996). *My philosophy of psychotherapy.* Albert Ellis Institute for Rational Emotive Behavior Therapy.

Festinger, L. (1957). *A theory of cognitive dissonance*. Stanford University Press.

Frankl, V. (1997). *Man's search for ultimate meaning.* Plenum Press.

Gazda, G. M., Asbury, F. S., Balzer, F. J., Childers, W. C., Phelps, R. E., & Walters, R. P. (1995). *Human relations development* (5th ed.). Ally & Bacon.

Glasser, W. (2000). *Reality therapy in action*. Harper Collins.

Ivey, A., & Ivey, M. B. (2013). *Intentional interviewing and counseling: Facilitating client development in a multicultural society*. Brooks/Cole.

Kelly, G. (1963) *A theory of personality: The psychology of personal constructs*. W. W. Norton and Company, Inc.

Knapp, M. L., & Hall, J. A. (2009). *Nonverbal communication in human interaction* (7th ed.). Holt, Rinehart and Winston.

Lepore, S. J., & Revenson, T. A. (2006). Relationships between posttraumatic growth and resilience: Recovery, resistance, and reconfiguration. In K. G. Calhoun & R. G. Tedeschi (Eds.), *Handbook of posttraumatic growth: Research and practice* (pp. 24–46). Erlbaum.

Martin, J. (1994). *The construction and understanding of psychotherapeutic change*. Teachers College Press.

Rogers, C. R. (1957). Training individuals in the therapeutic process. In C. Strother (Ed.), *Psychology and mental health* (pp. 76–92). American Psychological Association.

Rogers, C. R. (1961). *On becoming a person: A therapist's view of psychotherapy.* Houghton Mifflin.

Teyber, E. (1997). *Interpersonal process in psychotherapy: A relational approach* (3rd ed.). Brooks/Cole.

Teyber, E., & Teyber, F. (2010). *Interpersonal process in therapy: An integrative model (Skills, techniques, & process)*. Brooks/Cole.

Trevino, J. G. (1996). Worldview and change in cross-cultural counseling. *Counseling Psychologist, 24*, 198–215.

Welch, I. D., & Gongalez, D. M. (1999). *The process of counseling and psychotherapy: Matters of skill*. Brooks/Cole.

INDEX

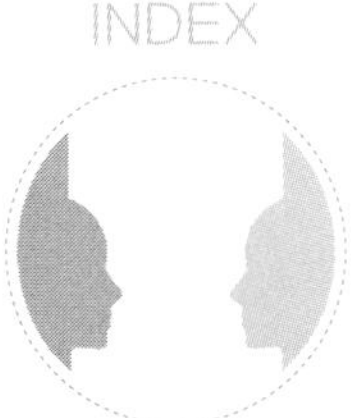

찾아보기

인명

내용

강진령(姜鎭靈 / Jin-ryung Kang, Ph.D. in Counseling Psychology)

미국 인디애나 대학교 상담심리학 석사(M.S.) · 박사(Ph.D.)
미국 일리노이 주립대학교 임상인턴
한국청소년상담원 상담교수
미국 플로리다 대학교 초빙교수 역임
현 경희대학교 교수

〈주요 저서〉
학생 생활지도와 상담(학지사, 2022)
심리학개론(마인드포럼, 2022)
상담과 심리치료: 이론과 실제(학지사, 2021)
상담이론과 실제의 이해(마인드포럼, 2021)
상담심리학(학지사, 2020)
집단상담과 치료: 이론과 실제(학지사, 2019)
집단상담의 실제(3판, 학지사, 2019)
상담연습: 치료적 의사소통 기술(학지사, 2016)
학교상담과 생활지도: 이론과 실제(학지사, 2015)
학교 집단상담(학지사, 2012)
상담자 윤리(공저, 학지사, 2009)
상담심리 용어사전(양서원, 2008) 외 다수

〈주요 역서〉
APA 논문작성법(7판, 학지사, 2022)
DSM-5 아동 · 청소년 정신건강 가이드북(학지사, 2018)
DSM-5 노인 정신건강 가이드북(학지사, 2018)
DSM-5 진단사례집(학지사, 2018)
DSM-5 가이드북(학지사, 2018)
학교상담 핸드북(학지사, 2017)
상담심리치료 수퍼비전(학지사, 2017)
DSM-5 Selections(전 6권, 학지사, 2017)
학교에서의 DSM-5 진단(시그마프레스, 2017)
DSM-5 임상사례집(학지사, 2016)
APA 논문작성법(6판, 학지사, 2013)
간편 정신장애진단통계편람/DSM-IV-TR: Mini-D(학지사, 2008) 외 다수

상담연습(2판)

치료적 대화 기술

Counseling Practice: Therapeutic Communication Skills (2nd ed.)

2016년 8월 25일 1판 1쇄 발행
2022년 1월 20일 1판 8쇄 발행
2022년 7월 30일 2판 1쇄 발행
2024년 1월 25일 2판 3쇄 발행

지은이 • 강 진 령
펴낸이 • 김 진 환
펴낸곳 • (주) 학지사
04031 서울특별시 마포구 양화로 15길 20 마인드월드빌딩 5층
대표전화 • 02) 330-5114 팩스 • 02) 324-2345
등록번호 • 제313-2006-000265호
홈페이지 • http://www.hakjisa.co.kr
인스타그램 • https://www.instagram.com/hakjisabook

ISBN 978-89-997-2721-4 93180

정가 19,000원

저자와의 협약으로 인지는 생략합니다.
파본은 구입처에서 교환하여 드립니다.